法律書では学べない
弁護士が知っておきたい
企業人事労務の
リアル

編著 加藤新太郎
　　 嘉納英樹

第一法規

はしがき

　私には、司法研修所裁判教官時代の教え子の弁護士と法科大学院での教え子がいて、定期的に情報交換をしている。前者のグループで、会社法（企業法務）と税務訴訟を専門にして活躍しているベテラン弁護士から、顧問先企業の多くが労務トラブルで困っているので数年前から労務問題を扱うようになったという話を聞く。後者のグループで、規模の大きくない法律事務所に入所した若手弁護士から、経営弁護士ともども労働事件に進出したいと考え模索しているという話も聞く。さらに、インハウス・カウンセル（企業内弁護士）になり、いきなり労務案件に当面して対応に苦慮しているとの経験談も聞く。私自身も、事務所（アンダーソン・毛利・友常法律事務所）内の弁護士から労働訴訟案件の見通しを問われることや地方公務員法が問題となる地方公共団体の人事委員会案件について助言を求められることが増えている。このように、現代社会のリーガルマターにおける人事労務案件の比重は高い。つまり、社会に生起する人事労務トラブルは、我々が思っているよりも多く、これに法的に対応し、問題を解決してほしいというニーズは大きいのである。

　もちろん、弁護士であれば、体系書・コンメンタールに当たれば労働法制やその論点に関する議論状況について一応のことはわかるし、判例を読めば労働訴訟の傾向や判例法理は理解できる。しかし、問題状況に即応した質の高い助言をするためには、法的知識に加えて、企業における人事労務のリアルな実態をぜひとも知っておきたい。そこで、人事労務のリーガルサービスを弁護士が提供するに当たり、事前に心得ておいた方がよい人事労務のリアルを説いた書籍を探すことになるが、ちょうどよいものは見当たらない。

　それでは、「そういう書籍をつくってみよう」と考え、企画を練り、準備に時間をかけ、誕生したのが、本書『法律書では学べない　弁護士が知っておきたい企業人事労務のリアル』である。

　人事労務のリアルを語るには、経験ある弁護士で実績のある人でなければ

ならない。紛争状態になってからおもむろに前面に出てくるのではなく、日常的な事柄についても企業から相談を受け、助言をしている人が適当である。さらに、実務の断片の面白話を語るだけではなく、体系的な労働法の法制と判例法理を語ることのできる人がよい。情報を伝える形は、論文ではなく、肩肘張らずに読んでもらえる対話がよさそうである。私が、聞き役になって、聞きたいと思う事項を好きなだけ教えてもらい、私の先入観を点検しつつ、不審な点は突っ込み、意見交換もするようにしたい。

　この企画の唯一の難点は、対話相手の適任者が限られることだ。さてどうしたものか。そこで、事務所の同僚である嘉納英樹弁護士にご登場をお願いした。嘉納さんとは、個別案件について議論する仲で、その力量を熟知しているからだ。嘉納さんは、人事労務案件（予防・解決）の専門家で、四半世紀のキャリアを有し、この分野に精通している。訴訟に至る前の紛争の火種を消す予防法務のスキル・ノウハウも訴訟対応のそれも併せ備えた第一人者であり、その蓄積された知見は折り紙付きである。それだけでなく、『Japanese Labor & Employment Law and Practice〈4th Edition〉』第一法規（2018年）を上梓されている。これは、単独著者による本邦唯一無二の英文の労働法・実務の基本書である。嘉納さんに、その蓄積された知見を縦横に語っていただければ、この企画は成功したも同然であると目論んだ。

　嘉納さんとの対話は、それほど多いとはいえないにしても労働訴訟をそれなりに経験した私にとっても大変勉強になった。気づかされたことは、人事労務分野には、法律論一本槍では適切かつ美しい解決には至らず、企業側も従業員側も途轍もないストレスに見舞われ、いたずらに労力を費やし、それでも延々と争いを続ける事態が生じかねない構造があることだ。つまり、この分野で弁護士が質の高いリーガルサービスを供給していくためには人事労務のリアルを知らなければならないのである。

　そのようなわけで、本書の主たる名宛人は、これから人事労務分野の仕事を開拓したいと考える若手・中堅弁護士である。労働弁護士の先生でも、嘉納さんと私とが経験した案件を素材として、どのように感じ、考えたかを語り合い、経験を深める作業をしているから、参考にしていただけるのではな

いかと思う。さらに、企業法務マン、労務担当者、裁判官、労働基準監督官、研究者、司法書士、社会保険労務士、司法修習生などの方々が手にとっていただいても、意味のあるものにしているつもりである。多くの読者に迎えられれば幸いこの上もない。

　第一法規の出版編集局編集第一部の皆さんには、きめ細かなご配慮をもって編集作業を遂行していただき、円滑な刊行に至ったことに、厚くお礼申し上げたい。

2019年10月

　　　　　　　　　　　　　　　　　　　　　　　　　　加藤　新太郎

凡　例

1）法令名略語

育児・介護休業法	育児休業、介護休業等育児又は家族介護を行う労働者の福祉に関する法律
高年齢者法	高年齢者等の雇用の安定等に関する法律
障害者雇用促進法	障害者の雇用の促進等に関する法律
職安法	職業安定法
男女雇用機会均等法	雇用の分野における男女の均等な機会及び待遇の確保等に関する法律
パートタイム労働者法	短時間労働者の雇用管理の改善等に関する法律
派遣法	労働者派遣事業の適正な運営の確保及び派遣労働者の保護等に関する法律

2）裁判所略語

最	最高裁判所
高	高等裁判所
地	地方裁判所

3）判例出典略語

民集	最高裁判所民事判例集
高裁刑集	高等裁判所刑事判例集
判時	判例時報
判タ	判例タイムズ

※判例の書誌事項の表示について

判例には、原則として判例情報データベース「D1-Law.com判例体系」（https://www.d1-law.com）の検索項目となる判例IDを〔　〕で記載した。

例：東京高判平成22・1・20判タ1346号170頁〔28162014〕

目次 | 法律書では学べない 弁護士が知っておきたい 企業人事労務のリアル

はしがき

凡例

目次

序章 ··· 1

第1 解雇

1．解雇案件の諸相－解雇案件にはどのようなものがあるか－ ····· 10
2．解雇事由ごとの留意点 ·· 11
　（1）パフォーマンス ·· 11
　（2）不祥事 ·· 22
　（3）うつ病による休職期間満了、自動解雇（被害者側の類型）·········· 34
　（4）労働組合が絡む問題 ·· 35
　（5）試用期間中・後の解雇 ··· 37
3．会社のリスク ·· 41
　（1）敗訴リスクだけではない ·· 41
　（2）レピテーションリスク ··· 43
4．予防（未病）が大切 ··· 46
5．展望に代えて ·· 49

第2 採用

1．採用時における留意点 ·· 55
　（1）解雇の困難性 ·· 55
　（2）履歴書と面接 ·· 57
　（3）顧問先がブラック企業だと思われないために ················· 68

v

２．採用の難しさ……………………………………………………72
（１）性別及び年齢による差別……………………………………72
（２）適性と能力……………………………………………………75
（３）障害者雇用の難しさ…………………………………………76
（４）外国人雇用の難しさ…………………………………………80
（５）外国人技能実習制度…………………………………………83
３．社会保険と労働保険……………………………………………85
４．採用時に締結する約束…………………………………………88

第3　退職

１．退職勧奨…………………………………………………………91
（１）従業員が辞めないための方策………………………………91
（２）退職勧奨を誰が、いつ、やるべきか………………………93
（３）大量離職の場合と希望退職の募集…………………………96
（４）競業避止義務をかけるのが適当か…………………………98
２．社会保険と雇用保険の被保険者資格喪失……………………101
３．定年………………………………………………………………103
４．他の従業員への影響……………………………………………104

第4　賃金

１．賃金の発生根拠…………………………………………………105
（１）日本の労働法の基本的な仕組み……………………………105
（２）賞与の諸問題…………………………………………………112
２．残業代が支払われない対象としての管理監督者及び高度プロ
　　フェッショナル…………………………………………………118
（１）管理監督者……………………………………………………118
（２）高度プロフェッショナル……………………………………122

3．労働保険と社会保険 124
4．賃金の基本的な考え方 126
（1）賃金の金額決定の仕組み 126
（2）年功序列 134
5．同一労働同一賃金 135
6．年金 144
7．借上社宅 151

第5　人材育成

1．企業における人材育成の基本 152
2．オンザジョブトレーニング・研修 158
3．管理者の留意事項 167
4．対人的能力と裁判官の和解対応 170
5．企業の人事の本質は 173

第6　労務管理

1．人事労務の諸問題 175
2．大組織に属する場合及び組織に全く属さない場合 180
（1）組織に属する場合 180
（2）組織に属さない場合 183
3．AIがなんでもできる世の中 187
4．従業員の脆弱性 188
5．精神疾患のきっかけと原因とが異なり得ること 190
6．労働時間 194
（1）働き方改革 194
（2）労働時間管理 199

7．アルコールへの注意喚起 …………………………………… 202
8．長期的視点 …………………………………………………… 206

第7 紛争対応

1．労働事件・労働紛争の特色 ………………………………… 213
2．訴訟対応 ……………………………………………………… 223
3．労働基準監督署との折衝 …………………………………… 239

終章 ……………………………………………………………………… 241
あとがき
事項索引
執筆者紹介

序章

加藤　このたび、『法律書では学べない　弁護士が知っておきたい企業人事労務のリアル』という本を企画刊行することとなりました。その趣旨や狙いは、はしがきに書いてあるとおりですが、嘉納さんと私の対話により、弁護士が人事労務の法的役務を提供する場合を想定し事前に心得ておいた方がよい事柄を明らかにしていきます。対話を始めるに当たり、少し敷衍して、企画に至った想いや狙いを確認しておきたいと思います。まず、私からこんなふうに考えたということをお話して、嘉納さんに続けてお話いただきたいと思います。

嘉納　かしこまりました。

●なぜ対話をしたいのか

加藤　私がこのような本を出したいと思ったのは、3つ理由があります。

　第1は、リーガルマターにおける労働関係案件の比重の高さです。実は、民事裁判官が労働関係訴訟を担当するのは中小規模庁の民事部だけです。大規模庁には労働特別部（専門部）や集中部がありますから、それ以外の裁判官は担当しないで済みます。私はこれまで大阪地裁で民事労災事件、釧路地家裁、東京高裁で労働関係訴訟を担当したのですが、東京高裁では多くの労働関係事件が控訴されてきますので、その中で一定数の事件を経験しました。その後、弁護士になって相談を受けますと、労働関係案件では裁判所に持ち込まれる前段階でも相当のリーガルの問題点があることに気づきました。最近は、地方公務員法が問題となる人事委員会案件について助言を求められることもありますので、その意味でも関心をもっています。

　第2は、法科大学院で教えていますが、教え子の弁護士が誕生し、労働法分野に参入していこうということがあります。それほど規模の大きくない法律事務所に入り、労働事件にボス弁ともども進出したいのです

1

が、事務所としての蓄積がないのでどうしたらよいか模索しているとの話を聞くのです。さらに、インハウス・カウンセル（企業内弁護士）になったが、いきなり労務についての重要な論点に出会ってどうしたらよいかわからないという声を聞きます。体系書をみれば労働法制については一応のことはわかり、判例を読めば労働訴訟の傾向や判例法理はわかります。しかし、新人は、そうした知識もさることながら、企業における人事労務のリアルな実態を知りたいというニーズがあると感じます。

　第3は、これが一番大きいのですが、嘉納さんと面識ができたことです。嘉納さんとは、同じ事務所で同じ案件について議論することもありますが、その中で、人事労務関係の仕事がほとんどであり、かつそのキャリアも大変長く、この分野に精通している、特に外資を含む大手企業からの人事労務、労使関係紛争の専門家であると認識しました。嘉納さんは第一法規から『Japanese Labor & Employment Law and Practice〈4th Edition〉』（2018年）という書籍を出されています。これは、単独著者による日本唯一無二の英文の労働法関係の著書です。そこで、嘉納さんにこのテーマについて、蓄積された知見を縦横に語っていただければ、労働法分野に参入したいと考えている若手弁護士のニーズにも合致するのではないか、さらに私も勉強になると考えた次第です。

● **人事労務はとても面白い**

嘉納　私は加藤さんからこの話をいただいた際は、お受けするか相当に迷いました。私は司法研修所を修了し最初に弁護士登録したのは1995年で、まだ25年弱しか実務を経験していないのです。登録後、起きている人生のほとんどの時間を人事労務の分野に費やしておりますが、人事労務の分野は日々勉強です。日々新しい「下位分野」とも呼ぶべきものが出てきますし、かなり長い年月人事労務ばかりやってきた人間にとっても、初めて経験する案件というものもいまだにあります。「極めた」というには程遠くあります。そんな私が物申してもよいものかと思ったため、真剣に躊躇しました。しかも、人事労務屋の私ごときが知っているようなことは、労働法をやっておられる実務家なら誰でも知っていることではなかろうか、世に出す意味があるのか、恐れました。しかし、加藤さんには日頃からとてもお世話になっておりますので、ぜひ一緒にやろうという打診をいただき、最終的には受けさせていただきました。もう少し詳しくお話しさせていただきます。

加藤　よろしくお願いします。

嘉納　私が思っているのは、人事労務はとても人間くさくて興味深いということです。その理由の1つとしては、企業法務においては珍しく、生身の人間を扱うからです。あたかも、親族・相続の分野、すなわち離婚や遺産相続の如しです。かつて愛し合っていた人たちが仲違いする如く、仲良く同じ方向を歩むべき労使が争い始めるというのは、とても不幸なことですが、同時に興味深いことです。

加藤　人事労務の特色としてはどのようなことがありますか。

嘉納　特筆すべきは、人事労務と税法については、どんな企業にもあるということです。この2つがない企業はおそらくなく、これらについて勉強することはかなり普遍性をもつのではないかという特色があります。ただ、税法は本当にとっつきにくくて、私も専門分野を広げようとして税法の勉強を何度も試みましたが、私のような凡人には無理だと思うほど複雑な法体系をとっているので非常に難しいと感じていました。人事労

務はこの逆で、それほどとっつきにくい分野ではありません。むしろ、表面的には非常にわかりやすい外形を呈しています。多くの司法修習生の方などが参入したいというのもその理由だと思います。

ただし、やりたいという主観と、やれるという事実は違うと思います。

人事労務分野に参入したいという司法修習生や弁護士の方はたくさんおられると思いますが、実際にできるのかといいますと、自分の意欲に労力が合致していないというケースをかなり多くみてきました。その理由は、もちろんある程度の裁判例や法規がどうなっているか、あるいは厚生労働省の通達がどうなっているかは調べればわかることではあります（それさえ調べない弁護士も多いので困ってしまうのですが……）。しかしながら、法律や規則や通達ではまかないきれない部分が相当の重みを占めているのが人事労務だと思っていますし、労働法を知っている弁護士よりも、人事労務を知っている弁護士を企業は求めているように感じております。

加藤　「人事労務」と「労働法」は異なるのですか。

嘉納　人事労務というのは……そうですね、なかなかうまく説明できないのですが、実務をやっていて感じることとして、法律の重みというのは半分しかないことです。人の心をどう慮るか、企業というものをどうやって100年、200年、ひいては500年維持するのか、ということは法律には絶対に書かれていません。しかし、それを真正面から見据えながら企業に助言をするというのが本当の実務家なのだと思う次第でございます。

せっかく機会をいただきましたので、法律に書かれたこともちろんお話し申し上げますが、法律に書かれていないことも含めてであれば、お話しできることもあるかと思い受けさせてもらいました。

●人事労務の分野に参入した動機は

加藤　嘉納さんがそもそも人事労務関係をお仕事の柱にしようと思われたのはどのような動機によるものなのでしょうか。

嘉納　ほとんど偶然となります。別の分野（知的所有権）を修習生の頃（1993年の4月から2年間になりますが）からずっとやりたい気持ちでした。その頃というのは、1991年にバブル経済がはじけた頃で、日本が沈滞したムードだった頃となります。その影響からか、少なからぬ修習生は、知財を志したい、知財ローヤーになりたいということで、知財の勉強をしていたことを記憶しており、ミーハーだった私は例外にまぎれず、原則通り目指しておりました。

ただ、修習生のときに片手間でやる知財の勉強というのは弁護士になってもあまり使えないものでして、弁護士になってから使おうとしますと、特許公報を読むことをはじめ、理系の知識も相当必要であり、すぐに挫折をしてしまいました。知財ローヤーになりたいと漠然と思っていたのに、知的所有権をやれるほど知的ではないと気づき、自分の身をどうすればと迷っていたときに、それほど難しいと思えなかった（それも間違いだったと後で気づきましたが）、とっつきやすいと考えて人事労務分野を始めたこととなります。

加藤　そのような経緯で四半世紀にわたり人事労務関係専門でやってこられ

たのですね。

嘉納　専門というほどはうぬぼれておりませんが、これしかやっていないというくらいに人事労務をやってきました（笑）。

加藤　我々実務家は、当該分野に土地勘があり、相場観をもっていますと、その分野については、新しい事象についても見通しがつきやすいということがあります。嘉納さんはリーガルの面はもちろん、それ以外の面についても併せて十分な知見を備えておられます。それは、読者にも有益なのではないかと思います。

嘉納　私は決して読者に物を申し上げる程の弁護士ではありませんけれども、ありがとうございます。

◉人事労務分野のショート・ヒストリー

加藤　20数年間人事労務分野をみてきて、出来事、事象の変遷については、どのようにお感じですか。

嘉納　プラクティスを始めた頃は、労働基準法、労働安全衛生法、労働組合法にほぼ全てが集約されていたように思います。労働基準法と労働安全衛生の2つが個別労使紛争では圧倒的であり、かつ、まだ当時は組合問題がとても大きな比重を占めていたと思います。したがって、団体的労使紛争では組合問題、個別的労使紛争では労働基準法、労働安全衛生基準法という3つを併せればほぼ100％という時代だったかと思います。

　時代を経るにつれ、基準法、安衛法以外も、派遣法、職安法、高年齢者法、障害者雇用促進法、男女雇用機会均等法、育児・介護休業法など、20数年前はマイナーな位置付けだった法が、真正面から数多く争われるようになりました。裁判にならないものを含めれば、爆発的に増えていることが理由であるだろう（権利意識の高まりと企業のコンプライアンス指向のため）と思いますが、個別の分野での争いが多くなっていると思います。

加藤　団体的労使紛争についてはいかがでしょうか。

嘉納　団体的労使紛争の中では、昔あった真剣な組合対応の数と比重はどん

どん減ってきて、今は、組合紛争の中でも、団体的労使紛争に名を借りた個別紛争、つまり、個人の名前でユニオンに駆け込み個人の労使紛争をやるといった、本来なら個別労使紛争なのに団体的労使紛争の名を借りた争いが圧倒的に増えてきているというのが大きな流れでしょうか。

　もっといえば、私の父親が郵政省の役人だったのですが、国側の人事の部署におり組合対策をしていました。それは、1970年代のことで、私が組合問題を始める20年前くらいの話です。そのしばらく前の頃から、全逓中郵事件に代表される熾烈な団体交渉の時代でした。

【東京中央郵便局職場離脱事件の最高裁判所大法廷判決・最大判昭和41・10・26 高裁刑集20巻8号901頁〔27670400〕】

1　公共企業体等労働関係法17条1項は、国民生活全体の利益を害する争議行為を禁止するものであり、憲法28条・18条に違反しない。

2　公共企業体等の職員および組合に争議行為を禁止する公共企業体等労働関係法17条1項の規定は、憲法28条・18条に違反しない。

3　公共企業体等労働関係法17条1項違反の争議行為にも、それが政治目的のために行われるとか、暴力を伴うとか、不当に長期に及び国民生活に重大な障害をもたらす場合でない限り、労働組合法1条2項の適用がある。

4　郵便法79条に当る行為が、労働組合法1条1項の目的をもつ争議行為であり、暴力の行使その他の不当性を伴わないときは、正当な争議行為として制裁を科せられない。

5　公共企業体等職員の争議行為は、労働組合法1条1項の目的を達成するためのものであり、かつ単なる罷業または怠業等の不作為が存在するにとどまり、暴力の行使その他の不当性を伴わない以上、刑事制裁の対象とはならない。

　その頃、あまりに組合からの突き上げがひどかったようで、もちろん因果関係の立証はできませんが、父の同僚には自殺した方や、病気になった方もおられたことを聞かされていた時代でした。団体交渉で郵政

省で缶詰になり家に帰れない父のために、母が下着をもって霞ケ関の郵政省に通っていたという時代を実際に経験しています。

　それから比べれば、今は組合問題の数が相当に減っていると思いますし、50数年前から比べれば、団体的労使紛争は相当温和になっているとは思います。

　もう1つ付言しておきますと、多くの弁護士は、団体的労使紛争はやりたがらないようです。怖い、わからない、組合から怒鳴られるのは避けたいという、いわゆるエリートの弁護士の方が多いようです。ただ、人事労務をやるなら、両方やった方がよいということを後でも述べたいと思います。

加藤　確かに、労働訴訟、労働仮処分事件の案件の中身をみてみますと、団体的労使関係が問題となる案件はぐっと減っています。

　団体的労使関係で仮処分を裁判所が出すときは、1人で出すときもあります。女性裁判官が担当することもありますが、ひと頃は、債権者側（労働者側）から大勢でワーワー大声で不規則発言で責め立てられる場面がありました。そのときにどのように対応するかというノウハウを研修でも扱うことがあるのですが、「涙目になっても絶対涙を流してはならない。毅然として対応しなければならない」つまり、覚悟を決めてやらねばということを教えていた時代もありました。

　そうした時代を経て今があるわけですが、流れとして、規律が多様化、精緻化しているという現象ないし傾向があると思います。この要因はなにが考えられるでしょうか。

嘉納　それはおそらく、労働組合の衰退や、日本人の権利意識が高まっているというところが背景にあり、コンプライアンスということに世間がうるさくなっている、という3つの相互作用だと思います。

　もう1つ、最近の特徴を申すなら、ひと昔前には人事労務屋が関心を抱かなかった周辺分野の知識経験が必須または有用となっていることです。従業員による発明、従業員の個人情報保護、企業秘密漏洩への対処、従業員による内部告発、「従業員」の概念からはみ出る人々の競争

法による保護、外国での贈賄従業員への対処、不祥事処理と記者会見、等々、広い範囲に及びます。

加藤　人事労務分野が現代化してきているということですね。

　　　それでは、そういったことを念頭に置きまして、個々の具体的な話に入っていきたいと思います。

嘉納　その前に一言だけ申し上げたいのですが、私は東京弁護士会に所属しているのですが、第二東京弁護士会で、菅野和夫教授が講演をしておられる講演録を、『NIBEN Frontier』2012年4月号及び5月号で見ることができます。労働関係の歴史ですが、菅野教授によると、1960年の三井三池大争議までは、労使対決の大争議の時代であり、1970年代までは集団的労使関係法が労働法の中心だったようです。1973年の第一次石油危機の後、春闘が高揚し争議件数がピークとなり労働組合運動が盛り上がったということです。ところが1985年に労働者派遣法と雇用機会均等法といった個別労使関係に関する法律ができるにつれ個別労使関係の重みが増していったと言われています。1990年代以後は、個別労使紛争が増え、また個別労使関係の分野で労働市場や労働契約に対する規制の強化が進んでいます。立法的に見ても、現代は圧倒的に個別労使関係なんですね。

第1 解雇

1 解雇案件の諸相—解雇案件にはどのようなものがあるか—

加藤 それでは、最初に「解雇」についてお話を伺いたいと思います。
　そもそも、我が国の労働法制は「終身雇用制」というタームに代表されるように、もともと長期に雇用するシステムです。いわば雇用安定社会を目指していて、解雇回避型の法制をとっています。いったん労働者を採用したら会社は解雇することが難しい代わりに、労働者は安定した地位をありがたく感じ、一生懸命勤務に励むという構造があるわけです。こうした状況を理想としているのですが、解雇案件はそんな中でも出てくることとなります。

嘉納 法体系書では「募集・採用」あたりが一番最初に出てきます。しかし、実務上、最も重要な論点は「解雇」です。したがって、解雇条件を第1ではじめに論ずることには大きな意味があると感じます。

●企業によって解雇に違いがあるか

加藤 まず、解雇案件にはどんな類型のものがあるかご説明いただければと思います。国内企業と、外資系企業とで違いがあるものでしょうか。

嘉納 外資系で、解雇が自由または緩やかな法体系の国の日本子会社や日本支店での解雇というのは、実務家としては相当つらいものがあります。
　国内の大きな企業であれば解雇は難しいということを一応はわかっているのですが、外資系で、解雇が自由または緩やかな法体系の国の企業の子会社は、解雇が難しいとは思っておらず、安易に解雇して後から慌てふためいて案件をもって来られるのです。日本の人事労務屋からすると、なぜこんな解雇をしたのだと思うことがあります。少なからぬ外資系企業の基本の発想は、解雇ができないはずがないというところにあるのです。

特に、香港、シンガポールでは解雇が基本的には自由なので、この2つの国のどちらかが、本店・本社だったり、エイジアパシフィック（環太平洋地区）の拠点だったりする場合は、実務家として本当に頭を抱えます。なぜなら、解雇が法律上できないことをわからせるのに相当の難儀をするためです。

加藤　国内企業の場合には、その点についての一応の理解はありますか。

嘉納　大企業はある程度人事と総務がしっかりしているので、そう言えると思います。一方で中小企業及び零細企業は、オーナー企業が相当多いため、トップ次第となります。トップが人事労務を知っているかどうか、簡単に言うと、自分の会社は自分のもので、どうにでもなると考えているオーナー企業は、気に入らない従業員を平気で切ろうとしますし、それのなにが悪いというオーナーの方が、中小・零細企業には少なくないと思います。

2　解雇事由ごとの留意点

(1) パフォーマンス

●解雇事由の中で1番多い「パフォーマンスが悪いので解雇したい」

加藤　実際に解雇が発生した場合について、解雇事由別に整理してお話を伺いたいと思います。解雇事由の中で1番多いものはなんでしょうか。

嘉納　感覚レベルでしか申し上げられませんが、裁判例になっていないものも含めて、圧倒的に「パフォーマンスが悪いので解雇したい」という相談が多いです。オーナーなり、株主なり、使用者側としては、パフォーマンスが悪い従業員は置いておきたくないというのは仕方のないことかもしれません。

加藤　私もそのような案件を経験したことがあります。ある企業で総務部長を中途採用しました。彼は、総務部所管の事柄に不手際が多く、極めつけは、その会社の訴訟管理を担当していたのですが、会社被告事件の訴状が送達されたのにもかかわらず格別の対応をせず、期日に欠席してし

まい、欠席判決がされました。さすがに会社も堪忍袋の緒が切れて、これだけ悪いパフォーマンスが続けば辞めてもらおうと解雇したのに対し、解雇無効の訴訟が提起されました。総務部長側からは、期日に欠席して1審で敗訴しても、控訴審までは事実審だから、控訴すれば格別の不利益はないといういささか驚くべき弁明がされました。地方裁判所において、第1回期日を欠席すると不利な展開になるという知識くらいはもっていてしかるべきですが、弁明内容を額面通り受け止めるとそれも不足していたということになります。1審も控訴審も解雇を有効と判断しました。

　ところで、外資系企業でパフォーマンスが問題となって裁判で解雇が争われたとき、訴訟代理人として、このようなファクターを考慮してもらえれば、ぎりぎり解雇が有効となることが多い、あるいは、有効と判断されるかは微妙といった目安はありますか。

●証拠が不十分なケースは

嘉納　裁判官の方は労働者寄りに判断されることが多いことを痛いほど経験しています。その理由は、そもそも労働法に属するさまざまな法律が「労働者保護」を基本的な理念としていることの他、企業側に証拠が乏しいということだと思います。裁判官の心を動かすほど証拠が十分ではなかった、ということが圧倒的に多いと思います。裁判になるなんて思ってもなかったという場合が多いので証拠をためていなかったのでしょう。

加藤　本来この程度の仕事ができなければだめですよと注意をすることはあっても、注意した事実を証拠となる形では残していない、あるいは、会社側担当者がこのようなことがあったと主張し、陳述書を提出しても客観的証拠としては評価されないということですか。

嘉納　おっしゃるとおりです。パフォーマンスが問題となるケースで、企業側が勝ちきるためには、2つのことが必要となります。1つ目は出来が悪い事実を、2つ目は、教育・訓練・叱咤激励したのにだめだった（将

来に改善する兆しがない）という事実をそれぞれ十分に立証しなければなりませんが、1つ目の立証それ自体が実務ではかなり至難の業となります。

●**企業側が勝ちきるための2つのこと 「出来が悪い事実」と「教育・訓練・叱咤激励したのに将来に改善する兆しがないという事実」**

嘉納　これはどうしてなのだろうかと、私自身ずっと考えておりましたが、導き出されたのは次のようなものとなります。

　　会社の中では、出来が悪い従業員の方々というのは、"出来悪"の雰囲気を明らかにかもし出しながら、目の前に座っていたり、歩いていたりしているため、彼の上司や同僚にとっては、"出来悪"の事実は当たり前、当然ゆえ、証明不要なのです。

　　しかし、証明不要というのは会社の、その部署の中でしか通じません。出来が悪いと最終的に判断する人は人事部長でも、代表取締役でもなく、裁判所にいる裁判官ですので、裁判官が納得するくらいに出来が悪い必要がありますが、会社の中での出来の悪さ、その熱・温度といいますか、評価の感覚が、裁判所（会社からかなり距離があります）にいる裁判官にそのままは伝わらないのが困るところです。

　　会社の方は、裁判官も出来が悪いと言ってくれるに決まっていると考えているし、代理人弁護士もそう考えるかもしれませんが、決して裁判官の前でその熱が同じ温度と勢いでは伝わりません。

　　裁判所においては、"出来悪"の方も出来がよい自分をプレゼンされる場合がございます。労使で考え方が異なるのですから、労働者の側からは当然の主張です。企業側は裁判官にそれを見破ってもらうために、客観的に理解可能な"出来悪"の証拠を相当積み重ねようと試みますが、それでも同じ熱が伝わらないことが多いです。

加藤　先ほどの私の経験した、総務部長が第1回期日を欠席したという件は、裁判官がイメージしやすかったので共感できたのかもしれません。しかし、業種・業態が異なるさまざまな仕事について、どこまで的確に

出来悪を評価判断することができるのかといえば、結構難しく判断に幅が生じることはあると思います。

　さらに、労働部の裁判官、労働事件を担当する裁判官は、労働者の保護に価値の天秤を傾けることがあるという点についても考えておかねばならないでしょう。それが、労働法の趣旨目的であると学説が述べているわけですから。

嘉納　特異な例外を除いては、裁判官の方は終身雇用で、身分が憲法で保障されていることから、身分を保障すべきとの判断に傾きやすいのかと思います。また、裁判官の方のレベルが一般的に非常に賢いこと、すなわち、出来が悪い裁判官といっても社会水準からは相当出来がよいことから、労働市場の中に相当出来の悪い労働者がいるのだという事実を想像できないのではないかというのが、穿った見方かもしれませんが、私の思うところです。もちろん、「労働者保護」という労働法の体系自体が存在しているので、裁判官が解釈・あてはめを行うときには、労働者保護になるでしょうね。

加藤　ジョブ・ディスクリプションについて、日本の会社にはきちんとしたものがあるところが少ないと思います。国内企業では格別なにをするということを決めずに事務職なら事務職として大枠で採用することが少なくありませんが、外資系企業ではやることを決めておいてそれがだめなパフォーマンスならば解雇ということが多いように見受けます。

　国内企業は、従業員を適材適所で使うのが経営者の器量だという見方をするのでしょうね。従業員の出来が悪いということがあったかもしれないが、その事柄を通じて、普通の人は学び、不手際や能力不足を克服していくのが通常である。したがって、従業員に対する指導をどのような機会にどの程度したかという指導・育成の話になる。指導されて改善する人もいないわけではなく、職場を変えてようやくうまくいくという人もいるでしょう。

　会社として、従業員を注意した事実を残しておく、そして労働者から「注意された事項は今後直します」という念書をとっておく、その後、

クリアできているかどうか、指導とその成果が出ているかを誰がみてもわかる形で証拠として残しておく。こうしたことをきちんとしないと、後から判断する裁判官としては、なかなか難しいように思います。そうしないと、「陳述書は会社が解雇目的のためにつくったもので、証拠評価は低い」という労働者側の指摘を採用せざるを得ません。会社側は、提訴前に証拠を残しておかないといけないのですね。

　使用者性悪説に立つというほどのことはないですが、労働事件の中には会社が非常に悪い類型のものが散見され、そうした案件も裁判官は経験していることがありますから、そう感じられるのかもしれません。私が経験したものとして、企業側に大きな問題があったケースがありました。従業員がある会社に対し未払賃金を求めて提訴した際、そのたびに会社を潰して別の会社をつくるという対応をして、賃金を払わなくても平気でいるのです。これは、従業員から会社にも代表者にも提訴がされて、結果として請求が認容されました。

　このようによろしくない経営者もおり、嘉納さんのケースとは違うとは思いますが、労働部の裁判官としては、そのような中で、どのレベルで将来を考えていくかという認定判断をされるのではないかと思います。

嘉納　その認定判断のバーが相当に高いというか、非常に高いと感じています。そして、「正式訴訟の判決」の場面においては、そのバーに到達できなければ0と同じです。仮に90％くらい立証できていても100％に達しない限り0％です。

加藤　その判断が、高裁に行くと逆転する、ということはありますか。

嘉納　ないわけではありません。ただ、リーガルフィーとさらなる時間をかけて高裁まで控訴をしようと会社が思うかというと、思わない場合が結構あります。代理人弁護士として、高裁でひっくり返る可能性があるのでがんばりましょうと、どこまで企業を説得できるかは実務的には難問です。

●**会社に対する助言は**

加藤　訴訟になった以上は1審で勝負する、和解をすることができれば必ず和解をするようにアドバイスするというのが目標ですか。

嘉納　そうですね。加藤さんは第2論点（教育・指導・叱咤激励したのにだめだった事実の証明）のお話をされたと思いますが、第1論点（"出来悪"の事実の証明）のもっと手前、見るだけでだめと判断できるような場合についても、会社がそれでもごり押しをし、首を切ってしまった後に相談をもってくる場合も多くあります。

　　特に、第1論点で重要なのは、以下に述べる4つとなります。

　①"出来悪"の事実の記載がある

　　（出来が悪いという数字、5段階評価で「1」とかS、A、B、Cの評価で「C」等の数値またはアルファベット上の証拠）

　②①の評価に至った具体的な行為、懈怠、発言、不始末

　　（どういうことがあったからこの評価になったのだということ）

　③①の評価がされたのが、本人のせいだといえること

　　（たぶん本人は自分のせいではないと主張するでしょうから、この主張を粉砕できるのか……）

　④ある程度の期間を与えること

　　（人間、調子がよくないときもありましょうから、すぐ首を切るのではなく、がんばらせてみること）

　これらをand条件で全て満たしていることが実務上必要だと痛感しています。しかし、これらを全部満たす事例はほぼなくて、企業側として立証に失敗することがはじめから見えている事案が圧倒的だと痛感しています。

●悪い成績をつけない企業文化

加藤 そもそも"出来悪"を示す客観的な成績をつけているかという点で、企業の体質として、あまり悪い成績をつけない企業文化もあるのではないでしょうか。

嘉納 おっしゃるとおりです。「当社はやさしい企業文化なので……」とおっしゃる人事担当者が多くおられます。悪い評価をつけて部下から恨まれるのは嫌だからといって、S、A、B、C、Dの5段階で、出来が悪いのにBとつけてしまうと、「普通」評価であると裁判官の方には思われてしまいます。私は、これを見るともう負けると考え、示談がよいと判断することが多くあります。それにもかかわらず、ごり押ししたがる経営者の方もおられますが……。

加藤 あまり悪い評価をつけないのは、実は裁判官も同じです。

嘉納 そうなんですか！（笑）

加藤 勤務を評定する者と被評価者との相性がよくないことから、悪い評価をつけられる場合があり、そうした評価をされた者は大きな庁に勤務することなく、小さい本庁や支部ばかりを回ることがあります。全体として悪い評価をつけない中で、少し悪い評価でも目につくことになるのです。しかし、そうした方でもしっかりした仕事を継続していれば、気づく評価者が出てきます。その場合、「現在は一生懸命やっているので通常の処遇に戻すべきだ」と再評価され、戻ることもあります。

嘉納 悪い評価を立て続けに受ける裁判官もまれにはおられるのでしょうか。

加藤 いなくはないでしょうね。それは、本人側の問題によることもあります。1回だけよろしくない評価を受けたという人の中には、運が悪かった、評価者・被評価者の組み合わせが悪かったというケースもあります。

嘉納 悪い評価を立て続けに受けたとしても、再任はされるんですよね。

加藤 再任することが不相当と評価されるケースもありますが、再任されることもないとはいえないですね。

嘉納　そうしますと、それは憲法の示す如く身分保障がされるということですね。
加藤　そうですね。
嘉納　民間企業だと強力な退職勧奨をすることがあるので、やはり大きく違いますね。
加藤　悪い評価が複数回あると、不再任もあり得るかもしれませんが、1回だけだとそれはないでしょうね。
嘉納　この"出来悪"の事実の記載があるという点について付言するなら、基本給が増額されているとか、裁量賞与がある程度出ているという事実は、"出来悪"の事実と反対方向の事実なので、企業側に立つ人事労務屋としてはつらいです。

●出来悪という評価の対象となる言動

嘉納　2番目の"出来悪"の客観的・数値的・アルファベット的な評価を構成する具体的な行為、発言、不始末や懈怠などについて、一見、立証が簡単そうにみえますが、実は相当難しいです。少なからぬ場合、この立証は陳述書に依拠することになり、それを当時の上司・同僚にお願いすることになります。自分の個人の住所を書いて、本名を書いて、元従業員の悪口を言うのは相当覚悟がないと怖いことになりますので、かなり多くの場合は報復を恐れてしまい陳述書は書いていただけません。せっかくよいエピソードがあっても、オフレコでしか言えないということになります。誰が言ったかわからない匿名のエピソードを裁判官の方が重きを置くかというと、私なら置かないと思います。そうした匿名のものがあまりに多く、実名を出すと「お礼参り」の可能性を当時の上司や同僚は相当に強く気にするので、立証は至難の業となります。

●**出来悪従業員は他罰的？**

加藤　3番目（本人の帰責性）についてはいかがですか。

嘉納　少なからぬ"出来悪"従業員の方は、自分に帰責させようとしません。お客様、上司、同僚、会社、ときに世間が悪いと言います。常にではありませんがしばしば自分以外の原因に帰責性を求めたがります。悪い結果があっても、自分を内省しないのですが、「あなたのせいだ」と言えるための証拠があるかということになりますと、企業側は立証に相当苦労します。

　例えば、営業という仕事の場合には、同じ仕事をしている人が10名いて、他の9名がどのように営業をしているかというのは出せるかもしれません。しかし、同じ仕事をしている人が同じ会社内にいないような場合、同じ期間を体験している同僚で比較対象がいないので、自分以外の帰責対象を主張された場合には立証に苦労します。

加藤　それに関連して私が経験したものとして、不動産販売会社が従業員を新規採用したが、その従業員は半年間1件も売れなかったので解雇したというケースの控訴事件があります。

　このケースでは、他の同僚の成績についてみると、さすがに0件という同僚はいないのですが、1、2件という従業員はいました。そのケースでは基本給が低く歩合給部分の割合が多いこともあり、1審はもう少し様子をみるべきだとして、解雇無効としました。控訴審では和解しました。不動産市場が冷え込んでいた時期ということもありますが、成績が半年間に1、2件という従業員もいた中で、成績不良は自分のせいではないという主張を裁判所が酌んだケースといえるかと思います。

嘉納　今のお話から思い出したのですが、自分に帰責性がないと本人が主張する場合の中で、実際に帰責性が小さいこともあり得ます。実は上司が悪いということもあり、そのようなケースが最近では相当数散見されます。上司があまりにパワハラをするので、メンタルを病んで、パフォーマンスが出ないという主張はあながち不当ではなく、調査をして初めてわかることだったりもします。これは、我々からすると本来なら解雇自

体を止めるケースなのですが、案件になった後だと、すでに解雇してしまっていることもあります。これは代理人としてつらい気もしますが、そうしたケースも少なくありません。

さらに複雑なのは、上司のパワハラの原因が、部下のパフォーマンスが悪いせいだという場合です。教育・訓練・指導のつもりが、やり方の度が過ぎてしまう例です。

加藤 出来が悪いとして解雇した中には、当人の責任ではなく、上司やその会社の病理がそこに映し出されるということがあるということですね。

◉猶予期間を与えてみる

嘉納 そして、4番目（ある程度の期間を与える）ですが、2年や1年、短くとも半年とか、やらせてみる期間を与えて改善を促すことは必須です。人には、調子のよいときも悪いときもございます。調子が出ないからいきなり解雇というのでは、裁判官の心を打つのは非常に困難です。

この点、「ビジネスというのは、日々、刻々、変わるものであり、私たちは毎日切った貼ったやっている。そんなに待てない。」と企業の方々からしばしば言われます。お気持ちはとてもよくわかるのですが……。

COLUMN
裁判官が納得する証拠

本文中に示しましたように、以下が必要です。
1　出来が悪いという事実
　(1)　出来が悪いという客観的な記載
　(2)　これの内容をなす、行動、発言、不作為
　(3)　その労働者に帰責することができるのか
　(4)　ある程度の期間を与えているのか
2　教育指導・訓練・叱咤激励したけどだめだったという事実
　(5)　漫然、現状を甘受していたのではなく、よくしようと企業側も
　　　きちんとがんばった証拠

これらを裁判官の前に完璧に示すことができるのは通常、困難です。多くの場合、1の証拠がないので、2の立証に行く前に、挫折します。

(2) 不祥事
●不祥事で解雇されるのは「お金」「男女問題」「パワハラ」が非常に多い

加藤　会社の金を横領するといった不祥事で解雇することもあります。それも解雇権濫用の対象になり得ますが、これについて特徴的なエピソードはありますか。

嘉納　そうですね。不祥事で解雇されるケースは、お金、セクハラを含む男女問題、パワハラという3つでほぼ100％だといってよいと思います。どの場合であっても、程度がひどい場合には懲戒解雇を会社は考えます。例えば、お金なら金額が大きい場合、男女問題なら無理やりに性交渉に至っている場合、パワハラなら被害者が自殺または自殺未遂に至っている場合です。ただし、懲戒解雇を視野には入れるのですが、懲戒解雇に踏み切る勇気が会社にあるかというと、ワンマンのオーナー企業でもない限りは相当にビビると思います。

　懲戒解雇は、労働者からなにもかも、退職金ですら剥ぎ取るというものですので、労働者は捨て身で、生活のため命をかけて争ってきますので、最高裁まで争う覚悟が企業側に必要となります。訴訟のために、それほどのお金と時間をかけて臨みたいかといいますと、それを避けたいというのが会社の本音でしょうから、金額が大きい、性交渉がある、被害者が自殺をするといったことがあろうとも、普通解雇にとどめるか、あるいは諭旨退職にとどめるのが、実務的には圧倒的だと思います。

加藤　会社の大小による特徴はありますか。

嘉納　もし、懲戒解雇となったとしても、それが重すぎないかという話があります。大会社は過去の事例との比較ができますが、中小零細企業は、必ずしもそういった事例がないオーナー企業のワンマンだったりするためか、ちょっときつめに懲戒解雇をしようとする傾向にありますので、人事労務屋としては、それを戒めるように説得することが多いです。

●解雇の形態と応じられやすさ

加藤　懲戒解雇してもよさそうなケースでも普通解雇をするのは、普通解雇なら応じる可能性が高くなるということがあるからでしょうか。

嘉納　応じる可能性が懲戒解雇よりは少しだけ高いかなと思います。理由としましては、退職金が一応支払われることも多く、また、解雇予告手当が支払われるか、30日間の予告期間もあるので（懲戒解雇でも解雇予告手当は支払われますし、または予告期間もあるものの、都市伝説のようにこれらがないと思い込んでいる人が多いためだと思いますが）、懲戒解雇よりはまだ余地があると思っています。

加藤　諭旨解雇には応じることが多いですか。

嘉納　諭旨解雇の場合は応じることが多く、事件にならない場合が圧倒的に多いです。

加藤　そのあたりの実態を頭に置いて、見通しを立てて助言をすることが重要なのですね。

嘉納　そうですね。特にお金との絡みの問題ですと、刑事事件との絡みになります。そうしますと、刑事告訴をするかを横目でみながら、労働者とのネゴシエーションをするのですが、少なからぬ場合で、被害弁償をしてもらうかどうかで会社側のスタンスが違ってきます。被害弁償を行うのであれば、公証人役場へ労使ともに行って、認諾文言のある公正証書を入れておくというのが普通ですが、多くの場合、刑事事件として立件してもらう道をある程度閉ざすことになるといわれています。その理由は、警察・検察庁は民事崩れの刑事事件を嫌がる傾向にあるためです。

　民事事件で本人が割賦で払うとして示談をしたものの、あるとき払わなくなった場合に、それならば刑事告訴をしようということになりますと、民事事件で筋が悪いから刑事告訴したのだろうと、警察・検察庁は考えるようです。数億円ともなれば別ですが、100万円を超えないのであれば、なかなか刑事事件として扱ってもらえないということが私の経験上の感覚です。

　そうしますと、はじめから刑事事件1本でやるか、被害弁償を期待し

て公証人役場へ行くかを企業としてあらかじめ考えたうえで、本人と話をすることになると思います。

加藤　刑事事件になるようなケースでは、従業員は当然会社を辞めることにはなりますが、示談によって解決する方策もあるのですね。

　横領案件で刑事事件になる場合において、従業員が実際には２億円ほど横領したとしても、警察・検察では証拠関係から立件しやすい２千万円くらいで起訴することがあります。そのようなケースを扱ったことがありますが、その場合に、会社は２億円の賠償請求をしました。しかし、検察が起訴した２千万円については刑事記録を証拠にするなどして簡単に立証できるものの、残り１億８千万円は立証が難しいことになります。そういう場合には、被告から自分ではなく他の人が横領した、もしくは、その可能性があるとして否認されます。被告の反論を容れて、２千万円だけ認めればよいではないかと割り切る立場もあるでしょうが、多くの裁判官はそれも据わりが悪いと考えるため、大変悩ましい問題となります。

　会社が利益を上げている場合には、税務上損金として償却すれば半額は戻ってくるのと同じですから、債務名義が欲しいのです。先ほどのケースでは民事調停法の17条決定をしました。

【17条決定】

民事調停法17条
「裁判所は、調停委員会の調停が成立する見込みがない場合において相当であると認めるときは、当該調停委員会を組織する民事調停委員の意見を聴き、当事者双方のために衡平に考慮し、一切の事情を見て、職権で、当事者双方の申立ての趣旨に反しない限度で、事件の解決のために必要な決定をすることができる。この決定においては、金銭の支払、物の引渡しその他の財産上の給付を命ずることができる。」

自庁調停に「会社に迷惑をかけたのだから損金で落とすために債務名義をつくることに協力する趣旨で調停案を受諾したらどうか」と代理人に被告本人を説得してもらいました。しかし、被告は自発的に調停案に同意をするのは嫌だというので、代理人から被告に「裁判所は17条決定をするが、それに対し、2週間以内に異議を言わなければ確定し判決と同じ効力をもつ」ことを告げて因果を含めてもらい、最終的に17条決定で確定したことがあります。

嘉納　「17条決定」という話は昔、勉強しましたが、久しぶりにお伺いしました。

加藤　その他に、不祥事の懲戒解雇について、私が高裁で扱った案件で次のようなケースもありました。

　　　外資系企業の旅行代理店会社のファイナンシャル・コントローラーという役職にある人の案件です。その会社にはディレクターという肩書の役職もあるのですが、当該ファイナンシャル・コントローラーの役職者が会社から使用することを許されていないディレクターの肩書を用いて、手紙やEメールを作成して、自分が私的に関心をもった重要案件について、あたかも会社が関心をもっているように装って繰り返し会社の実績・信用を利用して情報提供を求め、案件への参画を実現して職務上の地位を利用して利益を図ろうとしたとして、懲戒解雇を受けた事例です。その解雇を相当と認めた1審判決について、高裁も相当と判断しました（東京高判平成22・1・20判タ1346号170頁〔28162014〕）。これは自分で小遣い稼ぎをしたというケースで、横領したケースとは違いますが、懲戒解雇相当と判断したものです。

【外資系旅行代理会社懲戒解雇事件・東京高判平成22・1・20判タ1346号170頁〔28162014〕】

　3か月後に契約期間満了により退職することが決まっている従業員がその休暇中に、前記従業員が会社の許可なくディレクターの肩書きを使用して私的取引に

関する文書作成やＥメール送信を就業時間中に頻繁に行い、会社が関与していない案件について会社が関与しているかのように見える手紙等を相手方に送付していたことが判明したため、会社が前記従業員を懲戒解雇したことにつき、前記行為は就業規則の懲戒事由に該当する重大なものであり情状も極めて悪質であるとして、前記懲戒解雇を適法と判断し、従業員側からの控訴を棄却した事例。

　　もう１つは、日本の商社の海外支店で起こったケースで、着服案件ではないのですが、扱っている輸入目的物を他に回すことのできる余剰があることを利用し、会社の取引とは別に、従業員が個人としての取引を複数回行い、その上がりを自身のポケットに入れたというものです。そのケースは、「取引の相手方から、従業員個人としても取引しないと、本体の取引の中止も考えると言われたためにしたのであり、結果としては会社に迷惑をかけていない」と弁明して、懲戒事由の存否そのものを争うという案件でした。認定判断が大変難しかったのですが、結論としては、そのような事情があったとしても、会社に黙って行っていた以上は当該弁明は信用できないとして、懲戒解雇の相当性を認めました。

● パワハラやセクハラがきっかけで精神疾患に陥る場合

加藤　不祥事の中で、パワハラはどうでしょうか。
　　被害者が自殺ないし自殺未遂に至るというケースは別として、うつ病など認定が難しいケースもあるかと思いますが、いかがでしょうか。

嘉納　うつ病といった精神疾患に陥る場合について、原因がなにかということと、きっかけがなにかということは別の問題です。きっかけとしては、長時間労働やパワハラやセクハラであることが圧倒的に多いのですが、主原因については、本人の中に潜む脆弱性である場合も多いものです。しかし、こうした事実について、優れた精神科医のセカンドオピニオンを正しく経ないとわからないものです。
　　多くの場合は、セカンドオピニオンがない、もしくは、セカンドオピ

ニオンの医師が、ファーストオピニオンの医師の意見をそのまま信用してしまいがちです。冷静な目で主原因はなにかを探求してくれる医師は少ないと思います。特に、従業員が会社を辞めてしまった後は、会社側から業務命令で医者にかかるよう指示ができません。会社を辞める前ですと、セカンドオピニオンを取得するように労働契約法5条を根拠に説得できる場合があるかもしれませんが、辞めた後ですと、会社の息のかかったように一見うつる医師の所には行きたがらない場合が多いです。

　もっとも会社は、医師に圧力をかけることはありません。医師と会社が結託して労働者を追い出そうと試みている、という記事を目にしたことがありますが、相当に違うのではないかと感じます。

　パワハラの被害従業員に精神疾患がある場合、精神疾患の主原因がパワハラとは別のところにあるという話になれば、罰の軽重の問題として、加害者への懲戒解雇は重すぎると評価されることとなります。

加藤　解雇をするかどうかは別として、従業員から損害賠償請求訴訟が提起され、パワハラやセクハラがあったという事実が認定されたとしますと、被害者の素因をどのように損害算定に勘案するかということで、素因減額ができるかという問題になると思います。

　最近では、仮に被害者である従業員に素因があったとしても、そのような素因をもった従業員がいることは予見可能であるので、素因減額すべきでないといった議論があるかと思います。

嘉納　最高裁判決もそのように考えているようで、平成12年3月24日の電通事件、平成26年3月24日の東芝事件でも明らかにしています。

【電通事件・最二小判平成12・3・24民集54巻3号1155頁〔28050603〕】

大手広告代理店に勤務する労働者が過重な業務負担によりうつ病に罹患し自殺した事案につき、うつ病の発症等に関する知見を考慮して、当該労働者の業務の遂行とうつ病罹患による自殺との間の相当因果関係を肯定した原審の判断が維持された事例。

> 【東芝事件・最二小判平成26・3・24判タ1424号95頁〔28221222〕】
>
> 一　液晶ディスプレイ製造プロジェクトのリーダーとして勤務していた従業員がうつ病に罹患して休職し、休職期間満了後に解雇された事案において、うつ病の発症・増悪につき会社の安全配慮義務違反が認められるところ、神経科への通院、病名、薬剤の処方等を内容とする情報は通常は職場において知られることなく就労を継続しようとすることが想定される情報であって、使用者は本人からの積極的な申告が期待し難いことを前提としたうえで労働者の心身の健康への配慮に努める必要があり、本件会社は本件従業員の体調不良という状態が過重な業務によって生じていることを認識しうる状況にあり、その悪化を防ぐために措置を執ることは可能であったことにかんがみると、同人が前記情報を会社に申告しなかったことをもって民法418条又は722条2項の規定による過失相殺をすることはできないとされた事例。
>
> 二　前記事案において、本件従業員は入社後慢性頭痛及び神経症と診断され業務を離れて治療を続けながら9年を超えてなお寛解に至らないものであるが、本件うつ病は過重な業務によって発症し増悪したもので、それ以前は支障なく勤務を継続していたこと、業務を離れた後も複数の争訟の対応に心理的な負担を負っていた等の事情にかんがみれば、同種の業務に従事する労働者の個性の多様さとして通常想定される範囲を外れるぜい弱性などの特性等を有していたことをうかがわせる事情はなく、民法418条又は722条2項の規定の適用ないし類推適用により損害賠償額を減額した原審の判断が誤りとされた事例。

　簡単にいいますと、脆弱性のある従業員がいたとしても、会社としてはたくさんの人を雇うのだから労働者に不利に斟酌するなということです。このトーンをこれらの事件では貫いておりますので、最高裁以下多くの裁判官の方もそうした考えをもっておられると思います。

　そうはいうものの、会社側は、脆弱性のある労働者であるかどうか、雇う前にはわからないものです。会社起因ではなく本人起因の病気で

あっても、安全配慮義務を図りなさい、配慮しなさいということが労働契約法5条に書かれていますが、採用前に本人が病気であることを企業は知ることができず、こうした考え方が前提にあるのは、企業側としてはすごくつらいものです。しかも、厚生労働省指針（平成11年11月17日141号、平成30年9月7日厚労告322号）の考え方は、採用前に「あなたには精神疾患がありますか」と企業が求職者に尋ねることを認めていません。

加藤　損害賠償の話と、懲戒解雇としてよいかどうかの評価の場面ですから、きっかけと主原因を分別して考えるのは合理的だろうと思います。

嘉納　因果関係の有無を裁判官の方が考える場合において、パワハラやセクハラというきっかけがあったことは、病気の原因とは必ずしも言えないかもしれないという冷静な目で本来なら考えてほしいのですが。

● **本人の脆弱性が問題とされることも**

加藤　私が控訴審で担当した事案で、勘違い男がイッセー尾形の一人芝居の「もてた話」を地でいったようなセクハラ事件がありました。これを、コラムにしていますので、ご覧ください。このコラムでは詳しく触れていないのですが、実際のケースは、本人の脆弱性が問題とされ得るもので、うつ状態になったのは、本人の抱えている将来不安やその時期に並行していた母の介護の負担も寄与しているかもしれないという事情がありました。そうしたこともあって1審では男性が勝訴しましたが、最終的には、控訴審で和解となりました。

　要するに、きっかけと主原因は分別できるということは理屈としてはわかりますが、損害賠償の場面では脆弱性についてはよほどのことがない限り、考慮しづらいように思います。

COLUMN
もてた話

　イッセー尾形の一人芝居「都市生活カタログ」シリーズに「もてた話」がある。サラリーマンが、職場の女性を飲みに誘ったら、よい雰囲気になったので、そのお礼にプレゼントしたいがなにがよいだろうかと同僚に相談するという内容である。相談にかこつけてもてた自慢をしているのであるが、はたして「もてた」といえるか自信がない主人公に、観客は自分の姿を重ねて笑うほかないのだ。「もてた話」は、勘違い親父のありふれた哀歓をしみじみ感じさせる、イッセー尾形一人芝居の名作である。

　しかし、サラリーマン上司の勘違いした言動は、実際には、はなはだ迷惑である。

　由美（仮名）は、離婚歴のある30代後半の独身女性で、片山（仮名）は、50代前半の既婚男性である。由美は、情報処理会社A社に派遣社員として、片山は正社員として勤務していて知り会い、2人とも退職したが、その後もメールで連絡を取り合うことがあった。片山は、ソフトウェア開発会社B社に転職し、事業推進室長となった後に、別の会社で派遣社員をしていた由美に社員採用情報を伝え、片山の尽力で同じ部署の総合職として採用された。

　由美は、上司となった片山と2人体制でマーケティング業務を担当した。ところが、由美は、その後3か月も経たないうちに心身の不調を理由に出社しなくなり、休職期間満了により退職した。

　その後、由美は、片山からセクシュアル・ハラスメント（セクハラ）を受け、これにより職場環境が悪化し、心身の不調を来し出社が困難となり、B社を休職期間満了による退職扱いとなったが、これは、性的自由、人格権、良好な環境で働く権利及び利益の侵害であると主張して、片山に対し、不法行為に基づき、慰謝料等の損害賠償を求めた。

　片山は、由美に、就職祝いだと六本木のイタリアンレストランに誘っ

たのをはじめとして、在職中20回以上にわたり2人だけで飲食をしている。その間に、抱擁するなど身体的接触もしたが、それ以上の関係には至っていない。しかし、由美は、このことを苦にして心身の具合を悪くしてしまったという。

由美は、片山が、職務上の優越的な地位・立場を利用し、由美の意に反することを認識しながら継続的なセクハラ行為を行ったと主張したのである。

これに対して、片山は、セクハラ行為はしていない、身体的接触は恋愛関係またはそれに類する親密な関係に基づくものであったと反論した。その後、仕事上の意見の相違から次第に気持ちが離れ、関係が破綻したにすぎない。また、由美の体調不良は、母親の病気の看病疲れによるものだともいう。

片山の「もてた話」をそのとおりに信用すれば、由美の請求は棄却されるが、どのように考えたらよいものか。このケースを判定するためには、セクハラについての近時の議論や関連先例を押さえておくことが必要になる。

セクハラは、性的嫌がらせとも訳されるが、他者の意に反する形でこれに向けて性的な言動を行うものだ。職場でのセクハラには、他者の反応次第で経済的・精神的な不利益を課す「対価型」、具体的な不利益こそ課さないが不快感などを醸すことにより職場の雰囲気を悪くする「環境型」がある。どちらも、被害者の性的自由や人格的利益の侵害など法益侵害の発生を認識しつつ、または認識できたのにそれを怠り、相手に不快な行為をすれば不法行為を構成する。

さらに、セクハラは、「単発型」、「継続型」に分けられる。単発型は、特定の行為の存否が争われ、その意味では、事故型不法行為と同じである。これに対して、継続型は、個別の事実を分断して理解するのではなく、全体的・総合的評価が必要となる。

例えば、大学教授が、部下の女性職員に「2人きりで話したいので、高級ホテルを予約するつもりでしたが、満室でしたので、ラブホテルを

利用するほかないと考えています。お金を惜しんでいるのでなく、最後は高級ホテルの最上階ラウンジでゆっくりしましょう。嫌なら嫌でかまいませんが、できれば了解してください」というメールを送ったケースがある。教授は、「嫌なら嫌でかまいません」と相手方の自由意思を尊重しているからセクハラに当たらないと主張したが、これは完全にアウトである。

別のケースでは、外国出張先のホテルの部屋で、メーカー会社国際営業部長と部下の女性がワインを飲んでいた際に、部長が女性を横抱きにしたが、抗議されてやめ謝罪した。部長は細身の女性の体重を図ろうとしたと弁解したが、下心は歴然としている。女性は、その場も帰国直後も問題にせず、「出張は充実していて、楽しかった」というメールを送っている。ところが、その後仕事上の注意を受けた時期に、女性は社内のセクハラ相談窓口にこの一件を届け出て、部長は降格処分され、自分も部署を異動させてもらった。

女性は退職後、上司と会社に対して、このセクハラに基づく損害賠償請求をした。会社側は、セクハラであることは認めたが、程度が軽微であり、宥恕されていると反論した。これは微妙であり、1審判決は、反論を容れ請求を棄却したが、控訴審では、解決金を支払う和解をした。

大学教授のケースも、部長のケースも「もてた話」ではない。しかし、片山ケースは、対価型・継続型セクハラであるが、「もてた話」バージョンである。抱擁などの事実があっても、片山が主張するように、恋愛関係やそれに類する親密な関係があったとすれば、合意のうえでの行為と解される。そこで、2人の主観面を含めた事実関係の認定と評価をすることになる。その際には、由美には転職の世話をされた恩義があり、昼間は片山と2人体制でマーケティング業務をしているという両者の関係性を織り込むべきであろう。

そうした目でみていくと、由美は食事の後に「楽しかった」とメールしたこともあったが、恩義ある上司の片山に気を遣っていることは普通なら気づくであろう。また、早い段階からキスを迫られたりすると、体

をひねって拒否の意思を明らかにしていた。昼間の仕事との関係もあり、由美は片山の下心を知りつつ、あしらいに困惑していた。片山は、女遊びをするタイプではないが、それだけに由美のナイト気取りで「もてた話」を夢見心地で満喫していたとみられる。

片山の妻は、本件提訴を知り、実家に戻ってしまい、離婚話に発展しかねない状態だともいう。一抹の哀れさも漂うが、メンタル面を損ねた由美に対しては、相応の慰謝料支払いを免れない。最終的には、和解で終了したが、片山は高い勉強代を支払うことになった。

(出典:加藤新太郎「もてた話([連載第86回]:「司法の小窓」から見た法と社会)」『会社法務Ａ２Ｚ』第一法規(2014年12月号)60頁)

（3）うつ病による休職期間満了、自動解雇（被害者側の類型）
●うつ病として休職状態になった人を解雇する

加藤　パワハラ、セクハラなどで被害を受けた従業員は治療が必要になりますが、原因は別として、うつ病として休職状態になった人を解雇するケースもあるかと思います。
　　　この場合についての印象的なエピソードはありますか。

嘉納　多くの会社において、休職満了時の退職、休職満了解雇のどちらもありますが、本来であれば、労務提供ができないことが要件となっているはずです。つまり、休職満了時に労務提供ができるほどに症状が改善していれば、元の職場に戻せばよいだけなので、「休職満了時に労務提供ができない」といったことが就業規則の文言にあるはずです。
　　　この点について、産業医や産業医からリファーされた医師からセカンドオピニオンをとることによって立証を試みようとすることが普通ですが、医師のファーストオピニオンが「復職可能ですよ」といった場合に、セカンドオピニオンが安易にこれを踏襲してしまう場合が多いことが実務的な問題となります。ほとんどの場合、ファーストオピニオンを出す医師は労働者の主治医ということになりますので、自身のクライアントの意思に反する意見は違法または不当でない限り出しづらいものだと何人もの医師から聞きました。

加藤　こうして出されたファーストオピニオンは信頼に足るのでしょうか。

嘉納　こうして出されたファーストオピニオンは、診察室という限られた空間、診察時間という限られた時間における医師の判断に過ぎません。人事労務屋が欲しいのは、「その人が労務提供可能といえるほど、ある程度中期にわたって安定しているか」についての診断が聞きたいのであって、診察室で5分、自分自身を保っていたというものとはわけが違います。相当程度回復していないと復職可能とはいえないはずですが、ファーストオピニオンでは安易に復職可能といわれがちです。また、セカンドオピニオンで産業医、産業医からリファーされた医師が冷静にき

ちんと診るということは、実務上なかなか難しいと思います。それは、お金がかかることでもあり、企業がそこまで負担するかといった問題もあります。私自身も、何人かの医師にお願いしましたが、セカンドオピニオンだけで、だいたい20万円くらいかかることがあります。争いになることが予想される案件ではこの数倍です。

加藤　診断が適正にされなければ、復職させてもまたすぐ出社できなくなることを繰り返すことになりますね。

嘉納　ご本人にとっても、せっかく復職できたのにまた失敗体験が繰り返されることになるので、しっかり期間をもらってじっくり治して出てくるというのが1番正しいとは思います。

加藤　この類型について訴訟に発展することはありますか。

嘉納　あまりないと思います。これで訴訟になったのは東芝事件が典型例ですが、多くの場合は、会社側としては治っているかいないかにかかわらず、示談で相当多額のパッケージのお金をお渡しすることによって穏便に済ませることが少なからずあり得ると思います。これは、従業員の方は精神状態がつらい状態なので、従業員の方やご家族の方がどのように会社に挑んでくるかが読めず、会社が訴訟を避けたいためだと思います。

加藤　なかなかそういった事情は外部からはわからないことですが、お話しいただいて大変参考になりました。

（4）労働組合が絡む問題

●揺さぶられても会社として筋を貫くことができるか

加藤　労組絡みについてはいかがでしょうか。例えば、労働者個人が会社との紛争を抱えた後にいわゆるユニオンに加入して、関係当事者としてその他大勢が交渉にくるケースなどはいかがでしょうか。

嘉納　会社としては、相当腹をくくらなければならない、示談を強力に進めるべき、そういった案件だと思います。後でお話しする点とも絡みますが、労働組合の組合員の方は、企業のビルの前に立ちスピーカーで主張を述べビラを配る等の情報宣伝活動などいろいろな戦術をとって会社を

揺さぶります。これらは労働組合の権利かつ合法な行為ですので、揺さぶられても会社として筋を貫くという相当の覚悟が必要です。

　人事労務屋として、安易に争いにもっていくことはあまりおすすめしません。これは後でもお話しますが、通常の1対1、会社と個別の労働者との個別労使紛争とは違った意味のリスクを帯びると思います。

加藤　企業内労働組合であれば、組合も労働者本人のことをわかっており、会社も勤務する労働者のことはわかっていますが、直接の当事者でない人が紛争に関わってくる場合には一定の配慮が必要になるのでしょうね。

嘉納　その会社に昔からある労働組合なら、だいたい会社の実情をわかっていますし、多くの大企業の場合は御用組合、第2人事部とさえも言い得ることもありますので、会社とうまく話合いができると思いますが、そこでの問題点は、会社とうまく話合いができるがゆえに労働者が頼らないことです。すなわち、労働者は、社内組合に事件を揉み消されるのではないか、会社と真正面から戦ってくれないのではないかと考え、外部のユニオンに行ってしまうということです。正社員でなければ社内の労働組合に入れない場合は、非正規の社員はそもそも外部の組合に行くことになりますが、正社員であってもそうした理由で外部に行くこともあります。結果論としては、社内組合と会社の仲がよいのは善し悪しということになります。そして、外部のユニオンとは相当過激な団体交渉となりかねません。第7で後ほど改めて述べます。

　2005年10月に、日本労働組合総連合会の会長選挙がありました。UIゼンセン同盟（全国繊維化学食品流通サービス一般労働組合同盟）の高木剛さん（タイの日本大使館で一等書記官も経験されていますが）と、非正規労働者の支持を得た鴨桃代さんの一騎打ちとなりました。高木さんの圧勝と予想されていたのですが、鴨さんが100票超をとり、非正規労働者や外部のユニオンが注目されるきっかけとなりました。

加藤　労働組合の組織率はずいぶん下がってきています。

嘉納　確か17％くらいだったと思います。

雇用者数、労働組合員数及び推定組織率の推移（単一労働組合）

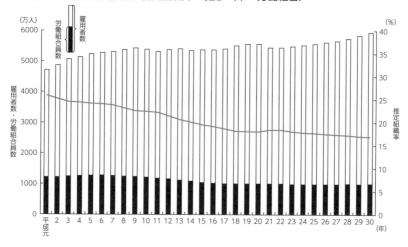

出典：厚生労働省ホームページ（https://www.mhlw.go.jp/toukei/itiran/roudou/roushi/kiso/18/index.html）

加藤　嘉納さんが弁護士になった頃はもっと高かったでしょうね。

嘉納　それはもちろん。もうちょっとはあったかと思います。

（5）試用期間中・後の解雇
●「試用期間中の解雇」の実態

加藤　試用期間中に解雇するという類型についてはいかがでしょうか。

嘉納　書籍に書かれていることと、実務が一致していないと感じています。
　　　書籍に書かれていることとしては、昭和48年12月12日の三菱樹脂事件という有名な事件があります。この事件は、採用後のいわば実験観察期間である試用期間に初めてわかったことを基本として、それ以前の事由も含め、正社員として正規採用するには、客観的に合理的な理由、社会通念上相当という労働契約法16条にいう文言をいいながら判示をしています。この判示については、正規採用の場合よりもハードルが低いと読めます。

> 【三菱樹脂事件・最大判昭和48・12・12民集27巻11号1536頁〔27000458〕】
>
> 企業者が、大卒者を管理職要員として採用するに当り、採否決定の当初においてはその者の適格性の判定資料を十分に収集できないところから、後日の調査や観察に基づく最終的決定を留保する趣旨で試用期間を設け、右期間中に同人の不適格性が認められたときは解約できる旨の特約上の解約権を留保したとき、該解約権の行使は、右留保の趣旨、目的に照して客観的に合理的な理由が存し、社会通念上相当と認められる場合に限り許される。

　また、例えば、東京地裁労働部の判事だった渡邉弘判事が書かれた書籍にもハードルが低くなるとあります（渡辺弘『労働関係訴訟（リーガル・プログレッシブ・シリーズ9）』青林書院（2010年）51～70頁）が、実務の人事労務屋からすると、本当だろうかと感じます。

　私が、これまで労働部の裁判官にいわれてきたことを総合して考えても、決してハードルは低くなってはおらず、本採用したときとほぼ同じくらいの「出来の悪さ」の立証を求められているように感じています。すなわち、実験観察期間である試用期間に、本採用とすることに不適格だと思ったらクビにできるというのが判例法理であるはずなのに、全然そのとおりではなく、理論と実務の間に相当隔たりがあると感じています。

加藤　判例法理ですから、具体的な法規範として示しているはずですが、実際のあてはめのところでは、本採用と試用期間とが似た運用になっていると感じるということですね。実務的にどうなっているかは再検証する必要があるかもしれません。

嘉納　そうですね。裁判官の方に、ぜひともお願いしたいことになります。

加藤　それを推し進めると、試用期間の効用、機能が極めて相対化されてしまいますね。

嘉納　おっしゃるとおりです。神戸大学法学部の大内伸哉教授は、採用の前

に見極めるのは難しく、雇ってみて初めてわかることも多いのだから、試用期間くらいは解雇を相当自由にさせないとやってられないという説を唱えています（大内伸哉『労働法実務講義〈第3版〉』日本法令（2015年）218～220頁）。そうした説があるのですが、実務はそうなってはいないと思います。正社員となってしまえば非常に強い保護下に置かれてしまうので、試用期間くらいはせめてもうちょっと緩やかにしていただきたいと思います。採用段階で求職者の本質を完全に見極めることなどほとんど不可能だからです。採用した側が悪い、採用したのだから責任をとれ、と労働者側の弁護士の先生や外部のユニオンの方々はおっしゃるのですが、「では、あなた方は、採用段階で確実に見破れるのですか」と問いたいところです。

　試用期間の間にパフォーマンスが悪いことがわかる場合はよくありますが。そのとき首を自由に切れない、裁判官の方が容易に解雇を認めないのは、採用したら教育・訓練・指導は会社の責任であり、パフォーマンスの悪さは教育・訓練・指導の失敗のせいだと裁判官の方が考えておられるからだと思います。しかし、本当にこのような考えは正しいのでしょうか。

●判例法理が中途採用にもあてはまるといえるのか

嘉納　新卒の方には当てはまるかもしれませんが、中途採用にも同じ判例法理をあてはめることについては、疑問に感じているところです。

加藤　中途採用の場合、パフォーマンスが悪い場合には正式採用しないことを雇用契約書の中で書き込んでおくということは、対応として考えられるでしょうか。

嘉納　考えられますが、その効果があるのは、ある程度数値化できる場合、誰がみても同じ判断になる場合に限られると思います。それ以外の仕事の場合には、判断者の主観が入ってくると思いますので、難しいですね。がんばってジョブ・ディスクリプションに書こうとすることはありますが、営業職以外の場合には実務的に難しいと考えます。

先ほど三菱樹脂事件でハードルが下がっていると一見読めるものの、実務では、裁判官が判断しないという実態が非常に多くあることに触れましたが、多くの企業にとって労働者を解雇しようと試みることはもともと難しい状況です。これに対し、昔とっていた手法というのが、1年間契約社員として雇ってみて、出来がよければ正社員として契約し、出来がよくなければ契約終了というものだったのですが、最高裁が平成2年6月5日の神戸弘陵学園事件で、驚くべき判決を出しまして、このため契約期間が正社員の試用期間と同じように判断されることになりました。

【神戸弘陵学園事件・最三小判平成2・6・5民集44巻4号668頁〔27806502〕】

一　労働者の新規採用契約において、その適性を評価・判断するために期間を設けたときは、当該期間の満了により右契約が当然に終了する旨の明確な合意が成立した等の特段の事情が認められる場合を除き、当該期間は契約の存続期間ではなく試用期間と解するのが相当である。

二　試用期間付雇用契約によって雇用された労働者がそれ以外の労働者と同じ職場で同じ職務に従事し、使用者の取扱にも格段異なるところはなく、試用期間満了時に本採用に関する契約書の作成手続がとられていない場合には、特段の事情がない限り、これを解約権留保付雇用契約と解するのが相当である。

　企業としては、契約期間という外形をまとって吟味する道も閉ざされてしまいました。そのため、実務的には追い込まれています。出来がよければよいのですが、出来が悪い人を雇ったら、自分がよいと思って雇ったのだからそこは仕方ないということになりかねません。結局、実務的には訴訟になる前にパッケージ（その金額は勤続年数その他の要素に依存しますが）を積んで退職勧奨してお辞めいただく場面が少なくないです。

加藤　その関連で、派遣でまかなうことができれば、出来が悪い人は退場し

てもらえますか。
嘉納　一応3年以内であれば。出来が悪い場合には、3年経たなくても退場してもらえるよう派遣元へ要請できます。それが派遣先側の強みではあります。そもそも派遣先にそういうことを許す（法律上、派遣元はこの要請を受け容れる必要はないが、実務上は受け容れることが圧倒的）のが派遣の制度です。ただ、法的にはそうであっても、実務的には、派遣の人の身分が不安定ですと、派遣先への忠誠心に対する疑義の問題が生じます。忠誠心はモラールと生産性に大きな影響を与えますので、派遣先の自由というのは相当に割り引いて考えなければならず、労働法ではまかなえない部分です。この点、唯一、ある程度、十分な吟味が許されているのが、紹介予定派遣です。6か月を上限として、直接雇用するか否かを派遣先が見極められる、という仕組みです。

3　会社のリスク

(1) 敗訴リスクだけではない
◉裁判になる・労働審判になる・不当労働行為救済手続の申立てをされるリスク

加藤　こういった事柄がどのような会社のリスクになるのか、助言すべき事項としてはどのようなことがあるでしょうか。
嘉納　「助言」と表現できるほど大層なものではないのですが、まず1つ目、そして最も大きいのは、地裁にもっていかれること、すなわち正式裁判になる、労働審判になるというリスクです。
　正式裁判の場合、敗訴をすることはもちろんのこと、提訴されること自体がリスクだと思います。巻き込まれてしまうということが、会社としては本来避けるべきリスクなのです。
　正式裁判の場合は、地裁だけで下手をすると3年ほどかかってしまいます。労働審判は3、4か月で終わるといっても費用がかかり、地裁へ物理的に行かねばならない負担もかかります。これは、担当者の時間上

の負担、弁護士費用と手間という意味でも避けるべきものだと思います。しかも、異議が出ると正式裁判に移行します。2、3年やって敗訴するリスクは、マグニチュードが計り知れないので、裁判や労働審判へもっていかれるのは避けるべきと一般的にはいえるでしょう。

加藤　提訴前から関与をしていれば、今のようなことは避けられることもあるのでしょうが、提訴された後に相談されることもありますか。

嘉納　それも多いです。その場合は仕方がないですね。

　2つ目は、労働組合が絡むものとして、地裁とは異なる場所、すなわち、労働委員会に、不当労働行為救済手続の申立てをされることがリスクとなります。

　これは一見、裁判所と似たような外形をまとった手続なのですが、これを数多く経験した身からしますと、裁判官による裁判とは、とても似ているとはいえません。これには巻き込まれない方がよいと心の底から思います。

　まず、労働委員会は、1件1件について、公益委員、労働者委員、使用者委員といった3種の人がアサインされます。公益委員の人たちは、大学の先生、弁護士、元裁判官やNHKの社員等々といった有識者からなりますが、その中できちんとした訴訟指揮ができるのは私の経験からは元裁判官の方のみとなります。すなわち、組合の方の不規則発言をきちんとぶれずに抑えられるのは私の経験では元裁判官の方だけです。そうでない方は、必ずしも訓練を受けているわけではないので、不規則発言や証人尋問時のやじを抑えられず、無秩序状態になってしまいがちであり、それが裁判との大きな違いとなります。

　また、民事訴訟の場合には、証拠の提出は関連性のある証拠しか出せませんが、労働委員会の場では、全く無関係なものが証拠として提出されても、公益委員の方が言うことはほとんどありません。

加藤　労働委員会の委員の中立性についてはいかがお感じになりますか。

嘉納　裁判においては、裁判官の方は単独でも合議体でも1人1人が表向きは中立です。しかし、労働委員会の委員は、もともと中立ではない立場

です。使用者委員と労働者委員は、それぞれの委員が自分の立場でものをみるという制度ですので、どうやって自分の側の委員を通じて、公益委員の心をこちらに向かせるかを、労組も使用者も腐心してがんばるものですので、そうしたところにも裁判との差異が生じてくるといえます。もともと、労働委員会は不当労働行為を争う場であります。それは、労働組合や組合員が虐げられていたという不幸な歴史があって、それを除去しようという制度ですので、それを扱う役所というものは労組側に寄っていると絶対に見えないわけではなく、「これは不当労働行為ではない」という棄却命令を出してもらいにくいという場合があり得ます。それで企業側は示談を決断することになるケースも多いです。

　訴訟や労働審判と同様、できるだけ巻き込まれない方が望ましいということになると思います。

（2）レピテーションリスク
●対外的なリスクと対内的なリスク

加藤　会社としては紛争の顕在化についてはレピテーションリスクも考慮すべきということになるのでしょうか。

嘉納　その案件で記者会見がされるようなケースの場合はもちろん、記者会見がされていないとしても、噂というのは社内及び同業他社には伝わりますので、訴訟がされているという評判はよろしくないはずです。訴訟が継続している会社には入社したくないという場合もあるかと思いますので、特に新規採用、中途採用の際にはネガティブに効いてくるといったリスクがあります。

加藤　そうしますと、提訴されたり、労働委員会に持ち込まれたりする前に、なんとか話合いで解決することが望ましいわけですね。

嘉納　そうですね。もう1つ付加的に申しますと、レピテーションには対内的なものと、対外的なものがあります。対内的なものというのは、社内での沈滞ムードのことです。対外的には労働者に冷たいムードの会社だと思われてしまうこともリスクとなります。そのため、結局はこれらを

避けるためには、できるだけ公の争いになる前に、示談で解決する方が労使問題は賢い場合が多いということになるかと思います。

加藤　会社側としては、かなり譲歩しても示談や和解の方が全体としてはメリットが大きいということになりますか。

嘉納　そうですね。仮に訴訟で勝訴をしたり、労働委員会で棄却命令をもらったりしたとしても、敗訴した労働者は控訴するでしょうし、敗けた組合は中央労働委員会へ再審査の申立てをするでしょうから、公の争いは時間も伸びますし、リーガルフィーも増え、手間もかかるでしょう。そうしたことを考えますと、判決で勝つこと、労働委員会で棄却命令をもらうことでは、本質的な解決にはならないこともかなり多くあります。

　なお、これは企業側が勝つ場合も、労働者側が勝つ場合もどちらにもいえることです。原職復帰の命令をもらって労働者が勝った場合について、会社が快く原職復帰させるかといえば、そうではない会社もかなりあります。復帰はさせるけれどもいじめをするという会社もないわけではなく、労働者側も原職復帰を勝ち得た後に常に輝く未来（自己実現を果たせるほどの）が待っているというわけではありませんので、裁判所の判決や労働委員会の命令ではなく、労使の示談が最も望ましいと思います。

加藤　問題を先送りすることになるだけという面と、仮に勝っても労働者としてハッピーかどうかという問題も伏在しているということですね。

嘉納　企業はそれほどきれいなものではないかもしれず、かなり賢く立ち回り得ますから、裁判官が原職復帰といったとしても、本心からそれに従うかは保証の限りではありません。労使のけんかというのは面子のぶつかり合いであり、裁判になると公になるため引くに引けなくなり、お互い大げんかになります。判決や命令をもらったらなおさらです。判決、命令の前に、やはりなんとかした方がよいであろうと思います。

●**会社の属性による偏差**

加藤　大変よくわかりましたが、会社の属性・個性によっては、強気で、あるいは公的な争いになってもよいという選択をする傾向はありますか。
　　　例えば、他にも同様の事象があって、そこでうやむやにしておくと業界全体にとってまずいとして、代表選手として訴訟で争うようなことはありますか。

嘉納　あるとは思いますが、賭けとしてリスクをとることになりますから、おそらく数は少ないと思います。他社がやってくれるのをみることはよいのですが、自社が最初にやるのは相当勇気が必要ですので、避けたい企業が多いと思います。オーナー企業でワンマンの社長が、この労働者が憎くて仕方がないという場合に、弁護士の説得にもかかわらず踏み出すということでしたらあるかもしれません。もしくは、その案件を解雇にしなかったら、同じ会社の中で他の従業員に示しがつかないという場合でしたら、かなりの企業であるかもしれません。すなわち、勝訴判決はとるつもりはなくとも、懲戒解雇、諭旨解雇、普通解雇という手段を問わず解雇にはするつもりであり、対内的にみて他の従業員に示しをつけるためという意味ではあるかもしれません。

加藤　なるほど。

嘉納　弁護士で企業側に立つ方に申し上げたいのは、企業に対し訴訟や労働審判を勧めるときに「フィーがとれるから」という自身の利益を絶対に一切考えてはならないということです。レピテーションリスク等に十分に配慮し、なにが依頼者の企業にとって最適かを助言してください。
　　　また、企業の担当者に申し上げたいのは、勝訴判決を得る弁護士の先生方は確かに素晴らしいのだけれど、本当に企業のためを思うゆえ強力に示談を勧める弁護士がいるということです。こういう弁護士は、勝訴判決に名前はなかなか出てきません。訴訟にしないように心がけていますから。

4 予防（未病）が大切

●解雇案件がこじれないために－助言のあり方－

加藤 解雇案件がこじれないために、人事労務担当者に弁護士として助言する場合にどのようなことをお話しになりますか。

嘉納 その質問はとても難しいですね。

　先ほど申し上げた、パフォーマンス解雇の場合、裁判官の前で立証すべき"出来悪"の事実については記録をつけておくことが当然必要ですし、立証のためには不可欠なのですが、記録をつけるというのは、相当ギスギスした企業の人事制度を生んでしまうことになります。すなわち、解雇するほど"出来悪"な人というのはあまりいないにもかかわらず、解雇することをにらんで全ての従業員に対して証拠の用意をしておくのかといった、社内の文化・雰囲気に及ぼす問題があります。

　仮に、"出来悪"な人に対するピンポイントの証拠化だとしても、それ自体が狙い撃ち・パワハラだといわれかねませんし、労働組合の組合員の場合は、不当労働行為だとすらいわれてしまいます。組合員だから悪い証拠を企業は意図的につくっているのではないかともいわれますので、痛し痒しのところがあります。

　こうしたリスクを負っても証拠を集めておくのか、諦めるかという選択になり、多くの会社では後者を選択するため、証拠がないことが多いのです。会社を一概には責められないと思うのですが、そこを裁判官の方にはわかってもらいたいのです。教科書的にいえば、文書なりで証拠をきちんと全ての論点について残しておくべきであるということなのでしょうが、実務的には難しいのです。

加藤 そうはいっても、ひどい会社もありますよね。

嘉納 もちろん、ひどい会社もあります。短期間で利益を出そうとして無茶なことを従業員に押し付けたり、パワハラや無理なノルマを課すなどして、刃向う労働者の首を切ったりする会社は少なからずあります。

　企業経営というのは、事実がどうかは別として、少なくとも理念上

は、企業を長期に続けようとする崇高な建前・前提があるはずです。そうした長期的な視点からみて会社を共に支えていくパートナーとして従業員を位置付けるか、短期的な視点からみて金稼ぎの駒に過ぎないと位置付けるかは大きな差異があります。

　長期的な視点から、相当に厚く労働者を思いやる施策をとることで、労働者が会社にある程度の忠誠心を自発的に抱くことを手段として、"出来悪"の状態を回避する手法も考えられます。常にはうまくいかないのですが……。

　私の体感でもあり、坂本光司教授も『日本でいちばん大切にしたい会社』（あさ出版）シリーズの中でおっしゃっていますが、長期的視点でものをみている会社はたぶん全体の1割くらいではないでしょうか。9割くらいは、毎年毎年の短期でみていて、毎年株主にどう説明するかを考えていますし、株主も毎年毎年の短期をみています。100年後、200年後、500年後をみるなんてやっているのは少数の企業です。人の寿命は短いのである意味仕方ないのかもしれません。もっとも、法人格は、自然人の人格を超える期間存在し得ることを許されています。つまり企業は長く続くから企業なのですが……。

加藤　そうしますと、解雇を典型とする会社と労働者間の紛争は、一定程度常に現れるけれども、全てに会社が勝つためには、証拠を日頃からとっておかなければならない。しかし、それをすると、ぎくしゃくし、明るい職場環境を阻害するかもしれない。したがって、そうなるくらいなら、たとえ負け和解をすることになったとしても、長期的にみて、労働者にギスギスした会社で働かせるという会社でない方がよいのではないか、ということですか。

嘉納　裁判や労働審判になり、和解金を支払わなければならないとしても、授業料だと割り切ることができる会社ならよいのでしょうが、少しでも低い金額に収めるようにするには、証拠しかありません。ただ、証拠を全部集めようとすると本当にギスギスしてしまうので、「和解金だとしても、さすがにその金額は出しすぎでしょう」と裁判官の方に判断して

もらえるように、以前にコラムで述べた裁判官が納得する証拠(1)から(5)をできる範囲で用意しておくということなのだろうと思います。

◉労使紛争は生理か病理か

加藤 要はバランスということですね。それは大変意味のある指摘だと思います。おそらく、労使の紛争を病理として捉えるのではなく、生理として捉えることが必要なのだと思います。労働者と会社との関係では、こうしたケースは確実に何件か出てきます。そうである以上、それには大人の解決をするという方向をとるため、納得できるようなエビデンスはとっておき、ぎゅうぎゅう締め付ける関係ではなく、バランスをとりつつ、労務管理をしていくのが、嘉納さんの考える会社側の最もよい対応ということでしょうか。

嘉納 長期にわたり企業を経営していると、労使紛争は避けられない、それは病理ではなく生理なのだと割り切り、それも含めて企業経営だと割り切り、事業計画として進めるべきなのでしょうね。

　企業側に立つ弁護士は、解雇をする十分な証拠がないときに、以下の選択肢を依頼者たる企業に提示します。
①配置転換（給与減額なし）
②現状維持して教育・訓練
③十分なパッケージを示して退職勧奨

　もう1つ申し上げたいのは、企業は確かに1つの権力的な存在ではあるけれど、同じ権力的存在である国や地方公共団体とは決定的に異なるということです。個人からしますと、国や地方公共団体は税金という形でお金を支払う客体です。ところが企業は、個人からしますと、お金を支払ってくれる主体です。労働者側に立つ弁護士の方々には、お金の流れが逆だという決定的な違いを肝に銘じていただきたく存じます。

5 展望に代えて

●**立法論として望ましい法制とは**

加藤 立法論として、このような法制が望ましいというお考えはありますか。労働者の働き方が変わり、多様な働き方がよいといわれるようになり、非正規雇用が増え、高齢者雇用という動きもあります。こうした問題について、現状の法制とその運用の中で、問題のあるケースを避けるため、これを法制化するといった課題を与えられた場合は、どのような方法が望ましいとお考えでしょうか。

嘉納 確かに、一時期解雇を相当緩やかにしようという自民党の考えもありましたし、それは企業側からすると、喉から手が出るほど欲しい条文なのだとは思います。もっとも、私がずっと思っているのは、労働契約法16条の文字面だけをみると、解雇ができないとは書いていなくて、客観的にみて合理的な理由があって、社会通念上相当なら解雇できると読めます。そうしますと、今の実務上の問題というのは、本音を申し上げますと、労働契約法16条は概括的で解釈の幅があり、いろいろな評価も絡む文言であるにもかかわらず、裁判官の方の運用が労働者側に寄った判断をしていることが問題であるように感じています。「労働者はかわいそうで企業は大きくて強い」という場合は多くあるのでしょうが、必ずしもそうではないこともあるのだという点及び、先ほど申し上げましたが、国や地方公共団体は税金という形でお金をもらう客体であるのに比し、企業は給与という形でお金を支払う主体である点、について裁判官の方に考えてもらえるならば、立法までせずともよいのではないかと思います。

加藤 中途採用の場合はいかがですか。

嘉納 特に中途採用者の解雇の場合、私の経験からしますと立証が難しいことは同じですので、中途採用の場合に解雇権濫用法理を適用しないとはいわないまでも、客観的にみて合理的理由ありという部分の解釈をもう少し緩めていただけないかなと思います。

> **【解雇権濫用法理】**
>
> 労働契約法16条
> 「解雇は、客観的に合理的な理由を欠き、社会通念上相当であると認められない場合は、その権利を濫用したものとして、無効とする。」

　　　特に、外資系企業で高額の報酬をもらっているような場合ですが、本国の規程ではいつでも首を切ることができる対象となっている労働者の人たちが、給料が高いのは解雇のリスクを売っているからなのだけれども、出来が悪い場合に解雇のリスクを避けることが頻発します。つまり、解雇リスクが高いから給料が高いことを含んでいるにもかかわらず、日本の法制の解雇権濫用法理を主張する外資系の従業員の方々が結構多いです。法的にこのような従業員の主張（解雇権濫用法理で守られるべき）は間違っていません。しかし実務的に、これはいくらなんでもというケースもあります。このような場合でも、我々は裁判で非常に苦しい戦いを迫られています。

加藤　今のお話を聞きますと、問題となる事例はあるけれども、構造的なものや立法論で対応しなければならないほどのものではなく、運用論、あてはめの問題として対応することによって、相当程度状況は改善するのではないかということですね。

　　　裁判実務の現状についての私の見方は、解雇規制型の法制をとっていることを前提として、また、会社と従業員という当事者の属性から、情報をもつ者は会社であり、解雇されて困るのは労働者なのであるから、会社側が必要なエビデンスを用意すべきだという運用をしているというものです。

　　　全体としてそれが悪いわけではないでしょうが、個別性のある問題で、これはいくらなんでも従業員に問題があるというケースについて裁判所がもう少しきめ細かくみて、あてはめをしていくことにより、ずいぶん見通しが違ってくるということでしょうか。

嘉納　おっしゃるとおりです。むしろ立法論として解雇を緩やかにしてしまった場合に、やはりリスクは相当あるのだと思います。会社側の弁護士がいうとおかしいかとも思いますが、社会全体的にみて、会社が自由に解雇できると濫用のリスクも莫大にあるはずなので、そのリスクよりは今の方がよいと思います。会社は性善説的にはみえないこともあり得るのですから。

加藤　一方で、金銭を交付して解雇するという立法論もありますが、慎重にした方がよいということですね。

　ひと頃、東京地裁で、整理解雇についても4要件ではなく、4要素だと整理し、その総合考慮でよいという趣旨の判断を打ち出したことがありました（東京地決平成12・1・21労働判例782号23頁〔28051572〕）。

【ナショナル・ウエストミンスター銀行（三次仮処分）事件・東京地決平成12・1・21労働判例782号23頁〔28051572〕】
現行法制上の建前としては普通解雇については解雇自由の原則が妥当するので、就業規則における普通解雇事由の列挙は、限定列挙の趣旨であることが明らかな特段の事情がある場合を除き、例示列挙と解するのが相当であり、本件でも限定列挙した趣旨の規定とは認められないとされた事例。

　これは、判例法理である整理解雇の4要件（①人員削減の必要性、②解雇回避義務の履践、③非解雇者選定の合理性、④手続の合理性）は、整理解雇の範疇に属する解雇について解雇権濫用該当性の判断の考慮要素を類型化したもので、各要件が存在しなければ法律効果が発生しないという意味での法律要件ではないと述べています。解雇権濫用は、権利濫用の1つで規範的要件ですから、濫用という評価を根拠づける事実が主要事実になります。その事実群の典型的なものを4つに分類しているもので、要件事実論の観点からは要件ではなく要素と解することが相当と考えられます。その意味では、ナショナル・ウエストミンスター銀行（三次仮処分）決定の説示は正鵠を射ているのですが、そのような見方について、なにかご指摘はありますか。

嘉納　そうですね。個別の事案において、この労働者は給料が高すぎるのに、会社側の解雇の権限が非常に狭いのはおかしい、という価値判断を、今の労働部の裁判官の方は下さないので、いつもがっかりしておりますが、なんとか運用の段階で、労働契約法16条の文言を柔軟に解釈してあてはめることがあってもよいと思います。

加藤　労働契約法16条も判例法理を明文化したものですが、原理的には権利行使であると強弁してもその濫用は無効ですから、解雇権を濫用してはならないという命題は当然のことです。会社と従業員という両者の属性、これまでの歴史的・沿革的なところから、「合理的な理由を欠き、社会通念上相当であると認められない場合には、その権利を濫用したもの」として、あたかも原則と例外が逆になるかのように定められているのですね。

　いずれにしても、濫用の問題とは、証拠から事実をして語らしめる面と、証拠は薄いが、ある言説と主張があって、「確かにそれはそうだ」という論証をする面という両方があるわけです。しかし、論証という作用が意識に上ることなく、要件化した事実が証拠に基づいて認められなければだめという判断枠組みを硬直的に運用するようになってしまっていること自体が問題の本質のようですね。

嘉納　おっしゃるとおりです。

加藤　実は、日本の民事訴訟実務は、できるだけ理論や規範の問題にすることなく、事実認定の問題にして決着しようとする傾向があります。つまり、事実の証明の問題に限定して論証の問題が意識化されない傾向があるのです（加藤新太郎「民事訴訟における論証責任論」『現代民事手続法の課題　春日偉知郎先生古稀祝賀』信山社（2019年）27頁）。労働事件について、固有の規範構造もありますが、このような底流があることもあって、嘉納さんが指摘される硬直的な判断がされるケースが多いと整理できるかもしれません。

嘉納　そうですね。私は年収数千万円の外資系企業の労働者に対し、真正面から「労働契約法16条が適用されない」という論陣を張ったことがあり

ます。難波孝一さん（弁護士、元東京高裁部統括判事）に意見書を書いていただき、裁判所に出したのですが。

加藤　どうなりましたか。

嘉納　「立法論としてはよくわかるけれども、現行法で高額の人だからといって緩やかに解釈したり、労働契約法16条不適用としたりとすることはない」と労働部の部総括判事から言われ、がっかりしたことがあります。事案ごとに判断いただければと思いますが……。

● **よくある誤解　アメリカの法制の特殊性**

加藤　解雇を巡り意見交換を行いました。若手弁護士が会社に対しこのようなシチュエーションで助言する場合はこうしたことを承知しておくとよいというお話をいただきましたが、なにか積み残したことはありますか。

嘉納　シンガポールと香港は、解雇は原則自由なのです。これに対し、多くの方が誤解されているのですが、アメリカの法制は異なります。

　アメリカは一見解雇が自由です。実際にもいろいろな理由で明日からクビということはよくある話です。ただし、解雇は自由ですが、差別禁止法理という全く別の法理があります。アメリカの弁護士事務所にいたときに実感したのですが、人種差別、性差別、障害者差別等々ができないという差別禁止法理が発展しているため、解雇は自由だが差別はできないという、自由にみえて実は自由でない側面があります。いくつかの差別の類型に当たった場合には、差別禁止法理を主張され、ゆえに解雇が事実上は不自由になっている場合が相当あります。決して解雇自由だといわれているアメリカが本当の意味で自由というわけではなく、事実上かなり阻まれていることはあまり知られていません。そうはいっても、日本の労働契約法16条に比べたら、やさしいとは思いますが。

加藤　アメリカの労働契約は、随意的雇用（employment at will）の原則があり、それは「期間の定めのない労働契約の労働者は、いかなる理由によっても、なんらの理由がなくても、解雇され得る」というものですが、アメリカにも差別禁止法理があることを見落としてはいけないとい

うことですね。我が国には、アメリカのような労働法制にすべきだという短絡的な議論を見受けますが、その警鐘として受け止めました。定年制も差別ですね。

嘉納 定年制も差別です。大変なことになります。

加藤 アメリカの連邦裁判官は定年のない終身雇用です。

　ちなみに、イギリスも随意的雇用の原則があったのですが、1996年の雇用権法（Employment Rights Act）によって、不公正解雇制度が導入され、事情が変わってきているようです。

嘉納 最後に付け加えるとしますと、定年制というのは大手を振って雇用終了、すなわち事実上解雇できる制度です。会社側は、出来が悪い従業員について、定年のとき（現在の高年齢者法では65歳ですが）だけは大手を振って解雇ができます。定年制は解雇ができないから必要になっているという側面もあります。解雇が自由なら定年制は意味をなさなくなります。首が切れないので、年齢で一律に辞めさせるということなのです。定年制は解雇と不可欠に結びついているといえます。

　能力ある労働者が定年制で放逐されてしまう現実を根拠に、定年制が年齢による差別だと主張することは可能でしょう。実際、米国では定年制は違法というのが原則です。もっとも、その裏には、原則として解雇自由の原則があります（これが差別禁止法理で制限されていることはすでに述べました）。日本では解雇が不自由です。解雇が不自由な法制下、定年制を廃止するのであれば一体いつ、労働者が離職するのかということになります。企業の体力から言って、解雇も定年制もだめというのであれば、もたないでしょう。定年制の廃止は、やはり能力主義に大きく転換することを意味せざるを得ません。この点、労働者は自らの引き際を、それぞれが十分わきまえているという考え方もあり得ますが、これが本当に正しいのか疑問の余地があります（大内伸哉『雇用社会の25の疑問』弘文堂（2010年）223〜224頁）。

加藤 それでは、解雇を巡る問題については、ここで一区切りとします。

第2 採用

1 採用時における留意点

(1) 解雇の困難性

◉**解雇が非常に困難であるため、採用の段階で十分に人選することが必要**

加藤　我が国では、解雇権濫用法理により、使用者の解雇の自由に大きな制限が加えられてきました。それに関連する諸問題については第１．解雇でお伺いしたところです。ところが、これとは対照的に、使用者には、幅広い採用の自由、すなわち、どのような人をどのような基準で雇うかについては大幅な自由が認められています。

　もっとも、女性であることを理由とした募集・採用差別の禁止は、男女雇用機会均等法５条で制限されていますし、労働者の募集・採用に当たり年齢制限をつけることは、労働施策の総合的な推進並びに労働者の雇用の安定及び職業生活の充実等に関する法律（旧雇用対策法９条。以下では、「労働施策総合推進法」という）で禁止されるといったように、明文の禁止条項がある場合はありますが、それ以外では基本的には自由とされています。

　判例法理についても、三菱樹脂事件では国籍・信条・社会的身分を理由とする労働条件差別を禁止した労働基準法３条は採用には適用されず、思想・信条を理由とした採用拒否も当然には違法とはいえないとしています。また、組合活動を理由とする不利益取扱いを禁止する労働組合法７条についても、原則として採用には適用されないという解釈が国労・全動労組合員採用差別（JR北海道）事件で明らかにされています。

嘉納　「解雇は制約するが採用は自由である」という原則ですね。

加藤　「解雇は制約するが採用は自由である」ということの実質的理由としては、長期雇用慣行をとっている我が国では、人間的な信頼関係が重視

されて、いったん採用すると解雇権濫用法理のもとで容易に解雇はできない、そのために、採用時に候補者の人物性格などに関わる事情を慎重に吟味して人選することが必要であるからという説明がされています。

以上のように、解雇が非常に困難であるため、採用の段階で十分に人選することが必要だという命題についてはいかがでしょうか。

【国労・全動労組合員採用差別（JR北海道）事件上告審判決・最一小判平成15・12・22民集57巻11号2335頁〔28090325〕】

一　国鉄を民営化してJR各社を設立するに当たってのJR職員の採用について、日本国有鉄道改革法は、国鉄が採用候補者を選定してその名簿を作成し、JR各社の設立委員が候補者名簿の中から採用すべき者を決定するものとしており、採用手続における国鉄と設立委員の権限を明確に分離して規定しているのであるから、採用候補者の選定及び候補者名簿の作成につき専ら国鉄が組合差別を行った場合には、その責任を負うのは国鉄であり、設立委員及びJR各社は、労働組合法7条にいう「使用者」として責任を負うものではない。

二　JR貨物及びJR北海道設立時の職員採用に当たっての採用候補者の選定及び候補者名簿の作成に際し、国鉄が国労組合員を差別したため不採用となったことについては両社が不当労働行為責任を負うとした中央労働委員会の救済命令につき、一掲記の判断に基づいて、右命令を取り消した原判決を維持した事例。

三　雇入れの拒否は、それが従前の雇用関係における不利益な取扱いと同視できる特段の事情がない限り、労働組合法7条1号本文における不利益な取扱いには当たらない。

四　JR北海道が設立された2か月後に職員の欠員が生じたため行った職員の採用（6月採用）は、同社が採用の条件や人員等を決定したうえで行った新規採用であって、三掲記の特段の事情は認められず、労働組合法7条1号本文の不利益な取扱いには当たらないとされ、右6月採用につきJR北海道の不当労働行為責任を認めた中央労働委員会の救済命令を取り消した原判決が維持された事例。

嘉納　おっしゃるとおりです。私は日頃から、いろいろな訴訟、労働審判の案件において、第1．解雇で述べた如く、解雇が無効であると裁判官の方から繰り返しの指導を受け続けてきておりますので、解雇がほとんど不可能であり、立証があまりに難しいということをよく知っています。それゆえに、採用の段階で誰を選ぶかというのが会社の肝であり、大企業であっても中小企業であっても、1度会社へ入ったら、数十年その会社の重要な構成メンバーとして居続けるということを前提として、どのような人を選ぶかという入り口の段階に目を向けることが、最終的には解雇の案件を避けるということにつながるのだと思います。

加藤　慎重かつ適切に採用することが、その後の労務関係において有益であるし、解雇になるような事態を避けることができるということですね。

嘉納　もちろん、そうはいっても、終身雇用制が崩壊し転職が当たり前のこととなっている現在、「数十年その会社の重要な構成メンバーとして居続けてもらえる」ということ自体、企業の幻想なのかもしれません。もっとも、企業としては、100年、200年、500年の継続を目的として日々の事業を行うわけですから、少なくとも目標としては、「数十年その会社の重要な構成メンバーとして居続けてもらえる」ことを見据えなければならないでしょう。

(2) 履歴書と面接

●法律以外のことにより注力する方が、先々の労使紛争を避けられる

加藤　採用の場合は、履歴書による書面審査をパスすると、次は面接というのが通常のプロセスだと思いますが、企業から採用事務について配慮すべき事柄について相談されたら、弁護士としてはどのような助言をすればよいでしょうか。

嘉納　「募集・採用に関し、どのようなところに着目すべきか」ということは、長い間弁護士が語るべきところではないとされてきたことかと思いますが、人事労務を長くやっていますと、法律ではまかないきれない部分が非常に大きくて、法律以外のことにより注力する方が、先々の労使

紛争を避けられるということをみてきましたので、法律以外の履歴書や面接についても、私たち弁護士が助言すべきときに来ていると感じています。

　谷所健一郎さんが出しているものなどさまざまな書籍がありますが、私の過去の経験に照らしても同種の具体的なことがいえると思います。

●履歴書からなにがわかるか

加藤　順番にお話しいただきますと、履歴書からわかる事柄がありますか。

嘉納　まず、その人が注意散漫でないかどうか、正式な文書だということを十分に理解しているかどうか、あるいは、入社してから他の人と協調していけるかどうかといったことについて、履歴書からいくばくかの情報を読み取るべきです。

　企業に入社するのは組織に入るということを意味します。独立した個人事業主として働くならかまわないでしょうが、組織の中に入るということになると、組織でうまくやっていくことが必要です。すなわち、他人とうまくやり、組織のことを考えるといった、「他を考える」ことが必要となります。これができているかどうかをみるための１つの重要な素材となるのが履歴書、職務経歴書といったものです。

加藤　例えば、「注意散漫な人だから要注意だ」とわかる履歴書というのはどのようなものでしょうか。

嘉納　履歴書は入社の際の最重要書類といえるものですので、そうした最重要書面の中で省略しているような記載がありますと、企業側として、この人は会社に入って手を抜くのではないかとみた方がよいと思います。

　典型例の１つとして、例えば、谷所健一郎『「履歴書のウソ」の見抜き方　調べ方』C&R研究所（2009年）にも書かれていますが、自分の住所について、都道府県を省略し、○○市や○○区から始めるものがあります。「履歴書という最重要書面で、そうした省略をしているようでは、この人はどうかな」という思いを企業に抱かせることがあります。アパート名・マンション名の省略も同じです。

加藤　他にはいかがでしょうか。

嘉納　例えば、東京だと「03」を書かないといったように、固定電話の場合に市外局番を省略して記述しない方がいます。気持ちはわかりますが、これもやはり市外局番から書くべきです。また、学歴について、自分の出た大学やその学部、あるいは高校を正式な名称で書いていない方もいます。ときにあるのは「○○高校」と書いてあるものですが、正式には「○○高等学校」です。中途採用の場合の職歴につき以前に勤めていた企業の省略をして「(株)○○」と記しているのも困ります。最重要な書面で手を抜くということは、企業側にとっては、その人を採用することに対して相当難しさを感じさせるものです。正式な書面であることを十分に理解していないことの現れなのではないかと思います。

加藤　履歴書は、学歴、職歴といったその人のこれまでの人生や生活のヒストリーが垣間見えるわけですが、着目するポイントはどのようなものでしょうか。

嘉納　学歴、職歴をみていて、空白期間があるという場合に、それはなぜだろうかと疑問をもつべきでしょう。また、2年ごと、3年ごとに仕事をホッピングしているようなことがわかれば、自社に入っても続かないという推測が働くと思います。やはり、忍耐力が欠如している可能性があるとみざるを得ないわけです。したがって、空白期間があったり、ジョブホッピングをしていたりする場合は、相当注意すべきだということを顧問先へ十分に指導するのが、弁護士の役目の1つだと思います。

　なお、「年」の情報のみが書かれており、「月」の情報が省かれている場合、11か月から22か月にわたる空白期間を隠している可能性も考えなければなりません。

加藤　例えば、高校を中退していて、大検で大学に入っている人の中には、いろいろな理由があってのことだとは思いますが、どのような理由があったのか注意した方がよいということでしょうか。

嘉納　それは面接のところでも述べようと思いますが、面接で聞き出すべきことだと思います。

悪い履歴書の他の典型として、自己PRがあいまいなものがあります。自分の売り、すなわち、「自分はこういう人間だから雇ってください」ということを示さなければならないのに、売りが弱い場合には、採用する側からすると、これは採用しても大丈夫なのだろうかと思うわけです。

加藤　それは新卒と中途採用とで差はありますか。

嘉納　あります。中途採用の場合は自分の売りが十分にあるはずなのに、それについてほとんど書かれていないと、採用する側は困ってしまいます。

　特に困ることとして、どの会社にも通用するような文言、例えば、「貴社には将来性があると思いますのでぜひ貴社にご厄介になりたいと思います」といった言葉で応募してくるような場合があります。採用する側がなにを知りたいかというと、「他の企業ではなくてどうして私たちの企業に入りたいのか」です。例えていうと、自分に好意を示してくれる女性に対し、他の男性ではなくなぜ自分を好きなのかを聞きたいのと同じです。あなたのどこに惚れたということを言ってほしいのに、どの男性にも通用するような文言を言われてもこちらの心が動かないのと同様のことが、新卒の方の履歴書にはよくあります。

加藤　就活用の手引書に悪影響を受けて、志望動機が自分の言葉で書けていないということもあるように思いますが、いかがでしょうか。

嘉納　十分にあると思います。おそらく、マニュアルだけで通そうとする弊害なのだろうと思います。「企業に入ると、組織に入ることになり、他人とうまくやっていかなければならない」ということに注意を払い、会社側がどういう人を欲しいと思っているかについては、新卒でも中途でもよく知っておくべきであり、研究しておくべきだと思います。

　もう１つ困ることとして、志望動機の中で、「貴社に入ると私がこんなに得だから」と書く方もいます。例えば、志望動機の１つとして、「家から近いから」とか、「自分のキャリアアップが望めそうだから」と書く方が相当数いますが、それは筋が違っていまして、企業はお金を支払う以上、求職者には貢献してほしいと望むわけです。どんな貢献が

できるかという情報でこちらの心を射止めてほしいのに、逆に、入社後に自分の利益になるようなことを採用時に言われても、企業の心は動きません。そこのところを履き違えている人が多いように思います。他の人のことや、企業のことを考えて、いかに自分が企業の役に立つかを考えてもらわなければ困ると思います。

加藤　その他にも履歴書のまずい例はいろいろあると思いますが、いかがでしょうか。

嘉納　典型例の1つとして、インデントや数字・アルファベットの全角・半角がある、誤字・脱字がある等のほか、きちんとした写真を貼っていないケースがよくあります。正式な写真を貼るべきなのにスナップ写真が貼られているようですと、きちんとした写真が貼ってある履歴書の方を選ぶよう検討すべきだと弁護士からは助言します。すでに述べましたが履歴書は最重要書面です。

◉人事労務屋からみた、面接のときの重要な視点

加藤　履歴書がそうした体裁であった場合には、そもそも面接にたどり着かないことになると思いますが、履歴書をクリアして面接を迎えた場合、企業の採用担当者としては、どんなところに着目するとよいでしょうか。

嘉納　これもあくまで人事労務屋からみた視点ですが、繰り返しますが、企業に入ると組織には他人がいますので、谷所健一郎『伝説の人事部長が教える！「できる人」「できない人」を見抜く面接術』アスキー・メディアワークス（2009年）にもあるとおり、他人に迷惑をかけないという意味で、不潔でないことが大切です。不潔さの感覚を他人に与えてしまう、例えば、フケがあったり、鼻毛が出ていたりといった不潔感を与えるのはよろしくありません。面接というのは重要な儀式なのですから。これらの他、爪を切っていない、口臭がある、体臭がひどいといったことは、ある程度の自分の自助努力で清潔にできるのに、この人は他人にどう思われても構わない人であり、他の人に迷惑を与えてしまう人であると判断し得ますので、弁護士としては、そういった人に留意する

ように、顧問先へは指導すべきだと思います。

加藤　それらは外見からうかがうことのできる要素だと思いますが、採用面接の質問と答えぶり等ではどんなところに着目すべきでしょうか。

嘉納　質問と答えぶりの中で着目するのは、谷所さんも語っていますが、素直さがあるかということの他、笑顔があるかといったことです。面接は15分、20分、30分といった長さかと思いますが、その中で1度も笑わない人というのがいます。多くの方は、人事労務における笑いの重要性をわかっていません。真面目な場で笑いは避けるべきものだと考えられているのかもしれませんが、笑いというものは、組織を潤滑に動かすうえで必要なものです。これがあまりに少ない場合には、今申し上げたように、人間関係の潤滑という意味では、組織の中でなじみにくい可能性があるように思います。

加藤　緊張しすぎて笑顔になれない方もおられるかもしれませんね。

嘉納　その場合には、面接官の方ができるだけリラックスさせて、意図的に笑いが出るようもっていってくださいと弁護士として助言します。それでも笑いが出ない場合、採るべき人かどうかに疑問をもった方がよいように思います。

加藤　中途採用者に対する面接での留意点はありますか。

嘉納　特に中途採用であるのですが、先ほどの履歴書のとき申し上げたことと同様、キャリアアップという自分側の利益ばかり強調する人や、「○○だからがんばります」ではなく、「がんばります」を連発する人は、私の経験では、それほどがんばらないことが多かったり、変な方向へがんばってしまったりする方が少なくないようですので、「○○なので」という部分があるかを面接の中では確認した方がよいと思います。

加藤　面接担当者として質問の仕方などで気をつけるべきことはどのようなことでしょうか。

嘉納　面接担当者として重要なことの1つとして、新卒でも中途採用でも同じですが、質問を短くすること、かつ不明確な抽象的な質問をしないことです。多くの場合、求職者は「このような経験をした」と言うことが

あるかと思いますので、それに対しては、具体例を突っ込んで聞くべきだと思います。それがどれくらい深い経験か、口で言っているだけかといったことについて、ある程度短い時間の中で理路整然と説明できないようでは、日ごろのビジネスを短い時間単位の中でこなしていけないと判断できます。時間は有限ですので、自分がやった経験について説明するように、させるように面接担当者は質問をもっていくべきだと思います。

加藤　経験を要領よく説明し、自分の見てほしいところをアピールできるかがポイントなのですね。その他に、話の内容ではなく、話をしている様子で着目すべき要素はありますか。

嘉納　あります。言葉では嘘をつくことができますが、嘘がつけない部分というのは自律神経の信号のようなものとして現れることがあります。例えば、汗がものすごく出る、手が震える、顔が赤くなるということがあり得ます。もちろん緊張して汗が出ることもあるでしょうが、嘘をついての場合もありますので、面接官としては留意した方がよいところだと思います。自分の意思ではどうしようもないところはあると思います。

加藤　そうした特殊な反応が自分の意思にかかわらず出てしまう人については、慎重に考えた方がよろしいということですか。

嘉納　そのとおりです。目の動きの落ち着き方も重要でしょう。森透匡さんが『元刑事が教えるウソと心理の見抜き方』明日香出版社（2016年）で言っていますが、鼻やあごに頻繁に手をもっていく求職者も、サインを示している可能性があります。

　あとは、谷所さんも言っていますが、私が注目すべきだと思うことの1つとして、特に新卒の方の採用の場合ですが、控室での態度があります。控室での態度というのは、それほど見ることはできませんが、面接担当者以外の人が、部屋に入ってお茶を出すときなどに、そこでの態度をよく見ておくことがときに有用なことがあります。

　面接というのは、時間が押せ押せになって、予定された開始時刻よりも遅れて始まるということがよくあります。そのときに、面接室の隣の

控室でふてくされているような態度を示す人、「なぜこんなに遅れるのだ、やってられない」というオーラを出す人がしばしばいます。しかし、ビジネスの場面において、お客様から待たされるということはいくらでもありますし、上司から待たされることもいくらでもあります。そうした機会に、ふてくされた態度を見せているようでは、ビジネスパーソンとしてはうまくいかないわけですので、企業としては、そのような態度をとる方を採用すべきではなかろうと思います。もし控室の様子を見ることができるなら見てくださいと弁護士として助言します。

　面接という自分の人生の中での大事な場面において、10分、20分、30分程度待たされたからといってふてくされるようでは先が思いやられるというのが正しい判断なのではないかと思います。

加藤　一事が万事だということですね。

　その他、面接担当者の質問の仕方が上手いか下手かという問題もあるかと思いますが、どのように指導されますか。

嘉納　これは、私は修習時代に検察官の方から検察修習があったときに伺った覚えがあるのですが、被害者の取り調べをやっているときに、「ある事柄が起きました」と被害者が供述した場合に、本当に起きたことか嘘なのかを見極める方法として、あくまで1つの材料だけれども、「その事柄が起こったときの自分の内心の感情がどうだったか」というところにまで肉薄しなさいと言われました。ある経験をした場合は、人間なら必ず主観的な感情をもつはずなので、その主観的な感情がどうだったかというところまで肉薄していきなさいということですが、これが面接にも通ずると思います。「あなたがその経験をかつてしたときに、あなたは主観的にどう思ったか」を聞いていき、その答えを、その人が本当にそのことを体験したのかそれとも作り話なのかを見極めるときの判断の一助とするよう採用担当者には助言します。

加藤　いわゆる自白における真実性の暴露と同じで、そうした肉声が大切なのですね。

　企業の採用面接では、どのような想いでうちの組織に入ろうと考えて

いるのかは、短い時間でも聞けますし、それを面接担当者はきちんと聞くのがまさに仕事であるということですね。

嘉納 おっしゃるとおりかと思います。ところで、身も蓋もないことを申し上げるようで恐縮なのですが、日系企業における新卒採用の場合、少なくとも大企業においては、能力や資格を必ずしも求めていないということは、ここで強調してよいと感じます。もちろん、能力や資格があるに越したことはありません。ですが、能力や資格では決まりません。この点、さまざまな企業の人事部長とお話をして確信しているのですが、ポイントは、「自分の企業にフィットする仲間としての人材」、換言するなら、「自分の部下・後輩として雇ったときに一緒に働ける人材なのか」、という視点です。この点は、楠木新さんが『働かないオジサンの給料はなぜ高いのか　人事評価の真実』新潮社（2014年）でも述べておられます。

　ついでに申し上げるなら、若手社員が評価されるポイントは、仲間として、一緒に気持ちよく仕事ができる人、組織のパフォーマンスが上がる環境づくりができる人、と楠木さんはおっしゃっておられますが、同感です。一流大学を出て優秀で資格を持っているということは、マイナスではないですが、組織の中で評価されることを決して保証してはくれません。要するに人間関係ということであり、第5．人材育成で申し上げる如く「好き嫌い」や「相性」がかなり大きな比重を占めてまいります。

加藤 日系企業のそうした考え方ないしメンタリティの背景はどのようなものなのでしょうか。

嘉納 これらの背後にあるのは、「コミュニティの会員」という考え方です。確かに、法的には、企業と個人が労働契約を締結する、という説明になりますが、楠木さんの解説によると、実態としては、「企業」というコミュニティがあり、入社するということはそのコミュニティの会員になることです。企業というコミュニティの会員になり、他の会員と一緒に働きます、というメンバーシップ契約の申込があり、この申込を受

けて、会員としての地位を設定する行為である、と分析されています。このメンバーシップ契約は、正式な法的意味での契約ではありませんが、コミュニティたる企業と会員としての労働者を実質的に規律しているというのです。このようなものであるために、コミュニティの会員として一緒に気持ちよく仕事ができるかどうか、という視点でコミュニティは見ている、ということになるわけです。つまり、仲間としてうまくやっていけるかどうかが重要であって、能力や資格は（あるほうがよいに越したことはありませんが）副次的な要素に過ぎません。

　私のとても親しい弁護士のうち、東大法学部を出て大企業の法務部に長い間いた方がいるのですが、東大法学部を出たということは、採用後は、なんの意味もない、という実態を強調していました。チームでの仕事を軽んじるとか、能力や資格と直接結びつきそうに見えない役割（花見の席取や宴会の準備など）を嫌がるとかだと、可愛がられず、評価が高くないらしいです。もちろん、全ての企業にあてはまるわけではないでしょうが、しかしかなりの企業では、こうなのでしょう。佐々木常夫さんが『働く君に贈る25の言葉』WAVE出版（2010年）の25頁でおっしゃるように、仕事の8割は雑用、新人の仕事の10割が雑用かもしれないのですから。

COLUMN
司法修習生の採用面接

　司法修習生500人時代には、司法修習生の採用時面接が行われていた。現在は、採用人数が多くなったので採用時面接はしておらず、書面審査一本である。

　もっとも、当時も司法試験合格者は基本的に司法修習生として採用されるので、健康上の理由以外では不採用にされることはなく、修習地をどこにするかを決めるためのものであった。

　私（加藤）は、合格するまでのその人の歩み・軌跡を聞くことにしていたが、ある期の採用予定者に、いろいろなキャリアをもち、外国語の通訳の資格ももった30代の女性が採用予定者にいた。職業の遍歴や苦労話を聞いて、最後に、「本当にがんばってよかったですね、これからはあなたが希望していたような仕事ができるようになりますよ」と言ったところ、突然、ポロポロと涙をこぼし始めた。びっくりしたが、その人は自分の軌跡を語りしみじみと思うところがあって感極まったのだと思う。しかし、泣いたまま面接を終えると、傍からみるとなにがあったのかと思われるので、涙が止まるまで在室してもらった。その面接は記憶に残り、その人のその後の活躍をみて思い出すことがある。

　家族のことはプライベートな事項なので聞きすぎてはいけないが、隠すことなく話してくれる採用予定者もいた。その人の人柄のよさがわかり、苦労がしのばれた。ずいぶん後になって、その人から、「あの面接を覚えています」と言われたことがある。こちらも記憶していた。採用面接は、面接する側も審査される濃密な時間なのだと思う。

（3）顧問先がブラック企業だと思われないために
●顧問先がブラック企業だと思われないよう指導するのが弁護士の仕事

加藤 面接で合格は出たけれどもこの会社は嫌だと思われるようなプロセスであったり、思っていた会社と違うという印象を与えることになるのはまずいと思います。職を求めている人からどのように見えるかも注意しなければならないでしょうね。

嘉納 売り手市場の時代もあり、買い手市場の時代もありますが、それらは時の流れとともに日本の歴史の中ではいろいろあります。特に売り手市場の時代では当然ですし、そうでない時代であっても、近頃はブラック企業だという言葉で論難されることもありますので、「自社には求職者が入りたいと思うだけの価値がある」と、面接担当者としても思っていなければならないでしょうし、実際にそういう会社でなければならないと思います。顧問先がブラック企業と思われないよう指導するのが弁護士の仕事だと日頃から思っています。

●ブラック企業の要素

加藤 逆に、ここはブラック企業ではないかと推測できる要素にはどのようなものがありますか。

嘉納 藤井哲也さんが『その会社、入ってはいけません！ ダメな会社を見わける50の方法』ビジパブ（2010年）で、また新田龍さんが、『人生を無駄にしない会社の選び方』日本実業出版社（2009年）で、それぞれ述べておられ、他、いろいろな書籍にも書かれていることかと思いますが、私の経験も併せて申し上げたいと思います。

　例えば、従業員数が仮に50名の会社にもかかわらず、今年の採用が40名であるというふうに、今いる従業員の数に比べて、新しく採用しようとしている人の数が多い場合があります。なぜそれほど多くの数を求めるかといえば、それは人が辞めるからに違いないわけです。もちろん、今急成長を遂げている企業だとはいっても、50名の従業員数に対して40

名という採用数はあまりにおかしいわけです。従業員数に比べて求人数が多い場合の企業の求人というのは注意すべきで、自分の会社がそうならないようにすべきである点、企業側は考えるべきだと思います。

他には、仕事の内容が片仮名英語で記載され、なにをさせられるのかよくわからないという文言は要注意です。新田さんの掲げている例ですが、「ハウスメンテナンスアドバイザー」が「白アリ駆除の営業」を意味していたというのです。

加藤　その例は面白いですね。他にありますか。

嘉納　また、「新卒にこういうことを求めます」という仕事の内容と、「中途採用にこういうことを求めます」という内容が、ほぼ同じ場合も、留意をすべきだと思います。新人に求めるものと中途採用に求めるものは違うに決まっている、違うべきに決まっているのに同じということは、結局は、人がどんどん辞めていくので雇うのも誰でもよいし、育てようとしていないということの現れだとみることができますので、そうした求人広告を出しているような会社には注意が必要かと思います。

加藤　仕事が楽だということを強調する企業がありますね。

嘉納　「当社は楽です」「仕事のハードルが低いです」と全面にうたっている会社に対しては、弁護士として、そうした言い方はやめた方がよいと伝えます。これらの表現は、まさに誰でもよいということが伝わってしまうためです。高橋伸夫教授が『虚妄の成果主義　日本型年功制復活のススメ』日経BP社（2004年）で述べるとおり、企業が労働者に差し上げることができるのは、賃金以外に「面白い仕事」というものがありますが、見過ごされています。従業員の方は、賃金をもらうこと自体ももちろん嬉しいとは思いますが、やりがいのある仕事であればさらに素敵であり、嬉しいはずです。そうであるのに、「仕事のハードルが低い」というのは、やりがいのない仕事だというのを自白しているようなものです。さらに、「意欲がある人」「やる気がある人」を求めている文言は、ちょっとどうでしょう。当たり前のことをわざわざ言うのは、がんばっているふりをしている人を重宝する傾向の現れかもしれません。『日本

人ビジネスマン「見せかけの勤勉」の正体』PHP研究所（2010年）で太田肇教授が述べるように、がんばっているふりは、企業を蝕みます。そのため、企業が自分を求職者へ広告宣伝するときの重要点としては、こうした表現を避けた方がよいということを伝えることとなります。

　さらに、企業に求職者の方が訪れる場面で、企業が自社の見せ方として留意しておくとよいことがあります。

加藤　例えばどういうことがあるでしょうか。

嘉納　しばしばあることとして、廊下等ですれ違った従業員が挨拶をしない企業です。また、従業員が大部屋の中にいる場合に、ランチをデスクでとっていることは、昼休みが満足にとれない会社であることを自白しているのと同じですので、自社の見せ方としてはよくないと思います。

　また、壁に1人1人の営業成績を貼り出すことが、金融証券会社、保険会社といった人様のお金を扱う会社ではよくあります。これはある意味、歯車のように、馬車馬のように従業員を競わせてなんぼということを自白しているのと同様であり、これから入ろうとする求職者の心にとても大きく影響しますので、やめた方がよいと思います。

　さらに、自社ビルの場合に限りますが、私の経験からしますと、お手洗いが汚ない会社にそれほどよい会社はありません。これは、人の心に気を配っていないということの現れだろうと思います。

　その他のものとして、社長室があまりに素晴らしい会社というのがあります。これはオーナー企業の場合にしばしばあり、私なんかはうつむいてしまいがちなのですが、確かに社長のがんばりのおかげで会社がここまで成長してきたというのはあると思いますが、社長自身がそのように思っていたとしますと、それはある意味間違いです。企業というのは、社長1人の力によるものではなく、やはり従業員が会社のためにがんばって、サービスや商品をつくりあげて、お客様に販売して、お客様が買ってくれるというつながりの中で発展するものです。そこを履き違えて、豪勢な社長室をつくり、先代や自分の銅像をつくるのは、気持ちはわかるものの、あまりに豪勢すぎるのはいかがなものかと思います。

加藤　賃貸ビルに入っている場合、気をつけるべきことはなんですか。

嘉納　自社ビルでなくて賃貸しているビルの会社が多いと思いますが、その場合に、求職者の方に与える印象として重要なことの1つとして、自社の入っているビルの他のテナントがどういうテナントかということがあります。他のテナントが怪しげなテナントである場合、求職者に与える影響は大きいと思います。藤井さんも言っていますが、怪しげなテナントが入っているビルというのは、入居審査が甘いビルということです。そうしますと、自分が入ろうとしている会社も、入居審査が甘いビルだから入ったのだと思われてしまいかねません。竹内一郎さんがおっしゃっているとおり、『人は見た目が9割』新潮社（2005年）なのかもしれませんが、見かけというのは、個人にとっても、企業にとっても重要だと思います。お金がかかっても、ある程度のところを借りるべきだと思います。

加藤　今お話しいただいた事柄は、実体がそうであるにもかかわらず、そうでないふりをして演出することを勧めるのではなく、会社の本当のところを出して、よい人を採用しようと思う会社が気をつける事項ということですね。

嘉納　おっしゃるとおりです。企業としては、自社が求職者から選ばれる時代になったと十分に理解してもらいたいと感じます。これだけ日本の人口が減り、生産年齢人口も減り、労働者の数が近い将来どんどん減っていきます。売り手市場の時代が長くなる可能性があるということはある程度みえていますので、企業の方が求職者から選ばれる時代がどんどん訪れるということに、社長も採用担当者も思いを馳せるべきだと思います。

2 採用の難しさ

(1) 性別及び年齢による差別
● 法律上の建前と、実務とのかい離

加藤 面接を経て、一定の採用基準により選抜して、能力があり、かつ仕事に対して適性のある方、適性の高い方を採用することになります。その反面、性別や年齢による差別はしないのが法的な原則ですが、そのあたりについてはどのようにアドバイスをされますか。

嘉納 これは実務上とても難しいところです。我々は一応法律家なので、労働施策総合推進法（旧雇用対策法）に書かれたこと、男女雇用機会均等法に書かれたことをまずはそのまま申し上げます。しかし、企業は毎日切った張ったをやっていて、お金儲けをしなければならないということがあるので、法律ではそうなっているのはわかるけれど、実務としてなかなか難しいという感想を述べられてしまうことが圧倒的です。

そうはいっても、法律を守ってもらわないと役所からの指導が入りますよと助言をしても、役所から指導が入る確率がたぶん低いであろうという読みのもとで、若干なりとも法律を逸脱しているような人選・募集採用が行われていることが相当の数あるというのが実情です。

私たちは法律家であるのと同時に実務家でもあるので、本当に心底悩むところであり、つらいところです。法律がいっているので守らせなければならないけれど、企業の本音や気持ちもわかります。

加藤 その点は、人事労務を担当する弁護士の課題であり続ける問題ですね。

ところで、外資系の会社では中途採用者が一定数在籍していると思います。人材市場があって、5、6年くらいで転職してキャリアアップしていくことが通常だと聞くこともあります。もっとも、前の会社と揉めて辞めることもあるでしょうが、外資系の会社が中途採用者を採用する場合、前に勤務していた会社での勤務状況について聞くことはありますか。また、聞いた場合に答えてくれるものなのでしょうか。

嘉納　あります。当然個人情報ですので、求職者の許可を得た後となりますが、問い合わせをすることは非常に多くあります。それを我々の業界では「前職照会」と呼び、前の職場に照会をかけることが頻繁に行われていますが、前の職場は、なかなか本当のことは言ってくれません。特に、前の職場で揉めていた場合には、本当のことを言ってくれない確率が高いです。なぜかというと、揉めていた場合には必ず、揉め事が終わるときに守秘義務契約が結ばれるからです。訴訟で戦っていた、弁護士が入って紛争になった、外部の労働組合が入って戦いになったということは全て守秘義務対象でカバーされますので、前職の企業は契約上それを話すことは阻まれます。ですので、なかなか前職の企業から本当のことは表立っては聞けません。

　企業側に立つ人事労務屋としては、前職の企業を守秘義務条項に違反させてまで情報をとりなさいとは言えません。しかし、代わりに本人の許諾を得てから「前職でなにか特別なことはなかったですか」との問い合わせを前の職場にしたときに、「守秘義務があるのでお答えできません」という回答がもらえることがときにあります。それは、揉めたのだということを別の日本語で表現してくれたのだと考えるのが、この業界での経験値ということになります。

加藤　採用する本人に確認することはありますか。

嘉納　ありますが、それを言えば本人は必ず不採用となるため、本人が言うことはありません。それが採用した後にわかった場合に、それを理由に解雇できるかというと、確かに経歴詐称の1つだろうと思わなくはないですが、実務上は相当難しいのではないかと思います。

　ところで、2017年施行の個人情報の保護に関する法律の改正で、要配慮情報に大きな保護が与えられましたが、厚労省が労働省だったときの指針（平成11年11月17日労告141号）で、原則これらを企業が収集してはならないことが、はるか前から定められています。

●スカウトをしてとる場合でもリスク回避のためには注意が必要

加藤　別の類型で、かなり職位の高い人を、能力があるという理由で、紹介業者に頼んで1本釣りで来てもらうこともあります。一定の人材市場があって、スカウトをしてとるといった場合の採用形態です。この場合の留意点はありますか。

嘉納　それは、ミスマッチングがないということに尽きると思います。当社が欲しい人材に任せたい仕事の内容と、英語やそれ以外の言語能力が十分かということの2つは、人材紹介会社が教えるべき情報だろうと思います。

加藤　人材紹介会社を介在させていれば、リスクを分散・回避できることが多いといえますか。それとも必ずしもそうとはいえないのでしょうか。

嘉納　それは人事労務屋の感覚からすると、リスクを回避できる場合が多いとまではいえないと思います。残念なことではあるのですが、人材紹介会社は品質保証までしてくれているわけではありません。私はしてほしいとずっと思っていますが。私が紹介を受ける企業側に立つときに、人材紹介会社に対してレビューするときには、「あなたの会社がもってくる人の品質が十分に保証されている」という文言を入れさせるようにしているくらい、普通の場合にはそうした保証は入っていません。人材会社は個々人の品質まで保証してくれるものではありません。バラ色の素晴らしい人間であり、この人をとらないと損ですよといってくる場合がほとんどです。

　しかし、中には、本当に試用期間を徒過できるのですか、という人もおります。人材紹介会社のいうとおりでないこともありますので、大変残念です。そうした場合にリスクヘッジすることはそれほど多くはできないということが実務家の感覚だと思います。

加藤　なるほど、大変参考になりました。

（2）適性と能力

◉適性と能力だけによって判断することは難しい―「採用と人権（明るい職場を目指して）」からの有益情報

加藤　他に、参考になる情報はありますか。

嘉納　昔からある雑誌として、東京都産業労働局が出している「採用と人権（明るい職場を目指して）」という雑誌があり、東京にはこれがあてはまります。ここにはいろいろなことに留意しなさいということが書いてあり、その中で次のような人を排除しないようにと書いてあります。

　例えば、いわゆる同和地区の方、LGBTの方、障害者の方、母子家庭や父子家庭の方、外国籍の方、特定の信条や思想の方、前科を持つ方、HIVに感染している方といった方々を、それだけの理由で排除しようとしてはいけないといっています。

　これは確かに正しいことです。厚生労働省は、適性と能力だけによって判断してくださいとずっといっており、これらの事情は適性と能力には無関係ですので、これらを理由として排除するのは確かに完全に間違っていると思います。企業に対して私もそのように指導はしますが、性別と年齢のところでも申し上げましたとおり、法律や弁護士からの指導がそうであるとしても、対応するのは難しいという企業もあります。特に中小企業において1人や2人を採用する場合には、これらの事情で採用しないと判断する企業が少なからずあります。先ほどの例と同様、人事労務屋の立場で大きな葛藤があるものです。

加藤　そもそも取得することのできない情報もありますよね。

嘉納　職安法5条の4によれば、業務の目的の達成に必要な範囲内で個人情報の収集が許されています。また、先ほど申し上げた指針に基づき、精神疾患の情報、違法薬物をやってないかの情報、犯罪歴の情報を、求職者から企業は原則として取得できません。脆弱性等も一因となり精神疾患をもともと持つ求職者について、スクリーニングを事前に企業が行ってはならないというわけです。2019年版「採用と人権」をご覧くださ

い。精神疾患の問題がいろいろな企業で多発している今、この考え方は、企業にとっては辛いものがあります。また、例えばインターナショナルスクールで外国人教師を雇う場合に性関係の犯罪歴を吟味するインターナショナルスクールがあります。子どもをあずかっている手前、子どもがなにかの性犯罪の被害者になったら大変だ、というある意味、まっとうな懸念からです。ですが、指針によれば、これも原則として阻まれることになります。同様に、例えば経理担当の人を雇いたい外資系企業が、求職者の金銭関連の犯罪歴を調べたい、という場合が多くありますが、これも原則として阻まれます。根本的な理由は、過去に性犯罪を犯したから、過去に金銭関連の犯罪を犯したから、再び犯すとは限らない、というものです。

（3）障害者雇用の難しさ
●雇いたいけれど、与えるための仕事がない

加藤　障害者雇用については、官公庁でも一定数採用しなければならない法制ですが、2018年にはこれを水増ししていたという報道がされました。民間でも障害者雇用が義務づけられていますが、実際には難しい場面が少なからずあると思います。これについて担当者から相談された場合にはどのような助言をされますか。

嘉納　民間企業では2021年3月まで45.5人以上の従業員で1人以上を採用すべきこととなっていますが、2021年4月からは43.5人以上の従業員がいれば1人以上、となります。障害者雇用差別禁止指針や、厚生労働省と関係の深い高齢・障害・求職者雇用支援機構が出しているガイドラインやQ＆Aで、企業が目指すべきある程度の方向性はわかっています。

【障害者雇用差別禁止指針】
障害者に対する差別の禁止に関する規定に定める事項に関し、事業主が適切に対処するための指針

https://www.mhlw.go.jp/file/06-Seisakujouhou-11600000-Shokugyouanteikyoku/0000082149.pdf

【高齢・障害・求職者雇用支援機構が出しているガイドラインやQ&A】

「障害者雇用関係のご質問と回答」
https://www.jeed.or.jp/general/qa/disability/index.html

　まず、障害者の方が、仕事をするための基礎的な要件を満たしていること、これを職業準備性と呼びますが、これがきちんとあるかを確かめる必要があります。この職業準備性には3つあります。1つ目は、自分の障害や自分の病気に関することをきちんと理解し、自分の障害や病気について自己管理ができていることです。2つ目は、日常生活についての準備が整っていること、例えば、規則正しい生活ができること、物の整理ができること、挨拶や返事がきちんとできること、わからないことがあればきちんと質問し、1人でできないときは助けを求められることというものです。3つ目は、基本的労働習慣が身についていること、例えば、1人で通勤できること、職場の就業規則を守れること、身に迫った危険を察知することができることです。これらの職業準備性を満たしているかについては、支援機構のガイドラインやQ&Aの中に出てきます。

加藤　そのうえで、ミスマッチングが起こらないよう気をつけることが大切であるということですね。

嘉納　これらが備わっている障害者の方に対し、企業は「どういう仕事の内容をあなたに求めているか」をきちんと真正面から本人と家族に伝え、ミスマッチングがないように努めるのが実務において非常に重要なことです。「当社に入ったら作業A・B・C・Dがあります」といったように、できる限り具体的に、細かい点まで伝えることが、ミスマッチングがないようにするために必要です。それが採用のときの、表立っていわ

れていることであり、ルールです。

加藤 現実はいかがでしょうか。

嘉納 企業が欲しい障害者の方としてときに聞くのは、人工透析をやっている方です。

　なぜかというと、人工透析の方は、週に3回、例えば、火曜、木曜、土曜に透析に行くようなことになるかと思いますが、月曜、水曜、金曜は健常者の方と同様に働くことができるためです。月曜、水曜、金曜に限っては、健常者の方と同様に戦力としてカウントできるため、企業としてはとても欲しいということになるらしいのです。

　他には、車椅子に乗っているがITの専門家であるといったような、ある分野に超絶に秀でている人については、身体障害者の一部の方だけに限られると思いますが、企業に強く求められる傾向にあります。

　こうした方々は、全ての企業が欲しいと思う人材ですので、採用したくともできないのが、実は企業の最大の悩みとなります。

　これに対し、知的障害者の方と精神障害者の方を採用することについては、企業の採用担当者のほぼ全てにとって、それほどはプレファレンスが高くないというのが哀しい現状ですので、これらの方々の雇用を上げていくのが社会的課題です。

　企業の人事労務担当者の方は、透析の方や一部の身体障害者の方に殺到しますが、そうした方々はすでに採用されていて市場には残っていないため、これが実務の悩みどころとなります。企業としては知的障害者と精神障害者の雇用にも力を入れましょう。

　雇用支援機構の「障害者の就業状況等に関する調査研究」に書かれていますが、定着率の統計では、精神障害者の方は1年後の定着率が50％を切るほどに低く、平均の勤続年数も5年に満たないとされています。

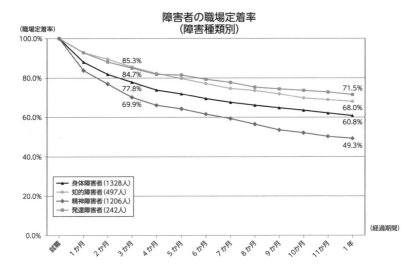

出典:『障害者の就業状況等に関する調査研究』独立行政法人高齢・障害・求職者雇用支援機構（2017年）

　　精神障害者の方を一度採用しても、現実としてなかなか長続きしないというのが公の数字として出てしまっているので、企業の採用担当者としては二の足を踏むといったこととなります。この状況を打ち崩し、ある程度マッチングさせる手段として今試みられていることとして、トライアル期間を設けて雇用することや、ご家族にきちんと説明をして、会社とご家族との不和がないように、仲違いがないようにやっておくということがあります。

加藤　そうした事柄を前提にした場合、障害者の方にはどのような仕事をしてもらうとよろしいということになるでしょうか。

嘉納　知的障害者の方に対して、どのような仕事をしてもらうかといった問題があります。障害者の3類型中、知的障害者の方の場合は、企業としてはそれを十分承知であれば、ある程度の覚悟をもって雇うことは確かにできます。ただし、知的障害者の方には、非常に高度な水準の仕事をしてもらうことは難しく、ある程度の水準の仕事しか任せられない場合もあり得ます。この場合の「ある程度の水準の仕事」とは一体全体なんで、そのような仕事は会社の中にあるのかといった問題があります。コ

ピーをとる、白板をふくという仕事は確かにあり、そうした仕事をいろいろな部署から集めさせるとよい旨もいくつかの書籍には書いてありますが、そうした仕事は何人分もありません。ある程度の規模の企業となると、障害者雇用促進法のため障害者の方を何人も雇わなければなりませんが、そうした仕事を何人分も用意できないでしょうし、掃除などは業務委託として外注化してしまうこともありますので、自社の中にそもそも業務として残っていないこともあります。雇いたいけれど、してもらう仕事がないというのが企業の抱える大問題となります。

加藤 きれいごとでは済まされないので、現実であるということですね。

嘉納 法律上雇うのが義務だとはいわれますし、これは正しいことですが、これらが障害者雇用の難しさだと思います。

加藤 障害者雇用促進法には、お金を支払うことで雇用義務を免れさせる制度もあるようですが。

嘉納 確かに障害者を雇うのが義務とされている一方で、障害者を雇わない企業が障害者雇用納付金を支払うという制度が併存しています。中規模の企業では、これの納付でこと足りると思い込んで実際の障害者雇用に踏み込まないところも多数ございます。障害者雇用納付金よりも実際の雇用を、と企業を説得してみても、なかなかよい返事がもらえません。

　通信機器の発達によりテレワークが可能な時代になっていますから、ぜひ、検討してみていただきたいことです。

　最後に、医師や臨床心理士との適切な関係づくりもしばしば鍵となる要素の1つです。

（4）外国人雇用の難しさ
●入管法のチェックと同様に大切な、日本についての教育訓練

加藤 外国人雇用についてはいかがでしょうか。

嘉納 2007年に厚生労働省から外国人指針が出ていて、2018年に最終改正が施されていますが、それにいろいろなことが書いてあります。

> 【改正後の外国人雇用管理指針】
>
> 外国人労働者の雇用管理の改善等に関して事業主が適切に対処するための指針
> https://www.mhlw.go.jp/content/000493590.pdf

　　在留資格がきちんとあるかをチェックするのが1番大事なことです。在留カードのコピーをもらって、在留資格をきちんとチェックして当社で雇える外国人なのかということを十分チェックして、入管法を侵さないようにするのが1番目に大切なことです。しばしば守られていなくて残念なのですが。

　　2番目に大事なことは、日本語と日本文化、日本の習慣を教え込ませること、それをきちんと訓練することです。繰り返しになりますが、「企業」という組織の中に入るので、他人との間で軋轢が生じたら辞めていく、日本人が面白くなくなる、嫌いになるということになりますので、重要な部分だと思います。外国人労働者の中にはなじめず精神疾患に陥ったり自殺したりする方々もおられますし、仕事で企業内にいる本人は大丈夫でも話し相手のいない配偶者が精神疾患に陥ってしまう例があります。

加藤　ある程度の数の外国人を従業員に雇う場合には、比較的多くの方法があるかと思います。例えば、太田市のスバルの工場では雇用された大勢のブラジルの方が町に定着し、自治体が支援しているようですが、そういった例は例外なのでしょうか。

嘉納　企業の中での日本人との接し方以外にも、日常生活でのゴミ出しや、夜中にどんちゃん騒ぎをして他の住民に迷惑をかけるのはよくないといった企業の外での振る舞いについても指導した方がよいと思います。企業は親ではないですが、従業員が外で問題を起こすと新聞などにも出て、企業のイメージが毀損されることにつながりますので、企業の外での振る舞いも含めて指導した方がよいことを弁護士としては企業に助言

します。

加藤　外国人雇用の中でも、取締役クラス、管理職クラスで入ってもらうというケースはどうでしょうか。

嘉納　すごく難しいです。職位が高く、3,000万円、4,000万円の報酬をもらうような方は、その中にリスクが入っていることを十分に理解し、パフォーマンスが悪ければ会社から退職勧奨されるとわかっている方が多いとは思いますが、必ずしもそうでなく、訴訟になる場合もあります。

　　第1．解雇で述べましたが出来が悪いとして退職勧奨を受けた場合に、日本の労働契約法16条を根拠に「簡単に解雇できないはずである」と法律を盾にとり、真正面から法律論を打ってくるケースが結構多いので非常に困ります。

加藤　それはいろいろな要因があると思いますが、能力が思われているほどないことが要因なのでしょうか。あるいは、能力はあるが、タイミングが悪くてパフォーマンスにつながらないということが多いのでしょうか。

嘉納　鳴り物入りで入社したものの、最初の試用期間でぼろが出る場合もありますし、長く働く場合でもおきます。今年の従業員への要求は、来年の要求とは合致しません。今年の要求は来年の要求よりも低いものです。企業の要求として、時代の流れなどで、過去には要求されていないことが今年は要求されるということは普通にあることです。そうした企業の要求が少しずつ上振れしていくために、努力を続けない従業員、ついていけない従業員も出てきます。そのため、最初はよくても、何年か後になって給料に見合うパフォーマンスを発揮していないと判断されることも相当あります。

加藤　高給であるだけに、期待も大きい、適切なパフォーマンスへの期待が高いということですね。その他の問題はありませんか。

嘉納　後ほど述べますが、日本の企業から給料を支払っている場合には、被保険者として雇用保険、健康保険、厚生年金保険に加入させることが原則とされています。特別な例外に当たらない限り加入が義務ですから、「手取額が減るから入りたくない。」という理由で不加入にさせないで

ください。

　また、決定的な対立を招きかねない事象として、宗教への無関心があります。礼拝等、企業が十分な配慮をすることが望まれます。なかなか難しいですが、決定的な対立を招きかねませんので。

　さらに、外国人が10人以上いるときは、「雇用労務責任者」として人事課長等を任命せよ、というのが先ほどの外国人指針の述べるところですが、あまり遵守されていないようです。

（5）外国人技能実習制度
◉趣旨と実態がかい離している「外国人の技能実習の適正な実施及び技能実習生の保護に関する法律」

嘉納　今、1億2,000万人ほどいる人口が、ある統計によると、100年後には4,000万人にまで減ってしまう可能性があるといわれています。3分の2がいなくなるというのはすごいことです。この前提が正しいのであれば、国を支えていくためには、子どもをたくさん産むか、あるいは外国から外国人にいらしていただくか、どちらかということにならざるを得ません。一部の業界では、外国人労働者なしではすでに成り立たなくなっています。賛否両論あることは認めますが、これからは、外国人がいないと国が回らないと予想します。

加藤　なるほど、外国人に関しては、外国人技能実習制度がとりざたされていますが、これについてはどのようなことを助言したらよいでしょうか。

嘉納　この制度について、外国人の技能実習の適正な実施及び技能実習生の保護に関する法律という新しい法律があります。外国人の方に来ていただき、発展途上国・地域の経済発展を担う人づくりに協力するのが、この法律の制度趣旨の1つになっています。つまり、発展途上国で将来リーダーになる人を日本に受け容れて、人づくりということで、ある程度お手伝いをさせてもらい、本国に戻ってもらうという社会貢献が、法律の目的・趣旨になっています。

　私は、この法律ほど趣旨と実態がかい離している法律をほとんどみた

ことがありません。

　日本で培われた技能、技術、知識を発展途上国から来た方に継承して、発展途上国の経済発展に寄与するというほれぼれするような目的を掲げていますが、実体は外国人労働者の方の低賃金の出稼ぎとなっています。はっきりそう申し上げてよい事例が多いと思います。実際は労働者のはずなのに、十分に労働基準法で守られていなかったり、あまりに仕事がブラックなため外国人の方が逃げ出してしまったりということが後を絶たないわけです。このような目を覆わんばかりの実態となっていますので、企業側に立つ弁護士としては、この制度を利用して受け容れ企業となっている企業に対しては、くれぐれもそうならないようにと指導しています。

加藤　採用については、解雇が困難な反面、自由度が高いという一般的な説明をしましたが、近時では法令がたくさんできて、その自由度は建前上狭くなってきています。しかし、実態との間にかい離があり、その狭間にある弁護士としては、的確な助言を付与しなければいけないのですが、現実はかなり微妙な問題があって苦労をしているということですね。他に、補充することはありますか。

嘉納　弁護士としては十分に企業の悩みは聞いてあげることが大切かと思います。法律はこうなっているが実態は無理なのだということについて、気持ちだけは少なくとも企業の気持ちをわかってあげて寄り添ってあげる、個々の企業の苦しさの話を聞き、理解をしてあげる、寄り添うということは、中小企業の経営者には特にそうだと思いますが、人事労務屋としてはとても大事なことだと思います。頭ごなしに法律家として「法律はこうなっている」と伝えることもできますが、同時に、本音に寄り添ってあげるということが人事労務屋としての存在意義だと思います。

　なお、深刻な人手不足を背景に、2019年4月1日より、特定技能1号－2号が新たな在留資格として施行されています。建設を含む14分野について、一定の外国人の登用を認める画期的な制度です。特定技能の施行により外国人技能実習制度の弊害が、少しずつなくなっていくことを

私は期待しています。

3 社会保険と労働保険

加藤　労働者を企業が採用すると保険に加入させますが、これらについて説明していただけますか。

嘉納　企業が労働者を採用する場合、原則として、いくつかの保険に加入させることとなっています。労働者災害補償保険、雇用保険、健康保険、厚生年金保険です。労働者災害補償保険と雇用保険を合わせて「労働保険」と呼びます。健康保険と厚生年金保険を合わせて「社会保険」と呼びます。

加藤　労働者災害補償保険とはどのような保険ですか。

嘉納　一言で申せば、労働者が業務上または通勤途上で病気になった、怪我をした、死亡した、という場合に国が保障してくれる制度です。労働者災害補償保険は、面白いことに4つの保険の中で唯一、「被保険者」という概念を持っていません。ゆえに、労働者が入社するときにその労働者のために「被保険者資格」を取得する、という手続がありません。労働者の賃金に百分率をかけた労災保険料（これは企業が100%を負担し、労働者負担分はありません）を毎年、原則として6月1日から7月10日までの間に、雇用保険料とともに、「労働保険料」の名目で、納めることとなります。基本は、前年の分の確定額の申告と今年の分の概算額の申告、という方法をとっています。特別加入制度という制度を利用する場合を除いては、法人の役員は、原則としては、補償の対象となりません。ゆえに、労働者身分から昇進して取締役身分になる場合、外部のプライベートな保険を企業が買って与え、補償の対象とすることがあります。

　労働者災害補償保険のもとで出る給付はいろいろありますが、重要なものの1つは、休業補償給付です。原則として、給付基礎日額の80%（正確には、60%プラス休業特別支援金20%）が、最初の3日間を除き、療養して労務提供できない期間です。

加藤　それでは、雇用保険はどのような制度なのでしょうか。

嘉納　労働者が解雇されたり、自分で辞めたり、等々、現在の企業との関係が切れてしまい、すぐさま新たな企業に就職できず、間が空く場合、国が保障してくれる制度です。入社に伴い「被保険者資格」を取得させる手続を、企業は公共職業安定所、人呼んで「ハローワーク」において、行うこととなります。雇用保険料（企業の負担分と労働者負担分とがあります）は労災保険料とともに年単位で払います。原則として、20時間／週未満の労働時間の労働者と31日間以上雇用されることが見込まれない労働者は、被保険者になれません。また、法人の取締役は、原則としては、被保険者となりません。その取締役について労働者としての性格が強いと言える場合に、なれるという例外はありますが。

　雇用保険のもとで出る給付として、主なものは、「基本手当」と呼ばれます。人呼んで「失業給付」です。「基本手当日額」に、通常は、算定基礎期間で定まる所定給付日数（10年未満なら90日分、20年未満なら120日分、20年以上なら150日分）を掛算したものが、7日間（待機）プラス3か月（給付制限）を待って払われます。ですが、かわいそうな労働者（これらの方々を特定受給資格者または特定理由離職者と呼びますが）については、算定基礎期間と年齢で細かく区切られた所定給付日数の分を「基本手当日額」に掛算したものが、原則として給付制限の期間なく、払われます。

加藤　健康保険についての説明もお願いします。

嘉納　労働者が業務と無関係に病気・怪我をしたという場合の制度です。いわゆる「保険証」を使って医療を受けるときに、100％の支払いをしないでよい、というところが主に効いてくるところです。全国健康保険協会（人呼んで「協会けんぽ」）または健康保険組合のいずれかが、保険者となります。協会けんぽの場合には、後で述べる年金事務所を通じて、企業が被保険者資格取得手続を行います。健康保険組合の場合には、それぞれの健康保険組合において、企業が被保険者資格取得手続を行います。原則として、正社員と、1週間の所定労働時間及び1か月の

所定労働日数が正社員の4分の3以上のパートタイム労働者は被保険者となります。4分の3未満のパートタイム労働者でも、①1週間の所定労働時間が20時間以上で、②1年継続して雇用されることが見込まれ、③月額賃金が88,000円以上で、④学生ではない場合、被保険者になれることがあります。具体的には、企業が500人を超える被保険者を使用しているか、または500人以下の企業でも労使合意（労働者の2分の1以上と事業主が合意すること）がある場合です。法人の取締役も、被保険者となるのが原則です。

健康保険料は、労働者負担分及び企業負担分があり、原則として折半です。毎月、基本的に、翌月末日までに納付します。産前産後休業中及び育児休業中には保険料が免除される制度があります。

健康保険のもとで出る給付はいろいろありますが、人事労務的に重要なものの1つは、傷病手当金です。労務に服することができず療養している場合、最初の3日間を除き、18か月を上限に、標準報酬月額の3分の2が原則として払われます。この「3分の2」の部分について、健康保険組合であれば、3分の2よりも大きな値の、手厚い給付の場合があります。

原則的な棲み分けは、業務上の病気・怪我なら労働者災害補償（の休業補償給付）、業務外の病気怪我なら健康保険（の傷病手当金）ということになっています。この点、怪我の場合には業務中か業務外か、かなりはっきりしているのですが、病気の場合、特にメンタルヘルスを悪化させる場合には、なかなかはっきりしません。そこで、実務では、医師が「業務上の精神疾患」と記していた（理論上は労働者災害補償保険で請求すべきもの）としても、健康保険の傷病手当金の申請が通ることが非常に多くあります。

加藤　最後に、厚生年金保険とはどのような制度ですか。
嘉納　労働者がお年をめして、働けなくなった時の年金の役割の制度です。国民年金のもとでもらえる額よりも多くもらえるものです。労働者が入社しますと、日本年金機構のもとにある年金事務所において、企業が被

保険者資格取得の手続を行います。

　厚生年金保険料は、労働者負担分及び企業負担分があり、原則として折半です。毎月、基本的に、翌月末日までに納付します。産前産後休業中及び育児休業中には保険料が免除される制度があります。

　年金制度については、第4．賃金で触れます。被保険者資格は、健康保険の被保険者資格と原則として同じですが、70歳未満の者という年齢制限が原則的にあります。

4 採用時に締結する約束

加藤　「採用」についての項目もそろそろ終わりですが、なにか補足はありますでしょうか。

嘉納　離職後の競業避止義務とか、離職後の従業員引抜禁止とか、こういう約束を「入社時」にすでに締結する外資系企業が多くあります。実務を始めたとき、離職後のことなのに、どうしてわざわざ、入社時に約束させるのか、不思議でした。でも、よくよく考えてみますと、当たり前のことです。離職時には、労働者と企業が揉める可能性が潜在的にあるので、約束してくれないかもしません。これに対して、入社時は、求職者の方々はとても入社したい意思が強いので、不合理な内容でない限り、署名してくれる、という理由です。

COLUMN
バランス感覚が大切

　4つの、互いに無関係の例を掲げます。

　第1に、企業側につくと、労働者に対して高圧的になられる弁護士の先生方もおられます。しかし、これは誤りです。確かに労働者にとっては企業が重要かもしれませんが、情報発信が簡単な現代は、ネットでいくらでも副業や金を稼ぐことができる時代です。労働人口も大幅に減少しつつあります。このため、むしろ、企業が労働者から選ばれる時代に入ってきています。企業にとっては、労働者を重要なステークホールダーと位置付けなければなりません。労働者をないがしろにするとしっぺ返しを受けます。

　第2に、労働者側につく弁護士の先生の中には、企業は国家と同じく大きな権力だから、という方々が多くおられます。必ずしも間違ってはいないのですが、中小企業は必ずしも大きな権力ではありません。また、国民が国会には、税金という形でお金を払うのに対して、労働者は企業からお給料という形でお金をもらっている、ということ、すなわち、国家と企業ではお金の流れが真逆である点を見逃してはなりません。労働者にお金を払ってくれる企業を大切にせよ、と労働者の方々に指導していただきたいと思います。

　第3に、労働者の中には、努力しているのに企業から認められないと嘆く方もおられます。もっとも、努力したから報われるということ自体、必ずしも真実ではありません。また、第一線の従業員として優秀であっても、管理職として優秀とは限らない、そんな労働者がおられることを忘れてはなりません。上司として要求される能力は、第一線の従業員として要求される能力とは異なるのです。このため、自分が優秀だと労働者がいかに自己評価しても、昇進の対象にならないことはあり得ます。

　第4に、企業からすると、労働者が離職する際に競業避止義務を離

職労働者にかけたいと思うことが多いかもしれません。ですが、企業が退職勧奨をする場合にもかけようとするのは、真剣に熟慮する必要があります。「あんた、とんでもない人だから、私、あんたと別れることにした。とにかく私と別れてよ。でも、私と別れてから6か月間（あるいは1年）、あんた、別の女と付き合ったら、だめだからね。いい？別れてから6か月間（あるいは1年）、別の女と付き合ったらただじゃぁおかないよ」と女性が彼氏に言う場面に似ています。こう言われた彼氏は、たぶん次のように言い、別れるのを拒絶する可能性も出てきます。「ええ。別れてから、6か月間（あるいは1年）、別の女と付き合ったらだめなの。おいおい、それはひどい。それなら俺をふらないでくれよ。別れたくない……。」 退職勧奨の場合には、競業避止義務をかけないことも考慮に値すると思われます。

第3 退職

1 退職勧奨

(1) 従業員が辞めないための方策

●せっかくかけたコスト・手間暇を無駄にしないために

加藤　適性があり、能力がある従業員に入っていただいても、なんらかの理由で離職してしまうことになりますと、せっかくかけたコスト・手間暇が無駄になりますので、なんとか定着して力を発揮してほしいと企業は考えると思います。人事部から、従業員が辞めない方策について相談を受けた場合はどのような助言をされますか。

嘉納　ひと昔前は会社を辞めるのは一大事で、その背後には終身雇用があったわけです。女性は「専業主婦兼子どもの母」として家事・育児を担当すべく家にいて、かつ男性は「企業に忠誠を尽くし、残業や配置転換を文句も言わず受け容れる」ということがまかり通っていたわけですが、これを可能にしたのが、「その代わり、君と君の家族の生活の面倒は定年まで保証してやる」といった企業文化でしょう。ある意味、「個人単位」ではなく「家庭単位」でみると、ワークライフバランスがすでに保たれていました。

加藤　それは、裁判所でも同じでしたね。最近はどうですか。

嘉納　これに対して、今は転職が当たり前という時代であり、転職をすることへの気持ち的なバーも下がっていますので、転職をするのが日常茶飯事となっています。逆に企業として優秀な従業員をつなぎ止めておきたいと思ってやることとしては、近頃多いものの1つがテレワークです。2018年2月22日には、「情報通信技術を利用した事業場外勤務の適切な導入及び実施のためのガイドライン」を厚労省が出して推進しています。自宅に限りませんが、必ずしも朝の通勤電車に乗って職場に来ることなく、通信技術の発達を逆手にとってどこでも仕事ができるというこ

とが、少なくともそういう機会がある、週に1度はできるというようなところは、特にミレニアム世代の若い方を引き付けるには重要なポイントとなっているようです。

加藤 そういうシステムを取り入れる会社は、企業規模の大・中問わず、増加しつつあるということでしょうか。必ずしもそうでもないのでしょうか。

嘉納 これからだと思います。確かに、テレワーク等を認める会社の絶対数は多くなってきてはいると思いますが、爆発的に多くなったかというと、それほどでもないような実感があります。これからオリンピックの開会式である2020年7月24日に向けて、おそらく多くの企業が取り組むべきものだと思います。その日は世界中から人が来て、朝の交通はマヒするので会社には来ないでくださいと総務省の方も話しておりますので、それまでには多くの企業が取り組むのではないかなと思います。

加藤 子育てをする世代の人たちに一定の配慮をする施策も不可欠でしょうね。

嘉納 先ほど申し上げたように生産年齢人口が減ることが明らかですので、国としては次世代育成支援対策推進法などを用い、子どもを産ませるというふうにいろいろ動いてきているわけですが、企業としては、子どもを産むといった人生のイベントを迎える人たちが無理なく入れるようにすることを考え続けてきているのだろうと思います。

　母親が産休育休をとるのはある程度当たり前になっていると思いますが、育休を父親が無理なくとれるようにすること、あるいは、これは大企業に限られると思いますが、託児所をつくる・託児所の費用を負担するといった子育てに寄与した企業というのは、能力があって、それだけの理由で企業に就職ができない女性、男性のニーズをつかめるものと思っています。

加藤 なるほど、霞が関でも働くお母さん官僚のために保育所を設置する時代ですからね。

嘉納 労働環境に自然の要素を取り入れるとか、ヨガ等の教室を開催すると

か、ブーメラン社員の受け容れを図るとか、各社さまざまな工夫を試みています。

　ちなみに、2019年6月18日の報道によりますと、自民党の「男性の育休『義務化』を目指す議員連盟」は、企業の男性社員から申請がなくても企業が男性社員に育休を取得させなければならないという制度を創設させるべく、安倍首相に提言を6月17日に提出しています（なお、2018年の育休の男性取得率は6％程度といわれています）。

（2）退職勧奨を誰が、いつ、やるべきか
◉パッケージとしてどのような内容を考えるのか

加藤　企業としては、解雇すると最終的には訴訟になるかもしれないがそれでも辞めていただいた方がよいという方はおられると思います。
　その場合に、退職勧奨をして穏便に退職してもらえないかと考えると思いますが、退職勧奨による問題についての助言を求められた場合の対応を教えてください。

嘉納　離職勧奨の理由としてなにを説明するか、を除くなら、実務的な最重要ポイントは、いわばパッケージとしてどのくらいの割増退職金を包むのかということがかなり大きな比重を占めるのだろうと思います。これは、解雇を避けるという目的で払われるパッケージなので、法律上払えとどこにも書いていませんし、最高裁判例が払えと言っているわけでもありません。したがって払うことは義務ではないお金、実務上払う方がベターであろうというのがパッケージですので、解雇を避けるという意味で払うパッケージが大きな意味をもちます。

加藤　具体的には、どのようなセクションが働きかけることになりますか。

嘉納　会社によるとは思いますが、多い事例としては、対象者の上司と人事の担当者とがセットになり、2人が対象者へ、というのが比較的多いのではないかと思います。対象者のパフォーマンス等をよくわかっているのは上司の方ですし、その方が辞める際の実務的な取扱いがよくわかっているのは人事の方でしょうから。外資系企業でときにあるのは、本社

やアジアパシフィック地区の人事担当者が来日し、今まで面識のない対象労働者にいきなり会って離職勧奨をするケースです。しかし自分が会ったこともない相手から「辞めろ」といきなり言われるのは、あまり受け容れやすくありません。

加藤　そうした話をする場合に、いろいろなケースがあるとは思いますが、パッケージとしてはどのくらいという相場があるのでしょうか。

嘉納　相場と呼ぶべきかわかりませんが、多くみられる事例として申し上げますと、公の争いになっているか、いないかで分かれます。公になっていない場合、つまり、裁判所あるいは労働委員会にいっていない場合ですが、その中でもさらに2つに分かれ、1人で労働者が戦っている場合か、弁護士・労働組合がついている場合かで分かれます。公の争いになっていない段階で争いになっており、1人で労働者が戦っている場合は比較的低額に終わることが一般的に多いと思いますが、弁護士・労働組合が労働者側についている場合は、6か月分なり、1年分なり、2年分なりといったまとまったお金で妥結することが相当多いと思います。

　一般的にいわれている別の計算方法としては、1年の勤続期間として1か月分といわれていることが多いです。7年いれば7か月分といったように。しかし、1年いて1か月分というとさすがに低すぎるという感覚がありますので、そういう場合でも3か月分くらいを最低保証的に出すことが多いのではないかと思います。

●パフォーマンスが悪い場合、ポジションがなくなる場合

加藤　そのあたりはまさにバランス感覚だと思います。退職勧奨について、それ以外に補充していただくことはありますか。

嘉納　だいたい、退職勧奨というのは実務上ほぼ2つに集約され、1つはパフォーマンスが悪い場合、これが圧倒的に多いです。2つ目はポジションがなくなる場合です。

　パフォーマンスが悪い場合で申し上げたいのは、退職勧奨での話の中で、君は出来が悪いから辞めてもらいたいという説明の仕方をするの

は、相当の証拠がある場合を除いては避ける傾向にあるといってよいと思います。

加藤 それはなぜですか。

嘉納 なぜならば、相当の証拠がある場合を除いては、「君、出来が悪いよね、だから辞めてね」といった場合、必ず労働者から「自分のどこが悪いのか」という話になります。会社が「こことここが悪い」と仮に言えば、「そことそこはこういう理由があった」と弁解を始めるステージに進みます。会社としては再反論し、従業員側は再々反論するといった終わりのない議論になっていく可能性が非常に高いのです。ゆえに、よほどしっかりした証拠がある場合を除いては、「君のパフォーマンスが理由で」ということをあまり明示しないことが多いはずです。仮に明示するにしても、「深みの議論を避けることでお互いが傷つくのを避けたいので、退職パッケージをご勘案いただけないか」という打診になるはずでしょう。

加藤 パフォーマンスの悪さを明示しないとすると、その代わりになにを言うことになりますか。

嘉納 明示しない代わりに言う内容は実務上はかなりの場面でほぼ決まっておりまして、先ほど申した「ポジションがもうなくなってしまった」という本人に帰責しない別の理由か、「君は素晴らしいのだけれど、当社にはフィットしない、他社に行けば水を得た魚のごとく泳ぎ出すんだよ」という理由のどちらか、もしくは両方を言うことになります。これは、第1に本人を傷つけない、第2に深みの議論に近づかないというのがベネフィットとして知られていることだと思います。

　ただ、ポジションがないという説明は、真実、ポジションがなくなってしまった場合にしか使うことができません。またポジションがなくなってしまった場合、パフォーマンスが悪いという場合に比べて、パッケージの額が相対的に本来ならば高くなるはずです。パフォーマンスが悪い理由であれば、お前が悪いのだからこれだけの額でよいだろうと言いやすいと思いますが、ポジションがないというのは会社側の理由です

ので、従業員はかわいそうなはずなわけです。ですので、パフォーマンスが悪いというしっかりした証拠がない場合には、ある程度パッケージの額が高くなり得るということを弁護士としてはお話します。

「当社にはフィットしない」という説明は、傷つけ度を小さくすることによって面子を保ってあげられるので、よいと思われますが「めちゃめちゃフィットしてますよ」という返答が返ってくる可能性はあります。

さらに重要なのは、勧奨であって解雇でない以上は、意思を抑圧しないこと、対象者が拒み続けるなら、試みを止めざるを得ないことです。

（3）大量離職の場合と希望退職の募集
●希望退職者を募るとき、どのようなプロセスをたどることが多いか

加藤　大量の従業員に辞めていただかなければならない事情が会社側にある場合に、希望退職を募るのが常道だと思いますが、どのようなプロセスをたどることが多いのでしょうか。

嘉納　部門閉鎖や工場閉鎖など、ある程度の方に同時に辞めていただかざるを得ないような場合ですが、整理解雇が理屈上は可能だとしても、いきなり解雇するというのはあまりしません。希望退職をまず募集して一段階かませることが圧倒的に多いのではないかと思います。

その理由の1つが、整理解雇の4要件のうちの2つ目に、解雇を回避する努力をしたかというものがあり、配置転換・出向の模索、派遣労働者の終了、マネジメント報酬削減等と並び、希望退職というのは解雇回避努力義務の1つだとして裁判官の方々も重視していますので、まずこれを前にかませるということが多いわけです。

加藤　整理解雇する場合には社長がどのようなメッセージを伝えるのかが重要であるといわれているようですが、いかがですか。

嘉納　部門閉鎖とか工場閉鎖というのは大事件ですので、社長が、相当心のこもったメッセージを全従業員に出すことが大切です。例えば、一生懸命がんばったけれど申し訳ない、一部門を閉鎖せざるを得ない、断腸の

思いだということを、部下に作文させるのではなく社長がきちんと自分の言葉で、全従業員の前で話すことが心を打つことになるのではないかと思います。他人が書いた原稿を読み上げるという場合であれば、NHKのアナウンサーを除き、人の眼はずっと下（＝原稿）を向くと思うのです。企業の命運をかけて人員の削減を従業員に了解してもらう大切な場面において肝要なのは、従業員の心を打つ説明を行うよう自分が努力することでしょう。

　ところで、この場合の骨子は、
- 希望退職者募集をしなければならない遠因。
- この遠因に対して企業はどういう手段を打ち立ち向かってきたか。
- にもかかわらず、残念ながら功を奏さなかった。
- 人員削減を実施せざるを得なくなり、本当に申し訳ないが、なんとかお辞めいただきたい。
- 離職する従業員の生活を考えてつくった経済的パッケージの内容のエッセンス。
- この難局を乗り切った後は、未来が待っている。

ということになりましょう。

　人事労務屋が気にするのは、争いになるかということです。争いになるかならないかについての要素で大きいところは、どの程度のお金を積めるかなのですが、もう1つは、納得できるかということです。従業員の納得感というところからいって、「社長がここまで言うのだから」と納得してくれることもありますので、社長が誠意をもった文章を自分で打って、お話するのがよいと思います。

加藤　納得形成が紛争を回避する特効薬としての効果があるということでしょうか。

嘉納　重要な薬の1つとしてということですね。効かない場合もありますが、誠意をもって示すことは、社長がなんのメッセージも発しないよりは圧倒的によいと思います。

加藤　希望退職者の募集を行うような場合には、どのような配慮が必要とな

るのでしょうか。

嘉納　希望退職者の募集を行う場合、応募可能対象者の範囲、募集人数、募集期間、離職日、割増パッケージ額、未消化有給休暇買取、再就職斡旋会社の利用、社宅退去期限、優秀な作業員が応募してきた場合の拒否権、辞めてほしい従業員が応募してこない場合の離職勧奨、等々を事前に決めておくことが必要でしょう。

　優秀な従業員に「残ってほしい」と伝えるために、また誰が離職勧奨を受けたかわからない外形にするために、人事は全員と面談をもつことが多いと思われます。

　なお、優秀な従業員が応募してきた場合に備えて、「拒否権を企業が有する」旨を明示しておくことが重要と一般にはいわれています。しかし、応募してくるということは、企業と別れたいと思っているわけですから「別れたくないからとどまって」と拒否権を行使してみても、以後どれだけ十分なモチベーションと忠誠心をもって、人数が少なくなった企業においてその企業のために仕事に邁進してくれるかは未知数です。

(4) 競業避止義務をかけるのが適当か
●大量離職の場合に競業避止義務を付してもよいか

加藤　大量離職の場合、一般離職についても競業避止義務を付する例がありますが、この点についてはいかがですか。

嘉納　多くの会社では、従業員に退職勧奨する場合、競業避止をつけることが結構多いです。これはいかがなものかと個人的には長い間思っていました。

　従業員が自分で辞めたいと言ってきた場合はいざ知らず、企業が「君、悪いけど辞めてくれ」と言っている段階で、ライバル会社に行ってはならないということが、よい結果をもたらすかは相当に疑問です。これは、比喩的にいえば、自分に恋人がいて、恋人をふるときに、あなたのことはもう嫌いだからあなたと別れるが、あなたは今日から6か月間なり1年間なり別の人と付き合ってはいけない、と言っているような

ものです。それならふられる側からすると、おいおいそんな条件をつけるくらいなら私をふらないでくれとなるわけです。ある程度自由を与えないと、素直に辞めてもらえない可能性もあるので、企業の人事担当者に真剣に熟考してほしい1つとなります。

加藤　一般的には、競業避止義務については、職位の上の人が辞めた場合に付することが多いように考えていたのですが、実情はどのようなものでしょうか。

嘉納　実務では、職位が上の人以外に対してでも、平気で、つけてしまう会社が多くあるので困ってしまいます。職位が上の人だと、ある程度会社の秘密情報を握っているので仕方ないということになりますが、下の人に対してでも1年の競業避止義務をつける会社が多く、特に外資系の企業では下の人につけるケースも非常に多くあります。そうした会社は、お金を払うからよいだろうと考えているようですが、こちらがお願いして辞めてもらっているのであり、本人の自己実現ということからしても、そんなに簡単に縛ってよいのかと思います。

　自社がそれをやると、同業他社が皆それをやるでしょう。そうすると、同業他社で誰か辞めた際、自社がその人を市場からとりたいと思っても、その人と前職との間で競業避止がかかっているため雇えないこととなるわけです。よって、まわりまわって自社にも影響することもあるので、競業避止義務については、十分に考えた方がよいと思います。

加藤　マーケットの自由性（自由競争）を自分たちで制約する、自分たちの首を絞めるものですからね。もう1つは、職業選択の自由もありますから、その点でも民法90条の公序良俗性の観点からどうかという議論も当然出てきます。

嘉納　あまりに長すぎる場合、長すぎれば長すぎるほど、無効の方に傾きますし、地理的に広すぎれば広すぎるほど、お金を払っていなければいないほど、地位が低ければ低い人ほど無効の方に要素が傾きますね。

加藤　逆の面もあって、信義則上も競業避止を観念できると判断される場合もあると思います。判例もありますが、それはかなり厳格な要件が必要

とされています。従業員でもかなりノウハウをもった人が辞めて、同種の業務の会社を興し、取引先から継続的に仕事を受注し売上高の8、9割を占めるまでになったというケース（三佳テック事件）について、最高裁の事例判例ですが、競業避止にならないと判断したものがあります。一般的にそう簡単に競業避止OKとするのは司法判断として難しいというのは認識した方がよいということでしょうね。

> **【三佳テック事件・最一小判平成22・3・25民集64巻2号562頁〔28160678〕】**
>
> 　工作機械部品等製造会社を競業避止義務特約の定めなく退職した従業員が、別会社を事業主体として同種の事業を営み、退職した会社の取引先から継続的に仕事を受注した行為につき、退職した会社の営業秘密に係る情報を用いたり、信用をおとしめたりするなどの不当な方法で営業活動を行ったものではなく、また、退職直後に会社の営業が弱体化した状況を利用したともいい難い等の諸事情を総合し、社会通念上自由競争の範囲を逸脱した違法なものとはいえず、不法行為に当たらないとされた事例。
> ⇒判断枠組みとして「自由競争の範囲を逸脱したとの評価が導かれるか」がポイントになることのほか、判断要素として、営業秘密に係る情報の利用、信用をおとしめるような営業活動の適否、競業の時期、元の勤務先の営業弱体化の利用の有無などを列挙する。

嘉納　企業の営業秘密は企業の命運を決する重要事項ですが、これを守秘させたい企業は、離職者との間で守秘義務契約を締結することとなります。なにが秘密なのかがきちんと特定されているのであれば、本来、守秘義務契約の締結で、企業は満足すべきところです。にもかかわらずあえて、競業避止を締結したいと考える企業が圧倒的多数です。この理由の1つは、「守秘義務に違反したか否か」の立証は困難を極める（秘密をこっそり漏らす場合に、漏らしたことの証拠がとれない）のに対し、「競業避止に違反したか否か」の立証は容易だからです。

2 社会保険と雇用保険の被保険者資格喪失

◉被保険者資格喪失届及び3枚綴りの離職証明書の提出から始まる手続き

加藤　社会保険や雇用保険の被保険者資格の問題も扱うものですか。

嘉納　社会保険や雇用保険は、通常、社労士の先生が担当されますので、弁護士が伝統的に介入しなかった分野です。しかし外資系の企業が顧客の場合、英語での説明が必要なので、当事務所ではこの分野も開拓してまいりました。

加藤　雇用保険の一般的な手続を教えてください。

嘉納　例えば、離職したら、雇用保険では原則10日以内に被保険者資格喪失届及び3枚綴りの離職証明書をハローワークに提出します。通常は、離職理由の記載等に異議がないことを＜15＞と＜16＞に労働者に記載してもらってからです。労働者に異議があるなら、その旨を記載してもらってから提出します。異議があるとき、どちらの記載が正しいのか、ハローワークが労・使それぞれから聴取のうえ判断します。労働者が＜15＞と＜16＞に記載をしない場合は事業主の代印で足りる取扱いが認められる可能性があります。

　　　国からもらえる基本手当の額と時期は、かわいそうな労働者（特定受給資格者及び特定理由離職者）なのか否かにより違ってきます。このため、完全な自己都合なのに、離職勧奨を受けて離職するという特定受給資格者と偽る約束を労・使ですることが絶対にないわけではありません。企業側の弁護士としては、このような違法を犯さないように勧めなければなりません。

加藤　社会保険については、いかがでしょうか。

嘉納　厚生年金保険では原則5日以内に被保険者資格喪失届を年金事務所に出します。健康保険では原則5日以内に被保険者資格喪失届を、協会けんぽを使っている場合は年金事務所に、健康保険組合を使っている場合

は同組合に、出します。

　厚生年金保険と健康保険の保険料は、原則として離職した月のそれがかかりません。唯一の例外は、月末の日に離職するときで、この場合は離職した月の保険料がかかります。普通は翌月の給料から保険料を徴収するため離職した月の給料からは前月分だけが引かれますが、月末の日に離職するときは、離職した月の分と前月分の2か月分が引かれるケースが多くあります。

　なお、20日以内に手続をすれば、「任意継続被保険者」といって、負担する保険が2倍になりますが、任意にこれまでの健康保険を2年間続けられますので、労働者側に立つ弁護士の先生はぜひ労働者への助言をお願いします。企業側の弁護士も、「労働者にリマインディングしてくださいね」と企業に述べておくべきです。

加藤　他に留意しておくべき点はありますか。

嘉納　これらの前提として、小企業で頻発しているといってもよいかもしれないのは、雇用保険と社会保険に強制加入させなければならない労働者について、お金がないからという理由で意図的に入れない企業がかなりあるということです。平たくいうと、雇用保険については週20時間、31日以上働く見込みがある場合、社会保険については30時間以上働く見込みがある場合といった、強制加入のためのある程度のスレッシュホールドがあります。これらを明らかに超えているのに保険に入れないという企業があるので、これについては、弁護士としては、入れないという選択肢はなく違法である点、十分に指導するのがよいと思います。

加藤　これには罰則もありますね。

嘉納　はい。実務的に特に多いのは、外国人の方を入れていないという場合があります。どうせ数年で帰ってしまうので、日本の厚生年金に入れても仕方がない、あるいは、日本人でもよいですが、パートの方で、社会保険料をとられたくないという労働者からの声もあります。有期労働者の方の場合もあります。しかし、これは、労働者がどう思うかは関係なく、強制加入のスレッシュホールドを超えている以上無理やり入れざ

を得ないというのが企業の唯一の選択肢なのですが、これらをわかってもらうのが至難の業となります。会社負担分というお金なんて出せないという小企業、零細企業がかなり多いということを私も知っていますので、法律と実務の狭間に立たされることとなります。法律を遵守させるべく、当然に、説得を試み続けます。

加藤　なるほど。

嘉納　なお、これらへの加入を怠っていると、労働者は在職中、健康保険を使えませんし、65歳以後の年金に全く反映されません。また離職した場合に「基本手当」が国から出ないこととなります。

　企業が遡って保険料納付を手続できるのは、雇用保険、厚生年金保険、健康保険とも原則として最大2年です。もし2年を超えた期間、企業に在籍していても、雇用保険の場合、原則として「算定基礎期間」は2年となるので、基本手当の所定給付日数が大きな影響を受けます。国からもらえる基本手当の額は、賃金日額×法定の給付率×所定給付日数であり、所定給付日数は算定基礎期間にも依存するからです。厚生年金保険では2年を超える期間の不加入が将来の年金にヒットします。健康保険では、遡及する2年の間に無給休職があるなら、傷病手当金の給付がなされるのが原則です。

　このような労働者の不利益につき手続懈怠企業が責任を民事裁判で追及されることもあり得ますから注意が必要です（例えば奈良地判平成18・9・5労働判例925号53頁〔28130518〕（豊国工業事件））。

3　定年

嘉納　定年については第1．解雇で少し触れましたが、ここでもほんの少しだけ触れておきたいと思います。

　現行の高年齢者雇用安定法は、原則として65歳定年制です（60歳を定年にして再雇用のうえ、1年ずつ有期雇用をする企業が多くありますが、これは法の建前からはあくまでも例外です）。さて、多くの企業で

は、「65歳に到達した日の属する月の末日をもって定年とする」と定めています。例えば、1955年8月17日生の労働者が定年に達するのは、「65歳に到達した日の属する月の末日をもって定年とする」わけですから、2020年8月31日なります。では、1955年8月1日生の労働者がこのような企業において定年に達するのはいつでしょうか。これは、2020年8月31日とはなりません。2020年7月31日となります。理由としては、日本では、「○○歳の誕生日」と「○○歳に到達する日」とが異なっているからです。「○○歳に到達する日」は必ず誕生日の1日前です。このため、1955年8月1日生の労働者が65歳に到達するのは、2020年8月1日ではなく2020年7月31日です。このため、「65歳に到達した日の属する月の末日をもって定年とする」のであるなら、8月1日が属する8月の末日ではなく、7月31日が属する7月の末日に定年となるわけです。

4 他の従業員への影響

加藤　第3退職の項目も終わりになりますが、最後になにかありますか。

嘉納　いろいろ述べさせていただいた示談の試み（パッケージによる退職勧奨）については、その情報が他の従業員に漏れた際に、同じ額を支払わなければならなくなるリスクと裏腹です。換言するなら、リスクを負ってでも決断するかどうかのビジネスジャッジメントです。

第4 賃金

1 賃金の発生根拠

(1) 日本の労働法の基本的な仕組み

●労働者からみると「二重の保護」、企業からみると「二重の足かせ」

加藤 それでは、賃金に関する話題に移ります。

　　　賃金には基本給、諸手当、賞与、退職金などがあり、基本的には合意によって発生するものですが、日本の労働法制では、賃金の保障は、大きな柱です。また、実際にも労働者は仕事をすることで対価である賃金を得て生活費にあて、再生産にあてるという意味でも重要ですが、そうした労働法の基本的な仕組みの中で、賃金保障の位置付けという点からお話を伺いたいと思いますが、いかがでしょうか。

嘉納 日本の労働法の賃金に関しては、労働基準法の規制と、労働契約法の定めがあるわけですが、労働基準法が1947年にできてからずっといっているのが、「決まった額を本人宛に決まった時期に払いなさい、決まった額は控除しないで全額を払いなさい」というのが大きな、かつ、強い規制となります。決まった額として一体いくらを払うべきなのかというのは労使の約束ということになっておりまして、これは基本、労働契約法でもって、労使の合意で決まるという立て付けになっています。さらに、金額が労使の合意で決まるということは、使用者側がすでに決まっている賃金を下げたいと仮に思っても、労働者側が「うん」と言わない限り、下げることができないのが原則であるといったような事実上の強い規制が労働契約法から出てくるということになっています。

加藤 合意ですから、労働契約であらかじめ決めておく、就業規則にも退職金等での定めをしておくことになります。いったん決まれば、それが保障されますが、合意ですから、それを変更する場合に同意があれば減額できるということになるかと思います。これに関する法理はどのような

ものでしょうか。

嘉納 この点については、平成26年の最高裁判例と平成28年の最高裁判例で、非常に会社側に厳しくなったと私自身は思っています。一言でいうと形式上同意があるだけではだめで、形式的同意を裏付ける、あるいはそれを保証するだけの実体的な要素がきちんとなければ、真意の同意があったとはいえないというのが、最高裁判例の示すところで、会社側は、2つの裁判例以降相当厳しい戦いを強いられているのが現状です。

加藤 賃金は労働者、従業者の生活の糧であるから、形式的な同意があることを盾に賃金減額の正当性を付与するわけにはいかない、一定のプロセスを踏み、かつ、中身についても、合理的客観的に真の同意があるものでなければならないということですね。

嘉納 そのとおりです。判例として、1つは平成26年10月23日の広島中央保健生活協同組合事件ですが、これは、基本的には降格が問題になっており、当然賃金減額を伴う降格なのですが、この降格に労働者が渋々同意をしているという事件です。

　旧来の人事労務の考え方からすると、渋々であっても同意があるから当然大丈夫であろうと会社側・使用者側は思うでしょうが、最高裁は、労働者が自由な意思に基づいて承諾したものと認めるに足りる合理的な理由が客観的に存在するということを定義として打ち出しています。そこで、この判例によって会社側がやるべきことがかなり厳しくなってきている、つまり、いろいろな背景事情を会社が裁判所で証明しなければならない、単に形式的に「うん」と言ったこと以外に、「うん」と言わせるだけの合理的な理由、さまざまな背景があったことを主張立証しなければならないというようにシフトしているというのが1つ目の判例です。

【広島中央保健生活協同組合事件・最一小判平成26・10・23民集68巻8号1270頁〔28224234〕】

組合に雇用され、副主任の職位にあった被用者が、労働基準法65条3項に基

づく妊娠中の軽易な業務への転換に際して副主任を免ぜられ、育児休業の終了後も主任に任ぜられなかった場合において、当該被用者が軽易作業への転換及び副主任の解任の措置により受けた有利な影響の内容や程度は明らかでない一方で、当該被用者が副主任の解任の措置により受けた不利な影響の内容や程度は管理職の地位の喪失という重大なものであるうえ、副主任の解任による降格は、軽易業務への転換期間の経過後も副主任への復帰を予定していないものといわざるをえず、当該被用者の意向に反するものであったというべきであり、副主任の解任については、当該組合における業務上の必要性の内容や程度、当該被用者における業務上の負担の軽減の内容や程度を基礎づける事情の有無などの点が明らかにされない限り、雇用の分野における男女の均等な機会及び待遇の確保等に関する法律9条3項の趣旨及び目的に実質的に反しないと認められる特段の事情の存在を認めることができないとされた事例。

加藤　賃金を伴う降格に関する広島中央保健生活協同組合事件判決について触れていただきましたが、この生活協同組合は医療介護事業を行っています。原告である被用者は副主任の職位にあったのですが、育休をとり、妊娠中は軽易な業務への転換を命じられたところ、育休の後も副主任に戻ることなく、軽作業への転換という状態にされました。これは同意を得ているわけではないけれども、その効力はどうかが争点になりました。

　育休が挟まれていますから、従業者・労働者としては、自分の状態から無理はできないということがあり、それで副主任を外すということがあっても嫌ですとは言いにくいところがあったようです。そうすると、このケースの特殊性も考慮されているのだと思います。判例の読み解きとしては、射程距離としてはそれほど広いものではないとの見方もあると思いますがいかがでしょうか。

嘉納　それほど広いものでないという見方もあったのですが、その1年半後に出た、山梨県民信用組合事件において、いわば同種の内容を最高裁がいっていると解釈せざるを得ないので、射程範囲は今となっては広がっ

ているといわざるを得ないと思います。
加藤　平成28年2月19日の山梨県民信用組合事件最高裁判決ですね。これは、退職金を減額するというケースです。

【山梨県民信用組合事件・最二小判平成28・2・19民集70巻2号123頁〔28240633〕】

一　労働契約の内容である労働条件は労働者と使用者との個別の合意によって変更することができるものであり、このことは、就業規則に定められている労働条件を労働者の不利益に変更する場合であっても、その合意に際して就業規則の変更が必要とされることを除き、異なるものではない。

二　就業規則に定められた賃金や退職金に関する労働条件の変更に対する労働者の同意の有無については、当該変更を受け入れる旨の労働者の行為の有無だけでなく、当該変更により労働者にもたらされる不利益の内容及び程度、労働者により当該行為がされるに至った不利益の内容及び程度、労働者により当該行為がされるに至った経緯及びその態様、当該行為に先立つ労働者への情報提供又は説明の内容等に照らして、当該行為が労働者の自由な意思に基づいてされたものと認めるに足りる合理的理由が客観的に存在するか否かという観点からも、判断されるべきものである。

三　経営破綻が懸念される状況となったＡ信用組合がＢ信用組合に吸収合併される際に、Ｂ信用組合に引き継がれるＡ信用組合従業員の退職金について、退職給与規程を改定して計算基礎金額等を引き下げる基準変更（本件基準変更）が行われ、更にその後に合併前の勤続期間に対する退職金額を算定する際には一律に自己都合退職の場合の係数を使用すること等を内容とする再度の基準変更（16年基準変更）が行われたという事実関係の下で、前記合併によりＡ信用組合からＢ信用組合に引き継がれ、前記各基準変更の後にＢ信用組合を退職した従業員ら（12名）が前記各基準変更前の退職金額（既支給分がある場合にはそれとの差額）の支払をＢ信用組合に求め、請求棄却の第一審判決を維持した控訴審判決に対して従業員らが上告受理申立てを行った上告審において、〈1〉一及び二掲記の判断によれば、前記従業員らのうち合併当時Ａ信用組合

の管理職であった8名について、同人らが本件基準変更を内容とする同意書の内容を理解したうえでこれに署名押印したことをもって同変更に対する同人らの同意があったとする原判決の判断には、同変更による不利益の内容及び前記同意書への署名押印に至った経緯を踏まえると、同人らに対しては自己都合退職の場合に退職金額が0円となる可能性が高くなることやB信用組合の従前からの職員に係る支給基準との関係でも予め示されていた同意書案の記載と異なり著しく均衡を欠くことになるなどの具体的な不利益の内容や程度についても情報提供や説明がなされる必要があったというべきであるにもかかわらず、こうした点についての十分な認定、考慮をしていない点において審理を尽くさず法令の適用を誤った違法がある、〈2〉16年基準変更に対する従業員らの同意があるとした原判決の判断にも同様の違法がある等の各判断に基づき、原判決破棄差戻しの判決がなされた事例。

嘉納 これについて、最高裁判所は同意の有無については慎重に判断しなさいといっています。これも形式的な同意があっただけではなく、同意の背後にある労働者の不利益やその不利益の程度、あるいは、労働者によりある行為がなされるに至った経緯やその対応、会社が労働者にどのような説明をどういう形でしたのか等に基づいて、自由な意思があったといえるかといったところに焦点をもっていったという、企業側からは驚くべき判決が出たということです。

加藤 このような判例法理を前提とすると、「同意をとりました、書面の形にしてあります」というだけで正当化できるかとなると、必ずしもそうとはいえません。その背後にあるのは、労働契約法上の労働契約における「賃金」は労働の対価として当事者の合意に委ねてよいものであるが、労働基準法上の「賃金」は当事者の合意いかんにかかわらず客観的・一義的に明らかにされるべきものという考え方（菅野和夫『労働法〈第11版補正版〉』弘文堂（2017年）405頁）ですね。

嘉納 立証の問題として、形式的同意を保たせるだけの背景事情や会社からの説明、不利益は○○と○○と○○のことがあるのだけれどそれでもい

いですね、という説明こそ、これからの実務では必要になってきているといわざるを得ません。

加藤 労働者側としては、それだけ保障のレベルが従前よりも明確に、高めになってきているという点が、企業に助言をする際のスタンダードになってきているということですね。

嘉納 この平成26年の最高裁判決と平成28年の最高裁判決によって、賃金の減額が非常に難しいことが明らかになりましたので、企業側としては、解雇はできない、賃金は減らせないという、いわば二重の縛り、二重の足かせを背負うことになりました。労働者側からすれば二重の保護、すなわち、解雇はされない、賃金は減らないというものです。企業側は、解雇ができない、賃金を減らせないという中で、どのように人事労務政策を打ち出していくのかを、企業側につく人事労務弁護士がアドバイスする時代に入ってきているのだと思います。

　形式的に同意があっても、大幅に減額してしまうのであれば、真意の同意はなかったと後から言われる可能性が高まるでしょう。ではいくらなのか、です。

加藤 その点は実務的に興味深いところですね。どのように考えるべきでしょうか。

嘉納 この回答は困難ですが、これをあえて試みるならば、

10％減（90％残）

15％減（85％残）

25％減（75％残）

33.3333％減（66.6666％残）

40％減（60％残）

というようないくつかの線があり得ます。

　労働基準法91条は、懲戒の制裁として減給処分を労働者に課す場合には10％を上限とすべきとしています。目の前の事例は、懲戒と無関係のことが多いでしょう。しかしながら、91条の趣旨は、生活に影響が小さいといえるぎりぎりの線に食い込まないように、というものです。それ

ならば、やはり同様に、一般的な給与減額の場合においても、10％以上の数字を減額することには慎重でなければならないと言えるでしょう。

雇用保険法上のいわゆる「特定受給資格者」とは、失業給付（正確には「基本手当」）が多く早くもらえる、いわばかわいそうな労働者のことです。特定受給資格者に認められるためには、いろいろな場合がありますが、それらのうちの1つに、給与が85％未満に減額された場合でかかる減額の事実について予見し得なかった場合があります。この趣旨は、15％を超えて給与が減るのは、生活に大きな影響が出る異常な事態ですから、離職した場合には厚く保護しようというものであると推測されます。そうならば、15％超の減額には一層慎重でなければならないでしょう。

民事執行法152条は、労働者の債権者が労働者の給与債権を差し押さえる場合に、25％を超えて差し押さえてはならない旨を定めています。この趣旨は、25％を超えると、労働者の生活にあまりに大きな影響が出得るという点にあります。かかる観点からすると、25％が一般の場合には上限となりましょう。従業員に整理解雇を強いる場合において、経営陣や管理監督者の報酬・給与は、これに近い下げ幅にしないと説得性が保ちにくいかもしれません。

66.6666％とは、健康保険法99条の傷病手当金の額です。つまり私傷病が理由で労務提供ができない場合に、健康保険制度が支払う額です。これは、生きていけるぎりぎりの線とみなされているのでしょう。とすると、33.3333％に減額幅が及ぶのは、一般には許されません。

60％とは、労働基準法26条の休業手当の額です。企業に帰責事由がない場合にも（天災事変などの場合を除いて）せめて60％だけは企業に負担をさせようという趣旨です。こうした観点からは、給与減額の場合において40％に減額幅が及ぶというのは、ほとんど考えられない事態と言わなければならないでしょう。

（2）賞与の諸問題

●弁護士が賞与についてわきまえておくべき事柄　賞与の決め方

加藤　基本給、退職金のほか、賞与についてもいくつかの問題があります。賞与は、通常、就業規則等において、夏季賞与と年末賞与の2回に分けて、おおよその支給時期と、組合があれば組合と交渉して額を定める旨、そうでなければ、会社の業績等を勘案して使用者が定める旨記載されていると承知しています。弁護士が賞与についてわきまえておくべき事柄にはどのようなものがあるでしょうか。

嘉納　若い弁護士が知っておいた方がよい典型的なものとしては、賞与の決め方があります。賞与にはいろいろな決め方があるのですが、1つの典型的な決め方として、年俸額が決まっていて、それについて12を超える数、例えば14、16で割り、毎月14分の1、16分の1ずつを月給として払い、夏と冬の賞与についてはそれぞれ14分の1、16分の2とする企業が一定程度あります。

　このようにしている理由の1つ目として、社会保険の保険料が1か月の給料の額に応じて決まるため、1か月の給料の額を小さくみせることが有用であったという歴史的背景がかつてありました。

　2つ目として、退職金について、辞めた時の給料のXか月分とすることがあるのですが、この場合、1か月の給料の額が小さいほど退職金が安くなりますので、支出額を減らすために1か月の給料を小さくすることとなります。

　1つ目については、すでに法律的な手当ができていて、賞与についても社会保険がかかる（上限額はありますが）ので、今では14分の1というように小さくみせる必要はありません。しかし、2つ目については、会社が自由に決められるものですので、実質的理由が残っています。このこと自体は違法ではないのですが、違法な取扱いがなされている可能性が高いこととして以下の点があります。

加藤　残業代の単価の計算には賞与も入れるのですか。

嘉納　残業代の単価の計算においては、賞与は除いてもよい、つまり賞与は単価計算の際に分子に入れなくてもよいと労働基準法施行規則の中で決まっています。一方、賞与の定義としては、額が変動するものを指すと厚生労働省が通達でいっていますので、14分の1、16分の2として額が決まっている固定賞与については、残業代の単価から除けないことになります。そうすると、本来、賞与は残業代の計算に必ず入れなければならないのが法律的な唯一の帰結のはずであるのに、これを除いている企業がかなり多いので、これは違法と判断される可能性が相当高いと考えています。

加藤　そのあたりを意識していない弁護士が多いように思いますが、大事なところですね。賞与の関係で、重要な判例として意識しておいた方がよいものにはどのようなものがありますか。

嘉納　賞与の中で意識すべきものとして、「支払日に従業員の身分がない場合には、全額不払にできる」というのが基本的な最高裁判所の考え方だということです。これが本当に正義にかなうものかについて、企業側としてはもちろん考えるべきです。

　若い弁護士の方の中には、条文でこう書いてある、最高裁判例がこういっているからということですぐ結論を出す方がたくさんおられます。しかし、我々弁護士は法律家であると同時に、人事労務屋として日々の人事労務という実務を扱うこともなりわいとしていますので、できるだけ紛争を起こさないように事前に考えることを忘れてはいけないわけです。

　その中で、はたして最高裁判例がいっていることの射程が目の前の事件にあてはまるのかについてはよく考えるべきだと思います。また、賞与については、賞与はがんばって働いてくれた過去の事実に報いる面もあるので、たまたま支払日が数か月先で、そのとき会社にいないからといって全額払わなくてよいのかについて、最高裁判所がどういっているかにかかわらず、企業は500年続くという長期的視点から、紛争を予防すべく各企業で考えるべきだと思います。

加藤　予防法務的な観点から会社に助言する意味合いは大変大きいですね。最高裁判例が、限界事例で合法か違法か線引きをした場合であっても、ぎりぎりのところでOKを出すという場合には、紛争発生リスクは高くなる。このことを頭に置いたうえで助言をすることが大事なのですね。これは、労働法務に限らず、一般的にどこまで企業はぎりぎりのことができるかというアドバイスをする場合の必要なスタンスであろうと思います。

嘉納　そのとおりです。繰り返しになりますが、賞与には過去に半年なり1年なり働いてくれたことに対して報いるという側面が必ずあるので、やはり従業員としては、その報いた期間は当然会社にいたわけですから、会社に対し相当のコンペンセーションをもらえないことについて面白くないと思う従業員は必ずいるのです。面白くないということになると紛争が生ずる可能性はありますので、今一度企業としては最高裁判所がいっていることよりもちょっと保守的に考えることが、紛争を避ける意味では大切だと思います。

●従業員への足止め策　デファード賞与

嘉納　発生した全額のうち一部分しか今年に支払わず、残額は来年以後に繰り越す方法がデファード賞与です。デファード賞与について、離職した年の翌年以後の分について支払われないとき、労働基準法24条1項違反の可能性があるという説を私はとっているのですが、相当数の外資系企業がこの制度を採用しています。

　外資系の企業の賞与はときに大きな額です。例えば、1年間でがんばって、賞与だけで1,000万円、2,000万円、3,000万円という会社が多くあります。外資系の企業のかなりは、発生した1,000万円、2,000万円、3,000万円という賞与、ボーナスを全額当期に払うことをしません。全額当期に払うと、もらった後に従業員が辞めてしまう可能性があるからです。そこで、少なからぬ外資系企業が考えるのは、発生した賞与の3分の1だけを今期に払い、残りの3分の2を2つに分けて、来期に3分

の1、再来期に3分の1を払うという方式です。これは、日系企業にはあまりありません。なぜこういった制度を外資系がとるかというと、残りが欲しいのであれば当社に居続けてねという従業員への足止め策となるからです。

日本の労働法ではあからさまに辞めさせないことは法律違反となりますから、辞めさせないのではなくて、辞めないようなインセンティブを与えるということになります。辞めたらその分を払わないということをもって、辞めさせないという目的を達成しています。欧米では当然の制度が、日本の外資系にも持ち込まれたものとなります。

これでずっと居続ける従業員は、単に遅れてもらえるだけなので、労働法上の疑義は少ないわけですが、辞める従業員にとっては、去年の分の3分の2と、一昨年の分の3分の1がもらえないという大打撃をこうむることになります。

加藤 この点について、労働基準法24条違反ということはないのですか。

嘉納 論者によると思いますけれど、私は労働基準法24条違反の可能性があり得るという立場をとっています。なぜならば、労働基準法24条は発生したものは全額払いなさいと書いているのに、未発生の賞与ならいざ知らず、すでに発生している賞与を辞めたという理由で払わないというのは相当に強い疑義を感じています。

加藤 実務はどうなっていますか。

嘉納 多くの外資系企業は大手を振ってこの実務をまかり通しています。その理由の1つは、賞与支払日に会社にいないと払わなくてよいという最高裁判所が昭和57年の大和銀行事件でいっていることを根拠としていますが、私は本当にそのように解釈できるのか疑問に思っています。大和銀行の最高裁判決がいっているのは、未発生の賞与について述べているに過ぎないというのが私の立場です。既発生の賞与について、最高裁判所が同じようにいうのか、私は疑問に思っています。

> **【大和銀行事件・最一小判昭和57・10・7判時1061号118頁〔27613141〕】**
>
> 賞与の支給対象者を支給日に在籍している者とする旨就業規則を改訂したことが、従来の慣行を明文化したにとどまるものであつて合理性を有し有効と認められた事例。

加藤　その点は要チェックですね。ところで、デファード賞与については、税金はどのようにかけられますか。

嘉納　既発生部分にかかると思います。そして、なにが既発生でなにが未発生かというと、3分の2部分について税務署は未発生と考えると思いますが、では労働法上、本当にそういえるか疑問です。

　3,000万円のうち1,000万円についてしか支払わないよと労働者に告げるというのは、労働者には残りの2,000万円がみえていることになります。あなたは3,000万円に法的に承認された権利がありますが、1,000万円しか払いませんというのは、3分の3が発生しないと成り立たない論理だと思うのです。

　そうだとすると、3分の3が発生しているのに、3分の2部分を免れることができるというのは、いくらなんでも企業としてどうなのかというのが私見となります。真実は、足止めのために3,000万円のうち1,000万円しか払いません、というシステムなのですから。これは考え方の違いです。

　ただ、実務は先ほど申し上げたとおり、その部分を免れるということはまかり通っています。その1つの理由は昭和57年の大和銀行事件ですが、実は、より大きな理由があるのです。

加藤　その実務的な理由をぜひ教えてください。

嘉納　外資系企業の従業員は外資系企業を渡り歩くことになりますが、今の雇用主と揉めると、その噂が当然マーケットで伝わります。そもそも外資系企業の労働者は、同じ業種を渡り歩くことが多いために、今の雇用

主と揉めることは、将来自分がその企業を辞めた場合に自分の首を絞める、要するに再就職できなくなる可能性が高くなります。そのため、単に労働者が争いを起こさない、意図的に回避することにより、再就職先の可能性を広げておく方がよいとの労働者の判断が実務を成り立たせる理由の2つ目だと思います。

さらに、3つ目の理由もあります。それは、少なからぬ外資系企業は、誰かを採用するときに、その人が前の企業でもらえていない賞与があることを織り込み済みです。したがって、当社に入ってくれれば、サインオンボーナス（入社ボーナス）を出すという会社が結構あります。これは、前の会社で放棄した賞与を事実上保証するということが、サインオンボーナスという名のもとに頻繁に行われています。ですので、前の会社で3分の2部分、あるいは3分の1部分がもらえなくても、外資系では争いが起きない、事実上補填されるというのが仕組みとなります。

加藤　これは、外資系企業の同種の業種についてみれば、一定の人材のマーケットがあって、そこでは違法にみえるような賞与の支払方ではあるけれども、サインオンボーナスという形で実質的にカバーされている場面があるということですね。

実質的に違法性が薄まっているという説明ができなくもないですね。

嘉納　確かに、業界全体として観察すれば違法性が薄まっているとはいえますね。4つ目の理由は、仮に違法だとしても、払わなかった分（プラス利息）を支払うだけ、というように企業が経済的損失の最大限を推理しているから（リスクの予測可能性があるから）でしょう。

加藤　リーガルな面での評価の仕方としてはそのような説明もありますね。私もよく知りませんでしたので目からウロコが落ちた思いがします。

取締役に対する業績と連動した報酬の支払方についても、こういう仕方で支払う方法もありますね。報酬は、発生したときに税がかけられるので、そのときにもらうと税率が大きくなるので、それを減らすためプールするという手段をとる事例を経験したことがあります。

嘉納　それに敷衍して申し上げると、いくつかの金融系外資系企業は相当グレーなことをしていた慣行がかつてありました。今もその慣行はわずかな企業で残っていると思います。それは、賞与として全額払ってしまうと、相当の税金がかかるので、そのうちの一部だけ賞与名目で払って、残りを退職金として、辞める時までプールしておき、辞める時に退職金名目で払うということが非常に多くの外資系の金融証券保険会社、要するに人様のお金を扱う会社で行われていました。

　その理由は退職金にかかる税金が安いからです。換言するなら賞与の一部を退職金として払うことで、かかる税金を安くし、手取額を増やすというのがかつては非常に多くの企業で行われていましたが、税務署が目をつけて、事実上違法だとして、相当税務署が取り立てたという過去の歴史がありますので、今そうした企業は少ないとは思います。

加藤　なるほど。

2　残業代が支払われない対象としての管理監督者及び高度プロフェッショナル

（1）管理監督者
●多くの例で否定される管理監督者性

加藤　手当として大きなものでは残業代があります。サービス残業、名ばかり管理職の問題などがありますが、企業が直面する問題について、助言をする場合の前提知識として得ておくべきものは、どのようなものがありますか。

嘉納　日本の労働基準法の立て付けとしては、時間外労働、法定週休日の労働と、深夜労働の3つを分けて、労働基準法37条に規定しています。

　よく間違えられがちなのは、労働基準法35条によると、原則として1週間に1日の休日を与えるとなっています（1項）。今の労働基準法32条によると、8時間／日、40時間／週というものです。そうなるとその意味は、8時間×5で40時間になり、仮に7日間のうち5日間が労働日

であれば、7マイナス5というのが休日となります。2日のうち、片方が法定の週休日と呼ばれ、もう1つが所定の週休日と呼ばれます。これらは同じようにみえて全く性質が異なります。

　法定の週休日は、労働基準法35条1項のいうところの、少なくとも1回設けなければならないというもので、多くの会社では日曜日ということになっています（就業規則で定めれば何曜日でもかまいません）。

　もう1つの所定週休日の土曜日というのは35条1項が予定している、法律のぎりぎりの線を超える休日、企業が裁量で設けることができるのが所定の週休日です。多くの企業では土曜日です。

　法定の週休日と、所定の週休日とでなにが違うかというと2つの面で違います。

　法定の週休日に残業をさせるのは、36協定（労働基準法36条）がいうところの、残業させてよい上限は月に45時間、年に360時間というものがありますが、日曜日の残業は、45時間、360時間は外枠で考え、土曜日は内枠で考えます。

　したがって、土曜日に出てこさせて残業させると、45時間、360時間を使うことになりますが、日曜日に残業させると、45時間、360時間は減らないということになります。

　この表裏になっていることですが、土曜日の残業については、25％増しで足りる、日曜日については35％増しで払わなければならないというのが2つ目の違いとなります。

加藤　要するに、バーターになっているということですか。

嘉納　はい。別の言葉でまとめると、日曜日の残業については、会社側からみると、45時間、360時間を減らさない、会社側からみると一見有利だけど35％増しで払わなければならない、土曜日の場合は、45時間、360時間をちょっとずつ食っていくが、25％増しで済むというバーターのものとなります。

　多くの企業で、土曜日に35％増しで払っていますが、法律上はそこまでは不要です。もちろん多めに支払うことは企業の自由です。この点に

ついて、多くの若い弁護士が誤解されていることとなります。

加藤　法制の基本的な立て付けをきちんと理解したうえで助言しなければならないと思います。

　管理監督者性については、名ばかり管理職の問題は、要するに、残業代を管理職であれば払わなくて済むということで、実質的には従業員であるのに、管理職の役職名をつけて残業代を払わなくするという手法で、実際に労基署によって摘発されました。これについてはいかがでしょうか。

嘉納　加藤さんがおっしゃるとおりで、だいぶ昔から名ばかり管理職、つまり、実態は管理職でないのに、名前だけ管理職の地位にする、法律的にいうと、実態は管理監督者でないのに、名前だけ管理監督者とするというのが法律的な表現になりますが、この例はあまりに多く散見されます。

　裁判例の傾向を一言で申し上げますと、かなり企業側に不利に判断されており、管理監督者性は多くの例で否定されています。争われた中で、認められた裁判例は非常に少ない傾向にあるといってよいと思います。

　名ばかり管理職の件で最も有名なのは平成20年1月に東京地裁判決が出た、マクドナルドの店長の管理監督者性が争われた裁判例です。この判決は、マクドナルドの店長は管理監督者ではない、ゆえに残業代を払いなさいと東京地裁が今から10年以上前にいったのです。この論点については相当企業側に厳しい判断となっています。

【日本マクドナルド事件・東京地判平成20・1・28判時1998号149頁〔28140704〕】

一　労働基準法41条2号にいう管理監督者とは、企業経営上の必要から経営者との一体的な立場において同法所定の労働時間等の枠を超えて事業活動することを要請されてもやむをえないものといえるような重要な職務と権限を付与され、また、賃金などの待遇やその勤務態様において他の一般労働者に比べて優

遇措置がとられている者をいう。

二　一掲記の基準に基づき、ハンバーガーなどの飲食物を販売する会社の店舗に勤務する店長からなされた未払の時間外割増賃金・休日割増賃金などの請求につき、同店長が管理監督者に該当するといえるためには、具体的には(1)職務内容、権限及び責任に照らし、労務管理を含め企業全体の事業経営に関する重要事項にどのように関与しているか、(2)その勤務態様が労働時間などに対する規制に馴染まないものであるか否か、(3)給与及び一時金において、管理監督者に相応しい待遇がされているか否かなどの諸点から判断すべきであるところ、同店長は(1)店舗の責任者として、アルバイト従業員の採用やその育成、従業員の勤務シフトの決定など、店舗運営において重要な職責を負ってはいるものの、店長の職務、権限は店舗内の事項に限られ、企業経営上の必要から経営者と一体的な立場において労働基準法の労働時間などの枠を超えて事業活動することを要請されてもやむをえないものといえる重要な職務と権限を付与されているとは認められず、(2)自らのスケジュールを決定する権限を有し、早退や遅刻も上司の許可を得る必要はないなど、形式的には労働時間に裁量があるといえるが、実際には会社の要求する勤務態勢上の必要性から法定労働時間を超える長時間の時間外労働を余儀なくされており、労働時間に関する自由裁量があったとは認められないとともに、店長の行う職務が、特段、労働基準法が規定する労働時間などの規制に馴染まないような内容・性質であるともいえず、(3)店長に次ぐ地位にある者の賃金や同店長の勤務実態などを考慮すると、店長の賃金は管理監督者に対する待遇として十分であるとはいい難いことなどから、同店長は同法41条2号にいう管理監督者に当たらないとして、未払の時間外割増賃金・休日割増賃金等請求が認容された事例。

　厚生労働省の通達をみると、管理監督者性が認められるには3つの要素が必要ということになっています。「権限や責任」が1つ目の要素、2つ目に「権限や責任を全うするような裁量」、3つ目に「管理監督するのに十分な賃金」です。この3つを満たすのは非常に至難の業で、外資系の企業の代理人をしていると、1,000万円を超える年俸の人ですら、

管理監督者ではないと労働基準監督官になぎ倒されてきています。なかなか立証が難しい、勝ちきるのは企業側からすると難しいものです。

なお、管理監督者で注意を要するのは、深夜労働については割増賃金の対象になることです。人間である以上、夜10時以後または午前5時以前に仕事をすると、身体に堪える、というのが背景の考え方なのだろうと思います。

◉労働者概念の違い

加藤 「管理監督者」から話がずれますが、そもそも労働者概念が、労働組合法、労働契約法、労働基準法でそれぞれ違います。労働者概念は相対的なもので、広い狭いがあり、法の趣旨によって定義され、解釈運用されている点は、法科大学院の学生等も戸惑うところです。

嘉納 そのことでわかりやすいのは、プロ野球の選手は、請負や委任といったカテゴリで労働基準法上は労働者ではありません。しかし労働組合法上どうかというと、平成16年に、有名なストライキの事例があります。ヤクルトスワローズの古田選手がストライキが打てる・打とうとしたのは、労働組合法上の労働者といえる、つまり、労働組合法による団体交渉という保護を及ぼすに足りると法が考えているといえるので、労働組合法が適用されるという典型例であります。

加藤 そうですね。

嘉納 平成23年4月12日のINAX事件と新国立劇場事件及び平成24年2月21日のビクター事件の3つの最高裁判決を見ると、団体交渉の保護を及ぼす価値や意味があるのか——団体交渉をしてなにかが変わるのか——という視点に立っているのでしょう。

（2）高度プロフェッショナル
◉厳しい要件が必要である「高度プロフェッショナル」

加藤 高度プロフェッショナルについては残業代を払わなくてもよいということですが、これは年俸の払い方、賃金の考え方にもよるというところ

かと思います。この点についてはいかがでしょうか。

嘉納　高度プロフェッショナルは、実は先ほど申し上げた時間外労働、法定週休日労働、深夜労働のどれもあてはまらない、どれも払わなくてよいという画期的な制度ですが、ここでの対比で管理監督者を述べると、管理監督者は、時間外労働手当はもらえない、法定週休日労働手当はもらえない、深夜労働手当のみはもらえるということになっています。午後10時以降働く場合、午前5時以前に働く場合は、深夜労働手当はどんな管理監督者であっても払われるということはあまり知られていませんが法の立て付けになっています。

【高度プロフェッショナル制度】

平成30年の労働基準法改正により、特定高度専門業務・成果型労働制（高度プロフェッショナル制度）が創設されました。

この高度プロフェッショナル制度は、一定の年収要件を満たし、職務の範囲が明確で高度な職業能力を有する労働者を対象としていますので、かなり限定的な制度であり、会社で一般的に採用されるものではありません。

高度プロフェッショナル制度の対象となる労働者には、労働時間、休憩、休日および深夜割増賃金に関する規定は適用されません。

参考：「こんなときどうするネット　会社の法律Q&A」（第一法規）

しかし、多くの企業は必ずしも払っているわけではありません。管理監督者については、全ての3つについて不払でよいのだと誤解されている企業は多く、深夜労働手当についても払わないという企業も多いです。これが実務上成り立っている背景は、管理監督者はそんなものを会社に請求しないし、不払があっても会社を訴えないであろうという信頼関係のもとの実務で成り立っています。会社側が払わなくても怒って訴えたりしないという信頼関係が実務を支えています。

高プロフェッショナル制度は、深夜労働手当すらも不払でよいというある意味大胆な制度です。

加藤　改正法の施行はいつからでしたでしょうか。

嘉納　2018年6月29日の法案で国会を通り2019年4月から施行されています。

　　　ただ、この具体的な立て付けについては、2019年3月25日に出た労働基準法施行規則及び指針に記されていますが、これは1,075万円を超える給料の人となっていますし、対象業務の範囲も狭く、本人書面同意を必要とし、等々実施するにはかなり厳しい要件がいるのですが、実は、労使委員会を立ち上げなければならないという要件があって、そういうものを立ち上げて、その中で、その労使委員会がその制度を認めたら、初めて会社はこの制度を実施できるという立て付けになっています。

　　　「あの人は1,075万円以上だ」と労使委員会の委員が知ることが嫉妬の対象にならないかは実務的問題です。労使委員会が労働組合に発展していく可能性も絶対にないとまではいえないかもしれません。

加藤　外資系企業において、日本の労働法制も厳格に遵守させるという組合ができたら、いいとこどりができます。その労働組合の顧問になると、弁護士としては安泰かもしれません（笑）。

3 ｜ 労働保険と社会保険

●外国人労働者の加入と実態

加藤　労働保険や社会保険との関係についてはいかがですか。

嘉納　日系の大企業や中規模の企業であれば、きちんと労働者の方を社会保険と労働保険に入れていることが圧倒的だと思いますが、小規模の企業や、零細企業、あるいは外資系企業では規模を問わず、外国人労働者の方々について、労働保険と社会保険に意図的に入れていない、過失で入れていない企業が私の実務経験上、結構多くみられます。

　　　零細企業は、企業負担が大きいということで入れないというのが実質的な理由ですが、義務となっている以上入れるようアドバイスをせざるを得ません。「財政的に辛い」と主張する企業の主張にもちろん寄り添

いはしますが。

　また、外国人の従業員が数年経ったら国に帰るから入りたくないと自分から言い、会社が入れないというケースもしばしばあります。法律的には、原則日本の企業から給料が出ていれば必ず社会保険には入らなければなりませんので、外国人労働者の方本人が希望しても、会社はきちんと入れなければなりません。しかし、これを無視する企業が少なからずありますので、若い弁護士としては、自分の顧問先企業がそうならないようにアドバイスをすべきだと思います。

　日本に居続けられないので年金は掛け捨てになるから払いたくないと言う外国人の方もいますが、それに対する手当として脱退一時金もあります。金額が小さいものなので加入の促進にはならないということでしたが、この脱退一時金を増やすと政府が考えているというニュースが2018年12月にありました。これにより増えるかもしれないとは思います。

●給与に労働保険料や社会保険料を加えると、給与の1.2倍から1.5倍

加藤　労働保険料や社会保険料は結構な額となります。企業側としてはこの負担は大きいでしょうね。

嘉納　企業側からすると、負担としては相当大きいです。それらの中にそれぞれ2つの保険があるので合計4つあります。労災保険、雇用保険、健康保険、厚生年金保険の4つの保険料の企業負担分の合計はかなり高いものになります。企業は、労働者を1人雇うとすると、労働保険と社会保険、その他のいろいろなフリンジベネフィット、それ以外の、例えば労働者が多い会社だと、労働者を管理するバックオフィス（日本語でいうと間接部門の人たちを雇うお金）等が発生しますので、合計で給料の1.2倍から1.5倍、多い場合は2.0倍ぐらい負担しなければならなくなります。そのため、労働者側につく弁護士には、企業側が払うのは1.0しかみえていないと思いますが、1.0だけではなく1.0の背後にそれと同じくらいの負担をしなければならない可能性があるという実態があることをぜひおわかりいただきたいと思います。

加藤　その中には労働保険や社会保険以外のものもありますよね。
嘉納　はい。労働保険や社会保険以外の退職金制度もあり、その積立金のほか、通勤手当、住宅手当等々、あるいは社屋の蛍光灯代金、水道光熱費、従業員の教育訓練指導にかかるお金、あるいはコンピューターのリース料、携帯リース料、間接部門の人件費といった隠れた費用の負担があるということです。

4 賃金の基本的な考え方

(1) 賃金の金額決定の仕組み

加藤　ここで、賃金そのものの基本的な考え方、賃金額を決定する仕組みを押さえて、賃金問題について深い理解を得ておきたいと思います。この点についてはいかがでしょうか。

嘉納　企業側からしますと、ある労働者を雇ったときに、その労働者の賃金をいくらにするかについては、総合勘案ということになります。学歴、職歴、年齢、家族構成、労働者の過去の実績、将来のポテンシャルという実にありとあらゆることを総合的に勘案して決めるわけですが、労働法上は、企業と労働者の合意ということになっています。会社が一体いくらの額でオファーするかは経営判断です。労働者がそれに合意すれば成立し、合意しなければ不成立かネゴシエーションに入るというのが理念的な考え方になります。

　会社が一体いくらでオファーするかについては、基本的には2つの考えが根底にあります。

　1つ目の軸としては、利益分配方式による賃金の決め方か、必要経費方式による決め方かという軸があり、2つ目の軸としては、職務型の給与なのか、企業就職型の職務遂行能力給かという軸があります。多くの企業がその2つを用いながら適切な賃金を決めるのだと思います。

● **「利益分配方式」なのか、「必要経費方式」なのか**

加藤　利益分配方式か必要経費方式かという対立軸があるということですが、これらはどのような考え方なのでしょうか。

嘉納　利益分配方式は、多くの外資系企業が強い根拠としている考え方ですが、簡単にいうと、たくさん貢献したらたくさんもらえ、少しの貢献なら少しだけというように、労働者による企業への貢献を重視しています。どれだけ企業に貢献したか、貢献の度合によって企業がどれだけ利益を得たかに応じて、その利益を配分するという考え方です。たくさん貢献して企業にたくさん利益を得させた者にはたくさんの給料が出て、少ない貢献の場合は少ない金額になるというのが基本的な考え方です。

加藤　必要経費方式はどういった考え方ですか。

嘉納　必要経費方式は、日系企業の大企業、中小企業の多くで強い基礎となっている考え方です。労働者が、会社に入って定年までいることを前提にすることが多いのですが、人生のいろいろなステージ、例えば、婚姻したり、子どもをもうけたり、その子どもが中学校、高等学校、大学に入ったりするステージにおいてお金がかかることを頭に入れながら、企業がそれぞれの労働者の年齢や経験年数をみながら給与を決める方式です。個々人の生活にいったいいくらかかるのかということに重きを置いて給料を決めていく方式となります。

加藤　業種業態によって、どちらかに整合的だということがありますか。例えば、メーカーですと、新卒でもサービス業・金融業と比べて給与が高くないようですが、これは、必要経費方式に傾斜する考え方であるということがいえますか。

嘉納　そうですね。特需ということでもない限り、それほど売上が増減することがないとすると、基本給だとメーカーの場合は確かに必要経費方式に傾くということがいえると思います。

　　　ただ、私が驚いたのは、ある外資系の企業で、4,000万円くらいの給料で外国人の方がやっているトレーディングの仕事について、日系の銀行の関連会社で同様の仕事をやっている場合、同じ仕事でも、日系企業

だと給料が数百万円しかないということが実際にあります。給与の差が、外資系と日系を比べると大きく出るかもしれません。

　大きな日系企業だと定年まで企業にいることが前提となっているばかりか、たまたまその部に配属され、3年後に別の部に配属されたり、3年前は別の部にいたりということがあるように、企業の適材適所という関係からたまたまその部署にいるという場合がありますので、外資系と比べて小さい額の給料だということがあり、愕然としたことがあります。

　確かに「利益分配方式」はわかりやすく、貢献度に応じた分配方法ゆえ一見、公平でしょう。もっとも、業績を上げることができなくなった労働者は低い額しかもらえないので、恐怖です。

　また、巨額の取引を何本も成立させている等の理由で数千万円、数億円の給料も夢ではありませんが、「稼ぐ自分が偉い。みんな自分のおかげで食べていけている」と錯覚する方々もおられるかもしれません。

加藤　確かにそうですね。

嘉納　翻って、よくよく考えれば、自分の力だけでやり切れる仕事なんてあまり存在しません。高橋伸夫教授も『虚妄の成果主義　日本型年功制復活のススメ』日経BP（2004年）で言っているとおり、コピーをとってくれたり、書類の束をきれいに整理してくれたり、お客さんにコーヒーを持ってきてくれたり、会議後にホワイトボードを真白にふいてくれたり、机の横のくず入れを空にしてくれたり、切れかけた蛍光灯を取り替えてくれたり、郵便物を投函してくれたり、外出中にかかってきた電話をとってくれたり、飲み会の設定をしてくれたり……要するに助けてくれる同僚が周りにいるおかげで、初めて創造的かつ付加価値の高い仕事に集中できてきたという現実が見過ごされないようにしなければいけません。

加藤　他の従業員との平等を図るという観点もあるでしょうね。また、他部門に移ったときには給料を上げてということで、全体としては釣り合いがとれる仕組みになっているともいえますか。

嘉納　おっしゃるとおりだと思います。大企業の場合、いったん入ったら定年か、52歳くらいになると肩たたきがあって子会社へ出向ということもありますが、そのときまでは会社が面倒をみてくれることになります。出向になった後、お給料は60％くらいに下がりますが、しかし65歳までは雇用が保証されます。これがなにを意味するかというと、ある仕事をやるために会社に入るのではなく、会社に入った後になって、どんな仕事をするかが内部配置転換で決まる、そしてそれが企業グループの観点からあてはまる、というのが企業就職型、もっといえば、「企業グループ就職型」です。

● 「職務型」の給与体系なのか、「企業就職型」の給与体系なのか

加藤　概念を整理してから進めたいと思います。職務型か企業就職型かという点について、まずは職務型について説明ください。

嘉納　職務型では、ある仕事が目の前にあり、やる人を後から決めるという整理の仕方となります。その仕事にいくら払うかとして給料の値がつきます。したがって、仕事が変われば給料も変わるのが当然のことになります。その仕事だからその額がもらえるのであって、その仕事でなければその額はもらえないというのが外資系企業の基本的な考え方となります。

　　したがって、職務型における給与たる「職務給」制度は、担当する職務に応じた給与制度ということです（渡辺弘『労働関係訴訟　リーガル・プログレッシブ・シリーズ9』青林書院（2010年）151頁）。職務の難易度や責任度合、企業への貢献度などに応じて職務ごとに賃金を決めていくわけです。この職務給の一内容として、「職務等級制」がございます。これは、企業内の職務を職務価値に応じて等級に分類する制度です。職務等級制は、成果主義に親和的といってよいでしょう。

　　職務等級制の基本的な考え方からしますと、成果主義的な背景から、等級間での昇格と降格が、成果主義的な人事評価に基づいて行われることが予定されています。ゆえに、雇用契約や就業規則の中で規程があれ

ば、降格が人事権の行使として不可能ではない、というのが原則的な結論です。人事評価が原則として企業の裁量に委ねられる以上、降格は、企業の裁量に委ねられるというのが原則です（佐々木宗啓ほか『類型別労働関係訴訟の実務』青林書院（2017年）61頁、渡辺弘『リーガルプログレッシブシリーズ　労働関係訴訟』青林書院（2010年）152～153頁）。

　この場合、どのような仕事をするか採用の際のジョブディスクリプションの中で細かく決まっていることがほとんどで、その仕事を極めれば極めるほどにスペシャリティが上がるため、給料が高くなるという考え方となります。これが欧米で多い職務型となります。

加藤　従業員の能力については、学歴で判別し、学士なのか修士なのか博士なのかではっきり扱いが違うのもこの考え方ですね。

　それに対して企業就職型は、どのような概念でしょうか。

嘉納　これは会社の役に立つかどうかという一般的な職務遂行能力を基本にした考え方です。日系の大企業、中企業で多い考え方ですが、会社に就職し、その会社の中でいろいろな部署に入って上にのぼっていくというのが前提の考え方です。まず人があって、その人に後からポジションをあてがうということになります。年次が上がるとともにいろいろな部門を経験し管理職になることになります。

　年功に応じて技能と経験が蓄積していく、という建前です。このため、年功に従い段階的に職務能力資格が上昇していきます。これに伴い、賃金が増えていくという仕組みです。このような職務能力給制度は、年功序列の考え方に親和的といってよいでしょう。

　ゆえに、どちらかというと、スペシャリストというよりジェネラリストを育てる、いわば広く浅くどんな仕事もやらせてみて、一定程度の職務遂行能力があることがわかれば管理職にするという、会社としてその人の人生を丸抱えとする制度というのが、職務遂行能力型ということになります。企業における職務遂行能力をランクごとに序列化する「職務遂行能力資格制度」を背景にしています。要するに「職務遂行能力」というのは、企業というコミュニティの中での技能・経験の積み重ねです。

加藤　新卒で一括採用して、企業の中で育成して、職務ローテーションでいろいろなことを経験させ、だんだん力をつけさせ、給料も年功で上げていく形態ですから、日本の多くの会社がこれにあてはまりますね。

そうしたこともあって、賃金減額が厳しいことと表裏になっているともいえそうですね。

嘉納　そうですね。職務遂行能力が一定程度あるということであり、ある程度の仕事ができる普遍的能力があるということですので、そうした能力がある人について、いったん得た職務遂行能力を下に下げるような降格及び減額は難しいというのが裁判官の考えなのだろうと理解しています（佐々木宗啓ほか『類型別　労働関係訴訟の実務』青木書院（2017年）61頁）。

加藤　年功に従って給料が上がり続ける公務員の場合は、定年延長する際にはきちんと減額するか法整備しなければならないことになっています。民間では、例えば金融機関では、嘉納さんが先ほど言われたように、50歳半ばを目途に中に残る人、関連会社に出る人に分けるということでしたから、そこがいわば給与の天井になるように思います。平均寿命がそう長くなく、定年も50代、60歳ならば十分働いた方だというのが、我々の子ども時代の頃の考え方でした。これに対して、現在の金融機関のように一部職務型を取り込むということは、全体の給与管理・人件費管理・企業の収益をどのくらいにするかということの見合いということになるのでしょうか。

嘉納　そうですね。日本では定年延長が叫ばれており、2019年5月15日の新聞報道によると政府は70歳定年を見据えています。ゆくゆくは法律化されてしまうと思いますが、企業側からすると、定年延長というのはお金の持ち出しが増えますので相当恐怖となります。

また、役職定年というものを多くの企業でもっています。いったんは52歳くらいでの事実上の肩たたきがあると思いますが、加藤さんがおっしゃるとおり、総額としての人件費が、もしこのまま増え続けてしまうとしたら、組織体として企業がつぶれてしまうということを考えると、

管理職であることを外す、平の社員に移す、あるいは肩たたきをして子会社へ出向させるということにより、企業の人件費の負担を少しでも軽くしようと、企業、特に金融機関は考えているのではないかと思います。

加藤　大企業で関連会社が多いところであればそうした方法も可能でしょう。しかし、そうでない企業では、これからは給与管理、賃金管理の難しい時代に入ってきているということでしょうか。

◉70歳定年制時代に向けて

嘉納　そうですね。これから、70歳定年を見据えて給与管理をしなければならないということになりますと、採用時の給与から、将来を見据えた賃金制度を検討し始めなければならないと思います。特に、給料は年金も絡みますので、年金とセットで考えるべきことになります。人生100年時代といわれるが如く平均寿命が延びていますので、辞めた後の年金の負担というものも考えながら、入社時1年生から定年までの労働者に適用される賃金制度の改正について、弁護士としては的確な助言をしていくべきときにきていると思います。

加藤　70歳定年に対して、年金支給年齢を後にもってくるための方法ではないかという見方、あるいは、そうした面もあるけれど高齢社会であり少子化で働き手が少なくなっているので支給年齢を伸ばすのだという見方もあります。そうしたものがないまぜになって政策として打ち出されることになると思いますが、いずれにしても、長く企業が従業員を抱えなければならないことのインパクトはかなり大きく、それに対応するような抜本的な見直し、見方をしていく時期がくるだろうということですね。

嘉納　そうです。生産年齢人口が減っていることからすると、おそらく職務遂行能力給から、職務給に大きくシフトしていくのではないかと私は中期的にはみています。その職務給へのシフトの中で、年金は厚生年金保険法のもとで国が払う方法のほか、会社が退職金として積み立てているものを払う方法もありますので、こうした方法についての中期的な改正、あるいは賞与制度の改正、さらには、日系の大企業にあるいろいろ

な名前の手当の簡素化、そして、新入社員の給与額等の全方面での見直しということも含め、総合的に考えることとなるかと思います。

加藤　仕事の質の変化と労働者に求められているものについては何か変化があるのでしょうか。

嘉納　はい。出典について記憶が定かでなく誠に申し訳ないのですが、次のような対比を読んだことがあります。1990年代までは、消費者が企業に求める物・役務（サービス）は、種類については決して多種多様ではなく、ある程度、平均化していました。数や量については大量の消費がなされた時代です。少ない種類の物・役務が大量に消費されたこの時代においては、このような物・役務を大量に生産提供することが企業に求められていました。この目的のためには、労働者の個性や創造性は重視されなかったといってよいでしょう。そこでは、むしろ、労働者の従順さ、粘り強さ、勤勉さ、画一性と同質性を基礎にした同僚との協調性こそが鍵であったわけです。労働者は同一企業で働き続け、その物・役務に必要とされる知識技術を当該企業の中で長期の教育訓練指導を経て磨き、かつ当該企業の中でそれを役に立たせることを前提としていました。それゆえに、転職の可能性も大きくなかったわけです。企業としても、「家族を含めてお前の生活の面倒を、企業は、定年まできちんとみてやる。だから、代わりに企業のいうことを聞け」という前提で、広範な人事権（長時間労働や地方転勤を含めて）を、労働者の文句を抑えて、実現させていったのでした。労働者も、「家族を含めて私の面倒を定年まできちんとみてくれるなら、いうことを聞きましょう」ということで、長時間労働や地方転勤を含めて広範な人事権に服することを、文句を言わずに、受け容れていたのです（加えて、長期雇用への期待を背景に、少なくとも1970年代まで（1990年代よりは少し前ですが）は、政府の失業給付や生活保護の制度が整備されていませんでした）。

加藤　その転換時期はどのあたりに求められるのでしょうか。

嘉納　2008年9月15日のリーマンショックを経た後の現在の雇用状況は、解雇権濫用法理が判例上確立した1970年代及びこれがあてはまってきた

1990年代と比べ、かなり変化してきています。人口減少により労働力はむしろ不足気味になり、かつ、非典型の労働者が急増しているのは申し上げるまでもありません（失業給付や生活保護の制度が相当程度に充実した形で整備されています）。そして、消費者が求める物・役務は多様化しています。そのような物・役務のためには、概して、ひらめき、想像力、臨機応変さ等々の知恵を駆使した創意工夫により高い付加価値を生み出す仕事をすることこそが労働者に求められています。労働者の労働内容として、単純で機械的で定型的なもの（法律家の世界ではリーガルリサーチなど）はITが速く正確にやってくれるので、減っています。付加価値の高い仕事を要求されるこのような時代においては、必要とされる知識技術を、同一企業の中で長期間をかけて磨く必要は必ずしもありません。なぜなら、ひらめき、想像力、臨機応変さ等々は、長期の教育訓練指導とはそれほど関係ないからです。このため、必然的に、長期雇用と年功賃金の慣行はかなり崩れていっているといってよいでしょう。この時代、転職して賃金増額や知識技術を磨くことが、労働者１人ひとりの将来設計としても普通のことになっているのです。

　以上、出典を忘れてしまって申し訳ないのですが、私が感心した対比です。

（２）年功序列

加藤　年功序列は今の時代には即さない制度だと考えておられますか。

嘉納　そうは言われていますが、絶対にだめな制度だと本当に言い切れるのか、疑問です。第１に、企業へ帰属する意識が高まります。前に述べたように、日系企業の多くは、法形式はいざ知らず、実態としてみると、企業というコミュニティに会員として入るというメンバーシップ制度です。そこでは、従業員間の連帯感及び結束も必要でしょう。同期のつながりとか、先輩後輩のつながりとかを含みます。このため、企業への帰属意識は重要です。しかも、転職による離職率はそれほどは高くなく、かつ、ずっといることを前提にしますので、長期的な視点からの社内教

育制度が成り立ちやすいというメリットがあります。

加藤　年功序列のデメリットはなんでしょうか。

嘉納　意欲に欠ける従業員が出てきたり、給与が高いにもかかわらず仕事をしない従業員がいたり……。実力があってもすぐには上に行けないので、勤労意欲が低下する若手が出てきて、離職してしまうかもしれません。このような年功序列では、職務能力給制度ですから人件費も上がるかもしれません。

加藤　なるほど。

嘉納　ついでに申せば、大企業に入るメリットは第6．労務管理で述べることとして、大企業に入るデメリットをここでお話しますと、企業というコミュニティに会員として入るというメンバーシップ制度が、非常に強く支配しているため、人間関係に苦労するということはあり得るかもしれません。他に申し上げるなら、希望する仕事に配属されなかったり、転勤があったり、なかなか上に行けなかったり、ということでしょうか。

　　　秋山進さんが「大企業に勤めることがやっぱり「イケてない」5つの理由」（ダイヤモンド・オンライン）というウェブ論稿で言っていますが、大企業の中にある仕事の多くが部分最適のための不毛な仕事の可能性があり、また企業での出世が人としての価値を決めるという刷り込みがなされる可能性がある、という点もありましょう。

5 | 同一労働同一賃金

●欧米における同一労働同一賃金の根拠

加藤　同一労働同一賃金の原則という労働法制の基本があり、我々もそれを前提として考えています。そもそもこの原則がどこから生まれ、どのような歴史をたどって現在に至っているかを押さえてみたいと思います。同一労働同一賃金についてはいかがでしょうか。

嘉納　荒木尚志教授が2018年1月19日に東京弁護士会労働法制特別委員会で

してくださったご講演によりますと、これは、欧州において、基本的に男女差別を撤廃するというところから出てきた考え方になっています。20世紀においては、女性の賃金が男性の賃金より低かったことに対するアンチテーゼとして生まれてきた考え方、すなわち、人権に基づく差別禁止規制ということです。その一歩手前に、なぜこの考え方が出てきたかというと、職務給だからという考えがあります。「なぜ同じ仕事なのに性別で差があるのか」というのが当たり前の怒りとして出てきたのが原点となっています。したがって、同一労働同一賃金というのは、歴史的にみれば、人権に基づく男女差別禁止だったわけです。

日本では、一億総活躍国民会議に提出された2016年2月23日の「同一労働同一賃金の推進について」では、「人権に基づく差別禁止」のアプローチをとっていました。

ところが、2016年12月20日の「同一労働同一賃金ガイドライン案」では労働契約法20条やパートタイム労働者法新8条の「政策的な格差是正」のアプローチに転換され、さらに、2017年3月28日の「働き方改革実行計画」でも、「政策的な格差是正」のアプローチとなっています。

ところで、関連することですが、荒木尚志教授のご説明によりますと、日本では、まずは短時間労働者に関して、2007年パートタイム労働者法で、職務内容と人材活用仕組みと契約期間が同一なら差別禁止、という旧8条ができました。これは、「人権に基づく差別禁止」の性格をもちます。

加藤 そのような要件を満たすパートタイム労働者はどの程度の割合を占めていたのですか。

嘉納 この要件を満たすパートタイム労働者はわずかに1.3%しかおらず、実効性を欠いていました。

この反省を踏まえ、有期労働契約については、2012年労働契約法で、不合理な格差を禁止するという「政策的な格差是正」のアプローチをとりました。職務内容と人材活用仕組みは法律効果を発生させる法律要件ではなく、不合理性判断の要素にとどまる位置付けです。

2012年労働契約法が「政策的な格差是正」のアプローチをとったことを受けて、2014年のパートタイム労働者法改正では、同じく「政策的な格差是正」のアプローチがとられております。新8条では、職務内容と人材活用の仕組みは法律効果を発生させる法律要件ではなく、不合理性判断の要素にとどまる位置付けです。この新8条は、2020年から施行される短時間・有期雇用労働者法でも基本的に維持されています。

　もっとも、パートタイム労働者法旧8条は、消えてしまったわけではありません。新9条として維持されているのです。この新9条も、2020年から施行される法律で基本的に維持されています。

　これは、「人権に基づく差別禁止」と「政策的な格差是正」の併存ということです。

　労働契約法には、「政策的な格差是正」はあるのですが（20条）、「人権に基づく差別禁止」が欠けているのです。この欠けているところを埋めるべし、というのが長澤運輸事件・東京地判平成28・5・13といえましょう。以上が、私が伺った荒木教授のご講演の要旨です。

【長澤運輸事件・東京地判平成28・5・13民集72巻2号244頁〔28241762〕】

一　労働契約法20条の「期間の定めがあることにより」という文言は、当該有期契約労働者と無期契約労働者との間の労働条件の相違が、期間の定めの有無に関連して生じたものであることを要するという趣旨であると解するのが相当であるが、他方において、このことを超えて、同条の適用範囲について、使用者が期間の定めの有無を理由として労働条件の相違を設けた場合に限定して解すべき根拠は乏しいとされた事例。

二　労働契約法20条は、有期契約労働者と無期契約労働者との間の労働条件の相違が不合理なものと認められるか否かについて、〈1〉職務の内容、〈2〉当該職務の内容及び配置の変更の範囲を明示していることに照らせば、同条がこれらを特に重要な考慮要素と位置づけていること、また、短時間労働者の雇用管理の改善等に関する法律9条が、短時間労働者については、上記〈1〉

及び〈2〉が通常の労働者と同一である限り、その他の事情を考慮することなく、賃金を含む待遇について差別的取扱いを禁止していることにかんがみると、有期契約労働者の職務の内容並びに当該職務の内容及び配置の変更の範囲が無期契約労働者と同一であるにもかかわらず、賃金の額について、有期契約労働者と無期契約労働者との間に相違を設けることは、その相違の程度にかかわらず、これを正当と解すべき特段の事情がない限り、不合理であるとの評価を免れないとされた事例。

三　一掲記の判断に基づき、輸送事業を営む会社で撒車の乗務員として勤務し、定年退職後も同会社との間で有期労働契約を締結し、嘱託社員として再雇用された労働者らが、前記会社の正社員との間に存在する賃金に関する労働条件の相違が労働契約法20条に違反するとしてなした、正社員に適用される就業規則等の適用を受ける労働契約上の地位確認及び賃金支払を求める訴訟において、前記嘱託社員と前記正社員との間には、賃金の定めについて、その地位の区別に基づく定型的な労働条件の相違があることが認められるから、前記労働条件の相違が期間の定めの有無に関連して生じたものであることは明らかであるとされた事例。

四　二掲記の判断に基づき、三掲記の労働者らの職務の内容及び当該職務の内容及び配置の変更の範囲は、三掲記の正社員と同一であると認められることなどから、三掲記の労働条件の相違は、正当と解すべき特段の事情がない限り不合理なものとの評価を免れないが、前記特段の事情は認められず、前記労働条件の相違は、労働者の職務の内容、当該職務の内容及び配置の変更の範囲その他の事情に照らして不合理なものであり、労働契約法20条に違反することになり、同条は民事的効力を有する規定であると解されるから、嘱託社員の労働条件のうち無効である賃金の定めに関する部分については、対応する正社員就業規則その他の規定が適用されることになるものと解するのが相当であるとして、三掲記の地位確認請求と賃金支払請求が認容された事例。

加藤　同一労働同一賃金の実質的根拠としては、職務給であるとすると、一定能力の者が一定成果を上げる対価である、それを行う人が男性であれ

女性であれ、同じ賃金が払われるべきであるといういわゆる平等保障、差別禁止ということが原点である。そこからスタートしているということですね。

嘉納　ところが、日本の実務は必ずしも職務給でなかったというのは申し上げたとおりです。職務遂行能力給でしたので、同一労働同一賃金がなじむのかという問題があります（大内伸哉・川口大司『法と経済で読みとく雇用の世界　これからの雇用政策を考える〈新版〉』有斐閣（2014年）。私自身は、職務給でない日本になじむかはわかっていませんが、安倍政権は強力に推し進めようとしており、2016年12月20日に、同一労働同一賃金ガイドライン案が出されており、その方向を目指すとされています（2018年12月28日には、正式なガイドラインが出ています）。加えて、非正規労働者を一掃するとも安倍政権は言っており、推し進めようとしています。実際に、2018年6月29日に国会を通った改正法によると、その考え方がにじみ出ているといってよいと思います。

【同一労働同一賃金ガイドライン】

短時間・有期雇用労働者及び派遣労働者に対する不合理な待遇の禁止等に関する指針
https://www.mhlw.go.jp/content/11650000/000469932.pdf

●不合理な格差を禁止するという「政策的格差是正」と人権に基づく差別禁止

加藤　これは政策的に、格差を是正するということが色濃く出ているということでしょうか。

嘉納　そうですね。2018年6月29日に国会を通った法律は、脱時間給制度であり、大企業では2020年から施行予定です。中小企業では2021年からです。

　これは、パートタイム労働者プラス契約社員を射程範囲に据える法律

となっています。これには、不合理な待遇を禁止する8条という条文があります。簡単にいうと、職務の内容と、職務内容及び配置の変更の範囲、その他の事情を考慮して不合理と認められる相違を設けてはならないという条文に変わっています。

　この点について、今までのパートタイム労働者法の8条にも同趣旨の条文があったのですが、パート社員に契約社員を付け加えたふうになっています。契約社員については、労働契約法20条というところで同趣旨の条文がありましたが、パートタイムと契約社員と併せて1つの条文として補足するようにしたのが新しい条文となっています。「均衡待遇」と呼ばれ、待遇差はあってもよいがバランスの取れたものに限るという趣旨です。

　同時に、差別禁止については、同法9条で出ているわけですが、「均衡待遇」と呼ばれます。我々企業側に立つ実務家から考えると、非常につらい戦いを強いられることになるかもしれません。この8条と9条が掲げているファクターとしては、まず、先ほど申し上げたように、「職務の内容」というのが挙がっています。2つ目のファクターとして「職務の内容及び配置の変更の範囲」が挙がっています。パートタイム労働者については、職務が正社員と違いがあることが多いですが、契約社員の場合は同じことをやっていることが多いので、両者の違いの立証を会社が尽くすのは難しいということが今後の実務上の問題になると思います。

加藤　そうしたとこをを前提として、これから企業は、どのように対応していくことになるのでしょうか。

嘉納　これらの違いについて、企業側が違いを主張するために、これから企業側はいろいろと考えていくのだろうと思います。職務の内容、職務の内容及び配置の変更が、正社員と契約社員、あるいは正社員とパート社員とで全く異なることを、企業が自分の身を守るために差異を設けるとすると、パート社員はずっとパート社員、正社員はずっと正社員のままとして、正社員が行う業務に触れる機会を一生与えないようにもってい

くことを考える企業が出てこないとも限りません。これは、同一労働同一賃金で労働者を救う方向にせっかく踏み出したのに、巡り巡って労働者の首を絞めることになりかねないと思います。

加藤 同一労働同一賃金は美しい理念ですし、非正規雇用を正規雇用に誘導するような趣旨の解説がされる場合もありますが、そう簡単ではないということですね。

嘉納 2016年12月20日のガイドライン案でも、そして2018年12月28日のガイドライン（正式には「短時間・有期雇用労働者及び派遣労働者に対する不合理な待遇の禁止等に関する指針」）でも、非正規社員を一掃しようということを高らかに訴えていますので、我々企業側としては、これはある意味大きな影響を予想すべきところです。

　先にお話ししたことですが、日本の労働法の2つの足かせである「解雇ができない」「賃金を減らせない」ことに対し企業が考えてきた自己救済策として、非正規の人を雇い、非正規社員を調整弁とする方法が長い間ありました。しかし、非正規社員を置くことに対する企業への批判、非難が非常に強くなっており、かつ、同一労働同一賃金へ実質的にシフトしてしまうということになると、企業はなにもできなくなる可能性がありますので、企業としては、中期的にみて相当きつい選択を迫られることになると思います。

加藤 非正規社員を置く企業への批判は一部に強いものがありますね。

嘉納 非正規社員を置いている企業への批判がなぜ強くなっているかといえば、やはり企業側が安易に非正規社員を調整弁としすぎたためだと思います。読者の方も記憶されていると思いますが、非正規村、派遣村という言葉が数年前にはあり、非正規社員の典型の1つである派遣社員が十分に報われていない、苦しい思いをされていたわけですが、企業側としては、非正規の人たちにしわ寄せを与えることで正社員を守ってきていたということがありました。しかし今後は、非正規社員を頼ることができなくなるため、労働法制の転換期を迎えることになるかと思います。

加藤 大学の事務課にも非正規職員はおられます。一定年限を過ぎると正規

職員にしなければならず、これを回避するためには一定年限の前に仕事を変えなければなりません。ベテランの派遣職員で、学生対応も手馴れていて、これまでのこともよく知っており、教授との関係も良好である方が、別の仕事に移られることがありました。教員の間でも、それはいかがなものかという意見はありましたが、法人経営の観点からやむを得ないこととして、事務課の効率化についても全員でカバーしましょうと対応したことがありました。企業では、コスト意識も敏感でしょうから、より拡大した形で生じているでしょうし、これからも生じることになりそうですね。

嘉納 加藤さんのお話のとおりだと思います。その思考回路をさらに進めますと、解雇が難しいというところに帰着します。解雇が難しくて定年まで雇わなければならない法制ですので、正社員は保護される、ゆえに非正規へしわ寄せを与えてきたわけですが、非正規へのしわ寄せが難しくなると、解雇法制それ自体をどのように考えるかについて、改めて検討することが不可避なのではないかと思います。付言しますが、解雇法制を緩やかな方向で変えるべきではないというのが私見ではあります。

加藤 この点について法的紛争が起きるとなると、司法判断としては、労働法の趣旨目的からこう解すべきだと、個別の事件で判断されることになります。例えば、定年退職後に再雇用された者に対しての賃金が、全く同一の業務を行っていた場合は、同一労働同一賃金が適用されるべきではないかが争われたものとして、先にも話題に上った長澤運輸事件があります。この最高裁判例も出ていますから、嘉納さんの見解をお伺いしたいと思います。

嘉納 平成30年6月1日の最高裁判例ですが、これは、退職後の賃金総額は退職時の79％が確保されていた事件です。最高裁判所は基本的には合法であり、労働契約法20条に一部違反をしているものの、大部分では違反しないと判断しています。定年退職前と定年退職後で、全く異なるようなこともあり得、差異についても不合理とまではいえないといったのがこの判決です。

> 【長澤運輸事件・最二小判平成30・6・1民集72巻2号202頁〔28262467〕】
>
> 1　有期契約労働者が定年退職後に再雇用された者であることは、労働契約法20条にいう「その他の事情」として考慮されることとなる事情に当たる。
> 2　有期契約労働者と無期契約労働者との個々の賃金項目に係る労働条件の相違が不合理と認められるものであるか否かについての判断の方法。
> 3　無期契約労働者に対して能率給及び職務給を支給する一方で有期契約労働者に対して能率給及び職務給を支給せずに歩合給を支給するという労働条件の相違が、労働契約法20条にいう不合理と認められるものに当たらないとされた事例。

加藤　労働契約法20条は期間の定めがあることによる不合理な労働条件の禁止ですから、合理的か不合理かという判断枠組みで考えていく、21％減であれば、定年退職後である事情を考慮しても不合理とは認められないと判断したようです。21％減ならよいが50％減ならどうかということになると、これは不合理だと評価される余地はあると読むべきなのか。そう読むのは難しいということになるのでしょうか。

嘉納　難しいですね。おそらく60％くらいならまだ不合理ではないといわれるかもしれませんが、では50％を切った場合に、簡単にいえば人間の価値が半分といわれているようなものですので、そこまで下がって不合理ではないと最高裁が言い切るのか、私には疑問です。だからといって50％がメルクマールだと胸をはって私がいえるわけでもありません。1つの目安になるかもしれませんが。

●「手当」の趣旨がなんだったのか、企業がきちんと説明できるように

加藤　司法判断としては、その他の最高裁判例もありますね。

嘉納　ハマキョウレックス事件も同日に出ています。両方に共通するのは、個々の手当の趣旨に着目して、その趣旨があてはまるかどうかを最高裁

判所が判断しているというところです。

> 【ハマキョウレックス事件・最二小判平成30・6・1民集72巻2号88頁〔28262465〕】
> 1　有期契約労働者と無期契約労働者との労働条件の相違が労働契約法20条に違反する場合における当該有期契約労働者の労働条件。
> 2　労働契約法20条にいう「期間の定めがあることにより」の意義。
> 3　労働契約法20条にいう「不合理と認められるもの」の意義。
> 4　乗務員のうち無期契約労働者に対して皆勤手当を支給する一方で有期契約労働者に対してこれを支給しないという労働条件の相違は、労働契約法20条にいう不合理と認められるものに当たるとされた事例。

　企業としては、自分の企業にあるそれぞれの手当の制度趣旨がなんであったかを説明できるようにしておく、説明できない場合は中期を見越して廃止しておくのが大事なことかと思います。実務的に重要なのは、大企業の中には、いろいろな手当がある企業があり、その中には50年以上前に手当ができており趣旨がなにかもわからないというものがあり、その趣旨の立証に苦労するものがあります。そういった手当については、非正規社員にも及ぼさなければならなくなる可能性が高いので、中期的に廃止する方向で考えていただくことになるのではないかと思います。

6　年金

●企業年金（上乗せ年金）

加藤　年金の基本的な設計について教えてください。

嘉納　そもそも年金制度の基本的な設計は2つあります。「積立方式」と「賦課方式」です。積立方式とは、今、自分が払っている保険料が将来の自分のために利用されるという仕組みです。つまり、「将来の自分のための貯金」のイメージです。これは公平でとてもよい制度なのです

が、現在の日本の公的年金は、積立方式を採用していません。賦課方式です。これは、今、自分が払っている保険料が現在の高齢者のために利用されるという仕組みです。ゆえに、将来、高齢になって自分がもらうのは、将来の若者の保険料を原資にしたお金、ということになります。「親への仕送」のイメージです。

加藤　日本はいずれなのでしょうか。

嘉納　『NHK 人間講座　生涯現役社会をめざして』NHK出版（2003年）の61頁以後で清家篤先生がおっしゃっておられますが、日本の公的年金制度はもともと積立方式を基礎としていました。しかし、この方式ですと、制度発足からしばらくの間は、十分な積立をする人は存在し得ません。制度発足時においてすでに高齢だった方は、積立期間が短く、小さい額しか受け取ることができないわけです。これでは年金制度への理解を得ること自体が難しくなってしまいます。

　このため、厚生年金は、1954年の改訂、及び1973年の改定を経て、賦課方式の性格をもつことになります。戦後の復興期を苦労して生き抜いて、日本を高度成長期に導いた世代に対して、積立がたとえ不十分であってもしっかりとした年金を給付しようという政治的・社会的合意があったということになりましょう。人口増加及び賃金上昇が相当にある間は、賦課方式は魅力です。

加藤　少子高齢化の現在、賦課方式はなじむのですか。

嘉納　少子高齢化の時代、賃金上昇も低いことも相まって、賦課方式はかなりきつく、積立方式がよいに決まっています。理念的には、ですが……。しかし、賦課方式にしてしまった年金制度を積立方式に戻すことはほぼ不可能です。清家先生によれば、その理由は、制度転換期の現役世代に、耐えきれないほどの負担を負わせるからです。積立方式へ回帰は、将来に受け取る今の現役世代の年金を積立方式にしようということであって、現在、賦課方式の下で年金を受け取っている高齢者への年金給付を止めることではありません。このため、制度転換期の現役世代は、今の高齢者の分及び将来の自分たちのための分を二重に負担しなけ

年金制度の体系図

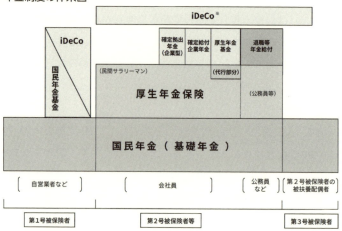

出典：厚生労働省ホームページ（https://www.mhlw.go.jp/nenkinkenshou/structure/structure03.html）
※個人型確定拠出年金（iDeCo）は、確定拠出年金法に基づいて実施されている私的年金の制度です。
詳細はhttps://www.ideco-koushiki.jp/guide/を参照。

ればならなくなるからです。

加藤　日本の年金は三層構造と言われていますね。

嘉納　はい。日本の年金の構造は三層構造と言われています。会社員については、1階部分が国民年金、2階部分が厚生年金、3階部分が企業年金です。

加藤　賃金に関連するトピックとしては、企業年金上乗せ年金があります。厚生年金に上乗せして個別の企業が出すものです。運用がうまくいかないなどの事情で、企業年金をカットすることがいくつかの企業であり、例えば典型的なのものとして、JALが債務超過になったときに切り下げということがあったかと思います。これまで約束した企業の上乗せ年金が維持できないので縮小する方向で調整しなければならない、ということは労使問題の1つとして扱うことになりますか。

嘉納　それも労使問題の1つとして扱うこととなります。もっともその問題は、受給者と現従業員との対立関係となることになります。受給者は、企業との間である金額がもらえるという約束をしていますが、企業側が

146

払い続けるともたないということで、いわば一方的にその約束を反故にできるか、企業を維持して現従業員を生かすため過去の従業員を犠牲にしてもやむを得ないのか、それによって現従業員を救えるかという図式になっています。

　確かに、企業年金規約や退職金を年金として払うという退職金規程については、なにかあった場合は減額するという条文が入っていることがほとんどだと思います。そのため、手続を踏みさえすれば一応は問題ないといえると思います。だからといって、基本的には65歳以上、70歳以上の人たちで、公的年金以外には企業の年金に頼らざるを得ない人の生活の糧を、大幅に、例えば3分の1を削るというような減額が行われるということは、私個人としてはお気の毒にと思います。

加藤　著名な裁判例を押さえておきましょう。

嘉納　この点、上告受理がされなかったものを含め最高裁まで行った件を3つ申し上げます。うち2つが、年金給付のための資産を外部に取り分けていない自社年金型の事案です。自社年金型では法令または監督官庁を通じた規制が予定されていません。ゆえに、年金支給額の減額について根拠があるのか、必要性があるのか、というところからみるのが最高裁の考え方なのでしょう。

　うち1つは、平成22年3月16日の第三小法廷判決です。銀行の取締役を退任した原告が、株主総会決議を経て、当時の役員退職慰労金規程に従い退職慰労年金を受給していました。その後に当該規程の廃止が決議され、年金の支給が打ち切られた、という案件です。被告である銀行に対し、未支給分の退職慰労年金の支払等を求めましたが、被告銀行は、退職慰労年金における集団性、画一性等の制度的要請から、一定の場合には退任取締役の同意なく契約内容を変更することが許されると主張しました。会社の退職慰労金規程に改廃条項はありませんでした。

　最高裁は、本件退職慰労年金の額及び支給方法は、原告の退職時に原告と会社との間の契約内容として確定していたので、年金の制度的要請という理由のみをもって、原告の同意なく、本件規程の廃止の効力を及ぼすことはできないと判断し、高裁に破棄差し戻しました。

> 【もみじ銀行退職慰労年金請求事件上告審判決・最三小判
> 平成22・3・16判時2078号155頁〔28160660〕】
>
> 1　退任取締役が株主総会決議を経て内規に従い具体的な退職慰労年金債権を取得した場合には、その後に同内規が廃止されたとしても、退職慰労年金については集団的・画一的処理が制度上要請されているという理由のみにより、内規の廃止の効力を既に退任した取締役に及ぼすことは許されず、その同意なく前記退職慰労年金債権を失わせることはできない。
> 2　退任取締役が株主総会決議による個別の判断を経て具体的な退職慰労年金債権を取得した場合には、その支給期間が長期にわたり、その間に社会経済情勢等が変化しうることや、その後の内規の改廃により将来退任する取締役との間に不公平が生ずるおそれがあることなどを勘案しても、内規の廃止の効力を既に退任した取締役に及ぼすことは許されず、その同意なく退職慰労年金債権を失わせることはできない。

加藤　他の判例はどのようなものですか。

嘉納　もう1つが、松下電器産業事件平成19年5月23日の第一小法廷の不受理決定です。従業員の退職に当たり、退職金の一部を拠出して会社との間で年金契約を締結し、会社がこれを運用して年金を支払うという企業年金制度がとられていました。会社が給付利率の引下げを決定しました。被告会社の元従業員である原告が、当該決定の効力を争い、引下げがなければ各支給日に支給されたであろう金額と実際の支給額との差額の支払を求めたものです。

　被告会社の年金規程には、将来、経済情勢等に大幅な変動があった場合には規程の全般的な改定または廃止を行うという旨の改廃条項が置かれており、これに基づき被告会社は、市場利回りの低下や業績悪化等を理由に、約定利率を一律2％引き下げる内容の年金規程の改定を行いました。赤字決算転落直後という事情があり、高裁は会社側の主張を入れ、最高裁は、原告の上告受理を却下しています。

> **【松下電器産業事件・大阪高判
> 平成18・11・28判時1973号62頁〔28131101〕】**
>
> 　会社が退職従業員の退職金の一部を預かり運用する福祉年金制度において、当該会社が、この制度を規定する福祉年金規程における、「将来経済情勢もしくは社会保障制度に大幅な変動があった場合あるいは法制面での規制措置により必要が生じた場合には規程の全般的な改定または廃止を行なう」旨の規定（改廃規定）に基づいて年金支給額の減額をしたことにつき、これに加入して会社との間で年金契約を締結した当該会社の退職従業員らが、既発生の権利である福祉年金請求権を侵害すること、既受給者にとって給付利率改定の予測可能性がないこと、改廃規定の文言の不明確性、会社の優越的地位を根拠に、当該改廃規定は信義則、公序良俗、消費者契約法10条に反して無効であると主張して、減額前の年金額と既払額との差額の支払を当該会社に対し求めた事案について、当該会社が当該改廃規定によって福祉年金の給付利率を引き下げたことが信義則等に反するということはできず、当該退職従業員らの前記主張には理由がないとされた事例。

加藤　NTT事件も著名ですね。

嘉納　はい。3つ目は、NTT事件です。確定給付型企業年金、すなわち、拠出する掛け金を外部に積み立てて、会社の資産とは別個に管理する外部積立型の事案です。原告会社が、確定給付企業年金法に基づき実施している企業年金について、受給権の内容等に変更を生じさせる年金規約の変更をするために、厚生労働大臣の承認を求める申請をしました。しかし、厚生労働大臣が、会社に対し当該規約変更を承認しない旨の処分を行いました。原告会社が不承認処分の取消しを求めて提訴しました。

　　平成19年10月19日の東京地裁判決によるとNTT東日本・西日本は年1,000億円前後の利益を継続的に計上していたという事情があったようです。確定給付企業年金法施行規則5条2号の「経営の状況が悪化したこと」について、単に経営が悪化しさえすれば足りるのではなく、母体企業の経営状況の悪化などにより企業年金を廃止するという事態が迫っ

ている状況のもとで、これを避けるための次善の策として、給付の額を減額することがやむを得ないと認められる場合に限られる、と判断した原審判決（東京高裁平成20年7月9日）を、平成22年6月8日の上告受理申立却下により最高裁第三小法廷は結果として是認しています。

> 【ＮＴＴグループ企業（年金規約変更不承認処分）事件・東京高判平成20・7・9労働判例964号5頁〔28142027〕】
>
> 確定給付企業年金の規約変更に対する厚生労働大臣の承認要件について、給付の額を減額することがやむをえない具体的場合を定める確定給付企業年金法施行規則5条2号及び3号の規定は、承認要件として「その他政令で定める要件」と規定する同法5条1項5号及、同号を受けて「事業の継続が困難になることその他の厚生労働省令で定める理由がある場合」と規定する同法施行令4条2号の委任の範囲を超えるものではないとされた事例。

加藤　企業年金の関係では今後も紛争が生じることが予想されます。ところで、定年延長が法制化された場合には年金問題は好転するでしょうか。

嘉納　定年延長が将来法制化されたら、あるいは、外国人労働者の方がより多く入ってきて、高齢者の年金を支える人数が増える、例えば2人で1人を支えるのではなく5人で1人を支えるように、支える側の人数が外国人労働者の人数で増えるのであれば、この点は少し緩和されるところだと思います。まさに今の安倍政権は外国人労働者を増やそうとして法律を通し、実際に2019年4月から特定技能の制度が施行されていますので、払う側の人数が増え、もらう側の人数がそのままだとすると、より年金制度を維持するファクターとして、定年延長とともに働くのではないかは思っています。

　現在は本件の問題についても大転換期にあるといえます。

7 借上社宅

加藤 ここで、借上社宅の問題についても触れていただけますか。

嘉納 外資系企業のエクスパット（海外から日本に赴任される方々）の中には、月額100万円超の家賃のアパートにお住まいの方々も少なくありません。このアパートは、ほとんどの場合、借上社宅です。エクスパットは、大家さんと直接の賃貸借契約を結びません。外資系企業が間に入ります。つまり大家さん（賃貸人）―外資系企業（賃借人）―エクスパット（転借人）という構成です。家賃のほとんどは外資系企業が負担します。全額を大家さんに外資系企業が支払い、エクスパットに、5～10％分を負担してもらう立て付けが多くあります。

　本当は家賃分も賃金のはずなのですが、これはエクスパットに対しては支払われません。税額が大きくなるのを防ぐためです。福利厚生という建前で労働基準法24条違反を免れていますが、突き詰めて考えると、本当なのか疑問です。

　この他、借上社宅の問題点は、労働者を解雇しても、居座り続けられてしまう場合に生じます。大家さんに賃貸借契約の解約を外資系企業が申し入れその後もエクスパットが居座り続けると、賃貸借契約で「賃料が2倍」となっているなら、賃料の2倍を払わなければならなくなるかもしれません。

加藤 紛争になって、こじれると面倒だということですね。

嘉納 以前、外資系のある人事部長から聞いたところによると、外資系企業において、外国からの日本赴任が、外国人に人気がない時代がかつてあり、外国から日本にどうしてもきてもらいたいために、都心の利便性が高く、広いスペースのレジデンスに居住させてあげるという実務が生まれ、それが発達したというのが理由だということです。2019年の今、ラグビーワールドカップも開かれ、2020年にはオリンピック・パラリンピックも開かれ、日本赴任は人気がないわけではありません。非常に高いところに住まわせる慣行は、そろそろどうなのかしらと感じます。

第5 人材育成

1 企業における人材育成の基本

●会社から従業員に求める基本的能力

加藤 それでは次に、企業における人材育成について考えたいと思います。従業員の立場からみると能力向上という問題です。縁があって企業に入り、一生懸命働こうと従業員が思い、会社としても力を発揮してもらって成果を得ることを期待しますので、両方の想いが同方向に働けばウィンウィンの関係になります。そこで、人材育成が企業の業績向上の1つの鍵になるといわれるところです。

採用するときもそうですし、その後、力を伸ばしてもらおうという場合に、会社から従業員に求める基本的能力というのは、どういったものになりますか。

嘉納 あくまでも人事労務屋の私見ですが、大きく分けて3つあります。

1つは勉学をしていく力、あるいは知識を獲得する力です。次は、獲得したその知識を使う力、戦力を練ってやり遂げる力です。そしてもう1つは人間的な力、対人的な能力になります。

1つ目は知識を得る、新しい仕事を覚える、英語を覚えるあるいはPCの使い方を覚えるといった知識習得能力だったり、ある問題が目の前にあったときに解答までいきつくという論理的な思考力だったりします。あくまで一般論ですが、高学歴の人については、この勉学の力が高いといえると思います。ただ、これは3つの能力のうちの1つに過ぎません。

加藤 基礎的な能力が高く、かつ、自分がその段階で知らないことがあっても学習することによってそれを習得し、自分のものにしていく力ということですね。この能力は職業人としては皆求められるものかと思います。

嘉納 2つ目の「戦略を練ってやり遂げる」というのは、持てる知識を用い

て企画し、発想し、推理し、プレゼン資料などの形にする力です。アウトプットを完成させるということです。

加藤　もう1つの対人的な能力というのは、人見知りの人もいれば、ポジティブな人もいるといったように個性の問題もあるかと思います。それでも仕事をしていく以上は「私は人見知りだからこれで済ませます」というのは、職種によるかもしれませんが、通常はそうはいかないと思います。企業が求めるものとして、これが必要とされるものとして、具体的にはどのようなものがありますか。

嘉納　対人的能力の中には、上司・部下・同僚とのコミュニケーション能力が大きなものとしてあります。他には、上に立つ場合にはリーダーシップを図る力、お客様との間で交渉をする交渉力、周りの人を思いやる力、あるいは、あまりに過小評価されるのであえて挙げますが、人を笑わせる力といった総合的な力というものが対人的な能力として必要であるように思います。

　1つ目の勉学の力というのは、一般的には高学歴な人が高い傾向にあるということの他に、年を追うにつれてこの力は落ちていく傾向にあるといえますが、2つ目の思考・推理・実行力は決してそうではありません。高学歴の当事務所のアソシエイトの中に全然考えない人が少なからずおられます。

　例えば、モルガン・スタンレー事件判決（東京地判平成17・10・19）を巡る解釈が典型です。

【モルガン・スタンレー（割増賃金）事件・東京地判平成17・10・19
判時1919号165頁〔28102276〕】
外資系証券会社の管理職でもある「エグゼクティブ・ディレクター」であった者が、労働基準法37条に基づく超過勤務手当の支払を求めたことにつき、超過勤務手当は基本給に含めて支給されていたと認められること、基本給においては、所定労働時間の対価と所定時間外労働の対価（超過勤務手当）が区別されていないが、本件では、同人は会社から高額の報酬を受けており、超過勤務手当を

第5. 人材育成

区別することなく基本給に含めて支払う旨の合意をしたからといって、労働基準法37条の制度趣旨に反することにならないことから、同人が基本給を異議なく受領したことにより、当該月の所定時間外労働に対する手当の支給を受けたものと評価できるとして棄却した事例。

　この事件の法理論的な帰結は、完全に時間外労働手当を払えという結論に傾くものといえましょう。（実際、最高裁平成6年6月13日判決や最高裁平成24年3月8日判決によるとその方向性が浮かび上がります。）

【高知県観光事件・最二小判平成6・6・13判時1502号149頁〔27825623〕】

　タクシー運転手の賃金制度として、タクシー料金の水揚高に一定の歩合を乗じた金額を支払うという歩合給制度をとっている場合において、運転手が時間外・深夜労働を行った場合にも歩合給額が増額されず、また通常の労働時間の賃金に当たる部分と割増賃金に当たる部分とを判別することもできない場合には、右歩合給の支給によって労働基準法37条の割増賃金が支払われたものとはいえないとして、同条に基づく割増賃金支払請求を認容した事例。

【テックジャパン事件・最一小判平成24・3・8判時2160号135頁〔28180502〕】

　派遣元に雇用され、派遣先社内におけるPCのトラブル対応等の業務に従事し、派遣元との間で、基本給を月額41万円とし、月間の総労働時間が180時間を超える場合には1時間当たり2560円を基本給に加え、140時間に満たない場合には1時間当たり2920円を基本給から控除する旨の約定を締結していた派遣労働者が、派遣元に対し、未払の時間外割増賃金等の支払を求めて提訴した訴訟の上告審において、①前記の契約内容上は、月額41万円の基本給について、通常の労働時間の賃金に当たる部分と同項の規定する時間外の割増賃金に当たる部分とを判別することはできず、前記基本給の支払により月間180時間以内の労働

> 時間中の時間外労働について労働基準法37条1項の時間外割増賃金が支払われたとすることはできず、月間180時間を超える労働時間中の時間外労働のみならず、月間180時間以内の労働時間中の時間外労働についても、月額41万円の基本給とは別に時間外割増賃金を支払う義務を負うところ、②前記派遣労働者による自由な意思に基づく時間外手当の請求権を放棄する旨の意思表示もなく、月間180時間以内の労働時間中の時間外労働に対する時間外手当の請求権を放棄したということはできないとされ、③前記雇用契約における賃金の定めは、通常の月給制の定めと異なる趣旨に解すべき特段の事情のない限り、就業規則上の1日の労働時間・休日の定めに従い1か月間勤務することの対価として月額41万円の基本給が支払われるという通常の月給制による賃金を定めたものであり、月額41万円の基本給の一部が時間外労働に対する賃金である旨の合意は認められないと判断され、月間180時間以内の労働時間中の時間外労働に対する時間外手当の請求を棄却した原判決が破棄され、原審に差し戻された事例。

　それにもかかわらず、モルガン・スタンレー事件判決は(1)報酬が成果に応じて決定される、(2)労働時間が管理されていない、(3)報酬が高額であるなどを理由に、「残業代は基本給に含まれている」という企業の主張を認めているのです。当時これは企業側を救済する画期的な判決だと経営側・企業側弁護士の間で相当にもてはやされました。当事務所でもこの点は同じでした。しかし当時、私は「もてはやすのはちょっと違うのではないか」と言い続けていました。どう考えてみても裁判所は、本件で支払われていた報酬があまりに高額だったことに最大の意を注ぎ、そしてその他の事情も考慮して、本件で最も据わりのよい実務的解決として、請求を棄却したに違いないのです。とすれば、これを企業側に有利に一般化できると安易に考えることは、あまり生産的ではないように感じられるのです。企業側が勝訴した判決を武器に使おうと試みるのはよいのですが、その射程範囲や適用範囲を十分に事前に熟慮してほしいというのが企業側弁護士への切望です。実際、平成29年7月7日の最高裁は、年俸1,700万円の医師の残業代につき、きちんと時間外部分を明

確に区別していない限り、当然に年俸に含まれるとはいえないと述べています。

> **【医療法人社団康心会事件・最二小判平成29・7・7判時2351号83頁〔28252090〕】**
>
> 　医療法人で働いていた医師が、当該医療法人に対し、時間外労働及び深夜労働に対する割増賃金並びにこれに係る付加金の支払を請求した事案について、労働基準法37条の定める割増賃金を支払ったといえるか否かを判断するためには、割増賃金として支払われた金額が、通常の労働時間の賃金に相当する部分の金額を基礎として、同条等に定められた方法により算定した割増賃金の額を下回らないか否かを検討することとなるところ、割増賃金をあらかじめ基本給等に含める方法で支払う場合においては、前記の検討の前提として、労働契約における基本給等の定めにつき、通常の労働時間の賃金に当たる部分と割増賃金に当たる部分とを判別することができる必要があるのであり、病院収入に直接貢献する業務又は必要不可欠な緊急業務に限り支払う等とされた時間外規程に基づき支払われるもの以外の時間外労働等に対する割増賃金を年俸1700万円に含める旨の合意がされていたものの、このうちどの部分が時間外労働等に対する割増賃金に当たるのかが明らかにされていなかった本件においては、当該合意により時間外労働及び深夜労働に対する割増賃金が支払われたということはできないとして、原判決のうち当該医師の割増賃金及び付加金の請求をいずれも棄却すべきとした部分が破棄され、同条に定められた方法により算定した割増賃金をすべて支払ったか否か、付加金の支払を命ずることの適否及びその額等について審理を尽くさせるため原審に差し戻された事例。

加藤　対人的な能力とはどのようなものですか。

嘉納　対人的な能力は学歴とは無関係です。よい大学を出ているのにこの能力が欠けている人も散見されますし、年を追うごとに上がっていく可能性がある能力でもあります。同じ内容を語るにも、若い弁護士が言うのと年輩の弁護士が言うのとでは、説得力が異なってくることがあり得ま

す。この全ての力が備わっていないと、企業人としてうまくいかないと思います。企業は組織であり、組織にはたくさんの人がいて、その中で生きていくということになります。そのため、勉学の力だけではなくて、戦略を練って最後までやり遂げる力、人とうまくやる能力を身につけていかないと、例えば人と接しないような仕事だけに追いやられてしまうことにもなってしまいがちですので、企業の中である程度生きていくためには対人的能力が必要だと思います。

加藤　もっともですね。裁判官の中にも、仕事はよくできるけれども、書記官との関係形成がうまくできない方がまれにいます。それは本人も周りの人も苦労します。一方、感じがよくて裁判所書記官を含めて周囲にはよい印象を与えているが、事件に弱い（判決の出来が今ひとつ）という人もいます。両方がバランスよく備わっていることが必要なのですね。

　論理的な思考力は読者もイメージしやすいと思いますが、対人的能力について、企業の日常業務の中で具体例を出すと、どのようなものでしょうか。企業内部での仕事としてはどのようなものがありますか。

嘉納　例えば、田坂広志さんが「頑張っても上司に評価されない、本当の理由」というウェブ論稿で言っていますが、ある仕事を期限までにやりなさいと仮に言われた場合に、その期限までの間に現在の進捗状況をきちんと上司に逐一報告する部下の方が、期限までになにも報告せずに期限にいきなり成果物を出してくる部下よりも、上司としては使いやすいと思います。それは前者の方が上司としては安心するからです。上司としては、目に見える形でわかる部下の方が安心し、期限までなんの連絡もしてこない部下は不安に感じます。内部的な関係のもとでは、そのように適宜報告をしてくれる部下におそらく上司としてはよい評価を与えるのではないかと思います。

加藤　これは法律事務所でパートナーがアソシエイトに仕事を頼むときにも全く同じことがいえますね（笑）。

嘉納　同じですね（笑）。どこまでできているか教えてくれるアソシエイトを私は評価します。

加藤 外部との関係ではどうでしょうか。

嘉納 自分より弱い立場の人、例えば、ベンダーさん、下請け業者さんといった人に対し、強硬に、不遜に接する、不遜な態度で接する自社の従業員というのは、企業としては注意しなければならないと思います。

　企業内のセクハラ・パワハラはそれぞれの企業が重視しているのですが、外部の人が被害者になる場合、つまり、ベンダー・下請け業者が被害者になる場合が散見されています。今までのパワハラ・セクハラの概念からは外にはみ出た事例ですが、自社が強い立場にあることを傘に着て、弱い立場の他社の人にパワハラ・セクハラを強いることについても注意が必要です。安倍内閣がパワハラについての法律を制定するといってがんばった結果、労働施策総合推進法（旧雇用対策法）の改正法案が2019年5月29日に国会を通過し、2020年に施行予定ですが、この附帯決議において、以下が明記されています。

　「自社の労働者が取引先、顧客等の第三者から受けたハラスメント及び自社の労働者が取引先、就職活動中の学生等に対して行ったハラスメントも雇用管理上の配慮が求められること」

　ベンダー・下請け業者といった立場の弱い方とどう接するかということについても、これから企業としてはみていく必要があります。

　話が逸れますが、欧州では今、Child Laborを撲滅しようという観点から、ベンダーさん、下請け業者さん、孫請け業者さん……という、部品の製造過程においてChild Laborにより製造された製品・商品を受け容れない、という企業が増えています。

　なお、フリーランスにつては第6．労務管理でお話しましょう。

2　オンザジョブトレーニング・研修

●企業側のアリバイづくり・証拠づくりとならないように

加藤 そういった力、あるいは仕事の仕方をどのように育てていくかについては、通常、従業員にも向上心があり、仕事を推進して、オンザジョブ

トレーニングや研修といった機会があると思います。そうした中で、どのようなことをできるようにするのが目標になるのでしょうか。

嘉納 目標は本当にいろいろあります。

まずその前に、手続的な問題として、社内で教育訓練を全従業員を対象として行う場合は、労働基準法89条7号に職業訓練をする場合にあたり、就業規則に書く必要がありますので、どんな企業でもするとは思いますが、社内の就業規則に条文を設けるのが重要です。

次に、具体的になにを教えるかというのは、それぞれの企業が企業の中で決めればよいことかと思いますが、例えば、セクハラ・パワハラをしないようにという研修、社内の重要な秘密を漏洩しないようにという研修、そして、それ以外の法律違反をしないようにという研修が挙げられます。

加藤 外国の法律についても研修で取り上げることはあるのですか。

嘉納 例えば、アメリカの公務員の収賄を禁ずる法律（FCPA）が、アメリカの法律であるにもかかわらず、全世界に適用されるものであるため、近頃大企業では研修テーマとして挙げられます。日本の企業でも、例えばアフリカの公務員にちょっと袖の下を渡して円滑に許認可がとれるようにしてもらった場合には、このFCPAに違反してしまうので違反しないよう研修によって伝えます。

國廣正弁護士が『The Lawyers』（アイ・エル・エス出版）の2014年1月号でおっしゃっていることですが、FCPAは1976年のロッキード事件に端を発しています。アメリカのロッキード社が田中角栄首相に5億円の賄賂を提供したという事件です。しかしロッキード社はアメリカで提訴されませんでした。自国の公務員に対する賄賂を取り締まる法律はあっても他国の公務員に対する賄賂を取り締まる法律がなかったからです。アメリカはそこでFCPAをつくりました。ところが、FCPAと同種の法を制定した国がなかったのです。このため他国の企業が海外で贈賄を行っても摘発されません。ゆえに国際競争上の不公平が生じました。そこでアメリカは他国へ同種の贈賄処罰を広めるよう促しました。1997

年OECDが外国公務員贈賄防止条約を採択し、日本も1998年に不正競争防止法にて外国公務員贈賄罪を創設します。ところが日本はアメリカのように摘発に熱心ではありませんでした。そこで公平の理念に基づくアメリカのFCPAが域外適用されるようになっていきます。
　これらについて、私の場合は、重点的に、できれば年に1回教育訓練の場を設けていただきたいと各企業に申し上げています。

加藤　オンライントレーニングが今、盛んになっているようですが、実情はいかがでしょうか。

嘉納　近頃はコンピューター上でのオンラインのトレーニングというものがあります。あれは有用ではありますが、私がみるところの企業側のアリバイづくりだと思っていまして、証拠づくりに過ぎないように感じています。実務的には、証拠づくり以外に、より実効的なもの、例えば、従業員たちを集めて、一方向の座学でなく、台本を演じてもらうなどのやり方で、従業員の印象に残るような教育訓練をするということを私は心がけていまして、自分も台本をつくったりもします。先ほどのいくつかについてやっていただければというのが1つの視点となります。

加藤　求められる規範、規律をきちんと認識して実践しなければならないということですね。
　それをしていれば格別な問題は生じにくいと思いますが、より高いパフォーマンス、評価される仕事ぶりを従業員に期待したい場面において、上司としてオンザジョブで従業員を使う場合にはどのようなことを意識すればよいのでしょうか。

嘉納　部下の立場の方に対してと、管理職の立場の方に対してで、2種類の別個の研修をしています。

●一般従業員に対して研修の中で伝えたいこと

嘉納　まず部下の立場の方に対する研修では、以下に述べるようなことを言います。
　一見我々の世代にとっては当たり前のことなのですが、若い方たちに

とってはそうでないようですので、念のために言うこととして、仕事は1人でやっているのではなく、「企業」という名の組織に入って行うものであり、組織にはたくさんの人がいて、上下関係もあるのだから上司の言うことをきちんと聞いて仕事をしなさいということを言います。そして、その裏腹なこととして、上司の意見と違う意見があってもよいですが、それを言うときにはうまい具合に表現してほしいということ、つまり、上司の顔をつぶさない言い方で表現してほしいと言うようにしています。100通りくらいある表現方法の中で考えて最適なものを選択せよ、ということです。

加藤 表現方法が大切なのですね。

嘉納 多くの場合、配偶者の方やお付き合いしている彼氏彼女とけんかをする場合には、内容についてけんかになるということはそれほど多くないのであって、表現方法や言い方についてけんかになる場合が多いものです。その言い方が気に食わない、言い方が不遜である、言い方に配慮が足りないということでけんかになることが結構あります。言い方により不毛なけんかが起きるということがありますので、上司に対してうまく言うことは組織人として当たり前のことです。組織人として「先輩あなたはバカなんですか」ではなく、「先輩のおっしゃることはよくわかります。ところでもしかしたら、別な見方も成り立ち得る可能性がわずかでもないでしょうか」といったように表現する方法こそ人類の知恵なわけで。それをわかっていない若い方がおられるので、私はセミナーや、各企業の社内教育訓練研修で言うことがあります。

　また、組織における仕事というのは上司、同僚、部下との共同作業であり、上司、同僚、部下との協調が必要となります。1人でやる仕事は限られていて、高橋伸夫教授が『虚妄の成果主義　日本型年功制復活のススメ』日経BP社（2004年）でおっしゃっておられますが、周りの人の協力、例えば、お茶を運んでくれる人、黒板をふいてくれる人がいて成り立つといった、自分以外の見えない人たちの助力があって自分の仕事が成り立つものです。それをわかっていない方、特にエリートの方に

多いのですが、自分ひとりの力だと勘違いしている人がいます。コピーしてくれる人、自分が落ち込んでいるときに励ましてくれる人たちの総合的な支えがあって仕事は成り立つと言うようにしています。

加藤　「駕籠に乗る人担ぐ人そのまた草鞋を作る人」の社会バージョンですね。他にも伝えていることがありますか。

嘉納　就業時間というのは、だらだら仕事をする時間ではなく、効率的に仕事をしてくれと会社が願っているものですので、無意味にだらだら仕事をするのではなく、効率的に仕事をするのがパフォーマンスの現れなのだということを言います。

　そして、効率的な仕事に対するその対価としてお給料がもらえるという、尊い仕事の対価が報酬なのだということも言いますが、これは若い方の理解や共感を必ずしも得られるわけではありません。

加藤　日常生活の領域に関わることについては、そこまでうるさく言うのかという受け止めもされそうですが。

嘉納　日常生活に関わるものとして、挨拶をきちんとすることも伝えます。これはどんな世界にいても大事なことです。複数の人がいる場合に、朝、会社に来てその人と一緒に仕事をするということになりますと、最初の会話というのは挨拶なわけです。おはようございますと笑顔で切り出すのは、円滑な人間関係を進行する手段の1つであり、これは対人的な能力、人間的な能力に関わることですので、その重要性については言うようにしています。

　また、上司に対してうまく表現しろというのと同じことですが、上司に対しては決してため口を使わないということも言います。内容ではなくて表現の仕方が、他人を不愉快にさせる典型です。飲み会であっても無礼講はあってはならないと伝えます。無礼講というものを本当に履き違えている方もいますが、上司はそうしたときのあなたの態度を見ているのですよ、ということを伝えるようにしています。

　さらに、若い世代の方には信じられないことかもしれないことであり、我々の世代には当たり前のことですが、人生においては、間違って

いないと思っても謝らなければならないことがいくらでもあり、謝ることで円滑に物事が進むことがあるということを伝えます。1つの理由は、下の従業員は、不十分な量の情報で意思決定をしている可能性があるため、間違っていないという認識自体が時に間違っているからです。私だって司法修習生だった1993年の頃の自分と、2019年の自分を比べたら考え方がかなり違っていますもの。

これに加えてしばしば言うこととして、「努力をしても報われない」という不満を言う方が多くて驚きます。中野信子先生が『努力不要論 脳科学が解く！「がんばっているのに報われない」と思ったら読む本』フォレスト出版（2014年）のなかでおっしゃっていますが、努力が必ず報われるなんていうことは誰も保障してくれません、努力をしても報われない場面がいくらでもあるということを伝えます。努力をしないとなにも報われませんが、努力をしても必ず報われるわけではありません。人事労務をやる場合にしても、人事労務について努力をして報われるためではなく、人事労務が面白いから、楽しいからやっているわけです。必ずしも報われない、だからつらくなるということもあるかもしれないので、そのためには、信頼できる上司や同僚を見つけて吐き出せるようにした方がよい、という一連の話を企業での出張講義を頼まれた場合には言うようにしています。

これらが一般従業員に対する研修の中で伝えるようにしていることです。

加藤 仕事や働き方に対する哲学を自分の中できちんと育むことが重要なのだと思いました。悪くないと思っても謝らなければならないことは裁判の場ではありませんが、司法行政の場ではあると教えてもらったことがあります。

事務総局総務局付時代のことですが、当時の総務局長（8期）が、「自分は仕事をうまく遂行するためであれば頭を下げることはなんとも思わない、いくらでも頭を下げる。それで自分の値打ちを下げることには全くならない」と言っておられたことを今でも覚えています。それは

頭を下げることがよい、悪いではなく、目的遂行が重要であり、頭を下げたことで自分の価値が低くなることもないし、周りもそう思うこともない、それが普通の仕事であるという趣旨です。なるほどそうだ、そういうことをしなくても済む裁判官はかなり特殊な仕事なのだなと思ったことがあります。逆に、頭を下げる必要のない裁判官の仕事に慣れると「頭の高い奴だ」と受け止められることもあると思います。しかし、威張るのは論外ですが、毅然としておらずヘコヘコしてばかりいる裁判官は情けない。そんな裁判官の判決をもらっても当事者は嬉しくないでしょうと若手裁判官には、話しています。

　それはそれとして、いずれも従業員としては今お話いただいたことを頭に置いたうえで仕事をし、かつ、自分のスキルアップへつなげていくことが、ベースになるように思いました。

嘉納　スキルアップにかなり直結することだと思います。これからの世の中は、企業に頼って生きていくようではたぶん先が見えていて、自分がその企業を仮に蹴り飛ばして出ていってでも生きていくことができるだけの力を身につけることが必要だと思います。

加藤　むしろ自分で自分のスキルアップを目指す、あるいは段階ごとのゴールのようなものを頭において、それを目指して毎日の仕事をしていくことが必要なのであって、企業が育ててくれるからそれに身を委ねていればOKというのでは足りないということですね。

嘉納　全くそれでは足りません。日々の仕事をやることは当然ですが、その仕事をやるにつれて、OJTもしくは日常の仕事をやる中で、あるいはそれを契機として自力で力をつけることが重要だということを各企業には伝えるようにしています。

加藤　漫然と仕事をするのではなく、仕事をすることを通じて、なんらかのスキルが身についている、向上していると意識して仕事をするのでは、ずいぶん違うし、達成感も違うということだと思います。

嘉納　仕事というのは苦行ではなく、自分を磨いてくれるものと位置付ける必要があり、一見面白くない仕事でもそこから学ぶことや将来につなが

ることはありますので、決して腐らず、その仕事を極めるつもりでやってほしいといつも伝えるようにしています。

加藤　全く同感です。仕事はいってみれば修行のようなところもあります。若手裁判官が必ず皆くぐらねばならないものとして、記録を読むのに時間をかけなければならないということがあります。そうした状態をかなりの期間続けなければならないのは結構苦痛で「どこまで続く泥濘ぞ」という疑問を誰もがもつ時期があります。ところが、経験を積めば、記録を読むスピードは必ず早くなります。事件の筋が読めるようになるし、主張と反論の意味付けが一読でわかるようになり、証拠の読み解きもきちんとできるようになる。そうなってくると、必ず事件の見通しもよくわかるようになります。つまり、真面目に愚直に継続していれば、記録を読む時間も短くなるという時期が必ず来るのです。

　そのように記録を読む時間を短くできるようにするためには、今記録を読むのに時間をかけなければならない。若手裁判官から「記録を読みきるのに時間がかかりすぎるから裁判官には向いていないのでしょうか」という質問というか相談をされたときには、「慣れることにより必ず次のステップへ進んでいくことができるのですよ」という回答をするようにしています。何年か経つと、「そのとおりでした」という返事が返ってきます。

　仕事というのはそういうところがあるわけで、今時間が少しかかっても、時間をかけて自分の力で解決することが重要なのであろうと思います。

◉若い人たちに十分な仕事を与えることを躊躇する企業

嘉納　それに絡んで、私がたくさんのセミナーをやらせていただく中で、企業担当者が、相当私につっかかってくる点があります。それは、あまりにパワハラ禁止、過重労働禁止が声高に叫ばれているために、若い人たちに十分な仕事を与えることを企業側が躊躇してしまうという点です。例えば、入社して数年の間は、がむしゃらに懸命にやって仕事を覚える

べきときに、十分な仕事を与えることができない、もしくは従業員側も、ワークライフバランスのため、自分の恋人とのデートの時間を仕事に割くのは嫌だと言うなどして本気で仕事に取り組まない場合に、どうやって企業は成長を目指せばよいかという真正面からの照会に対し、「ただ時間をがむしゃらにかければよいのではなく効率的に能率的に仕事をするべき」としばしば言われる回答のほか、私はまだ回答を持ち合わせていません。

　法律がパワハラはいけないという条文の明記をし、基準法の改正で残業の上限も決まるように、世間の流れはそちらの方向にシフトしていますが、私的な企業においても、裁判官の方と同様に、きちんと時間をかけるべき仕事の遂行が阻まれる側面は将来的にかなり危機的な状況ではないかと思っています。だからといってパワハラを許すというわけでも、過重労働がよいというわけでもありませんが、これからの企業が向かう方向性とどのように調和を保つかについては、難しいと個人的には思います。

加藤　それに対する回答の1つとして、上司が、自分がどうやって成長したかを話すのが有効かもしれません。

　裁判所ですと、裁判長が自分の若い頃の話をしてくれる場面では、当時どのようなことをしていて今があるのかということが、若手の陪席裁判官として参考になることがしばしばあるようです。

嘉納　それについて、若い方は耳を傾けてくれますか。我々の若い頃は、先輩の話に対して感想はあるにせよ傾聴はするし、理解をしようとしましたが、若い世代だとどうでしょうか。

加藤　裁判所の中ではカルチャーが伝承されていく慣行があり、若手裁判官は機会があれば先輩の話を聞いてみたいというスタンスが一般的ではないかと思います。そして、これをなくしてはいけないと思います。今は裁判官の事件が忙しい、時間がとれないということで、世代間の断絶という心配があるともいわれていますが、ひと頃は自慢話でも先輩の経験談を聞きたいという裁判官が多かったと思います。自分の尊敬できない

人の自慢話にはうんざりしますが、自分が合議で組んでいる裁判長の話だとぜひ聞いてみたいと思います。逆にいうと、自慢話でも共感をもてるような関係を形成しないと、合議体として中途半端ということかもしれません。裁判長が左陪席の起案の出来が見違えるようになってきたことは本当によかったと自分のことのように喜ぶような関係です。成功譚をぜひ聞きたいと思えるような関係をつくることが大切なのだと思います。

3 管理者の留意事項

●管理職に対する研修の中で伝えたいこと

加藤　従業員に対するセミナーでのお話を教えていただきましたが、管理職向けのセミナーではどのようなお話をされるのですか。

嘉納　1番強調しているのは以下の点です。

　まずは、あからさまな誹謗中傷表現、例えば死ねとか、殺すぞとか、バカとか、給料泥棒とか、係長失格だというのは、我々が若いときには日常的に使われていた言葉であり、言われても痛くも痒くもない言葉ですが、今の若い方には響くらしいので、こうした表現は避けるべきということを第1に言うことにしています。私は、皇室がしばしば訪れる千代田区立番町小学校に丸6年間通ったのですが、高学年の担任2人は児童を叩くことは当然、「バカ」等の誹謗中傷表現を、他の児童がたくさん見ている前で連発する人でした。1970年代だから許されたのでしょうが、今ではとても無理です。

　次に、身分の変動に関する表現ですが、クビだ、辞めろ、飛ばすぞ、降格させるぞといった身分に関する表現も人質的なことになります。これもパワハラと認定される要素の1つになりますので避けるべきだと言っています。

　さらに、業務関連性のない表現、例えば身体的特徴に関する表現、例えば仕事ができないのは太り過ぎだからだといっためちゃくちゃな表現

第5. 人材育成

や、高卒だからだといったような学歴に関する表現、お前の両親はどのような育て方をしたのだという家族に関する表現は、基本的には業務と無関係ですので、絶対に言わないようにするよう伝えています。

加藤　業務と無関係なことですと、直しようがないですからね。

嘉納　そのとおりです。学歴は業務にも関係するのではないかと疑問をもたれる企業の方もいますが、学歴は入社前までしか関係しません。入社してからは、これは不問に付す、どこの大学、どこの高校を出ようが、そこからは一線に並ぶので、学歴は言わないに越したことはないというのが、私がセミナーで申し上げていることです。

　他には、指導する場合に、できれば昔は30分以内と申し上げていたこともあるのですが、近頃は10分以内、できれば5分以内に凝縮して指導するように努力してくださいとお話しています。人前で2時間も3時間も怒り続ける上司は、要領の悪い上司であり、出来が悪い上司ということになります。上司というのは責任が大きく、多忙ゆえ時間のない人ですので、他の仕事ができなくならないよう短い時間で指導するのが重要だと思います。

　また、部下から「晒された」と言われないよう、人前で怒ったり、あるいはメールのCCで多人数を入れて怒るようなメールを出したりすることも避けるべきであることも伝えます。

　さらに、部下から「おはようございます」と言ってもらう代わりに、上司としては「おはようございます」のほか、笑顔で「おつかれさま」という労いの言葉をかけることが、人間的能力につながるということを言います。

　加えて、指示を明確に、ぶれないように、抽象的ではなく具体的な指示をいうべきであることも言います。同じ主題につき今日の指示と3日後の指示がぶれるということはよろしくありません。

加藤　指導する際の上司の声の大きさについて注意しておられますか。

嘉納　昔は言われなかったことですが、声の大きさに注意してくださいと言っています。怒鳴ったらもちろん負けですので怒鳴らないようにとい

うことを伝えますが、自分が怒鳴っていないつもりでも、そう聞こえてしまうような声の大きさだと、それだけでも部下はひるんでしまうこともありますので、声の大きさには注意してくださいと伝えます。「地声が大きいとどうするのだ」「弁護士は声の大きさまで注意するのか」とセミナーの中で言われることもありますが、もちろん弁護士は声の大きさにも注意しますと言います。今の時代、これは当然のことであり、声の大きさに気をつけなくてよいことがまかり通っていたのは昔の話です。

対人的な能力は、相手を慮る能力であり、相手に自分の言いたいことをうまく伝える力です。声が大きくてビビらせてもよい時代は終わっているのです。うまい具合に相手にわからせるというのは、上司としての能力の1つですので、部下がわかりやすい声のトーンで、心に落ちる声のトーンで諭すというのは大事なことです。よって、声の大きさにも弁護士は介入するのだということをセミナーでは伝えます。

加藤 どのようにみられているかも大切ですね。

嘉納 上司というのは実際に公平であるかはともかく（公平であってほしいですが）、公平にみえるよう努力する必要があります。部下が信頼してくれるよう努力することが必要です。実態だけではまかないきれない部分についても、見かけとして重視されることが、人事労務の場面では結構ありますので、公平に見えるよう努力することが重要です。そして、部下が相談しやすいような雰囲気を日頃からつくるように上司として努力をするということも企業における上司に対する評価の重要な一項目でもあります。

最後に、今の若い方は必ずしも根性やがむしゃらな努力を美徳とせず、ワークライフバランスに美徳を置いている場合があり、あるいは少子化の影響で学校の先生や親に叱られて叩かれて育ってきていないというようなこともあるので、それほど強くないかもしれない、脆弱であり得ることにも十分配慮して部下に対する指導をしてくださいということを上司の方には伝えるようにしています。

加藤　新人判事補の研修などで、職場に求めることを聞いたりしますと、「自分は褒められて伸びるタイプですからよろしくお願いします」という類のことを述べる判事補がいます。相手を見てどのように働きかけるかを考えるのが上司の能力でありスキルであるということになりますか。

嘉納　そのとおりだと思います。

　突き詰めると、人間的な能力というのは、当たり前ですけど対人的能力に収斂されると私は思っています。どんな企業にいても、法律家としても、たぶん裁判官としてもある程度同じだと思います。

4　対人的能力と裁判官の和解対応

●裁判所は企業の気持ちに肉薄してくれるか

嘉納　私は、人事労務ばかりを20年強やってきて、裁判官の方々の和解勧試でがっかりすることが相当たくさんありました。我々企業側の弁護士は、解雇の事案だったり、賃金減額の事案だったりすると、ほぼ負けるということはわかっているわけです。負けることを承知で挑んでいる事案が圧倒的な数あります。こちらもバカではないので、一応ほぼ負けると読んでいますし、依頼者にもすでに言っています。それでも戦わなければならないことが、人事労務の世界で企業側には結構あります。

　ところが、示談の席で、若い判事、単独でやっている特例判事補、判事になりたての方々のかなりの方には、「法的にみれば負けますよ、だから譲歩してはいかがですか」ということで話をし、それに終始する方が相当数、むしろ圧倒的多数おられます。この場合、私は、「負けるなんていうことは、あなたに言われなくてもわかっています」と言いたいところはぐっと我慢しています。我々が裁判官に求めるのはそういうことではないのです。

加藤　それはそうでしょうね。

嘉納　我々が裁判官に求めるのは、負ける見込みを知りたいということではなく、自分の後ろにいる依頼者に寄り添ってほしい、解決に向けての人

間的な力を示してほしいということです。難しいことだとは思いますが、我々が税金を払って、裁判所という制度を是認している（しかも憲法で）のは、突き詰めればそういうことなのではないかと思います。二当事者が戦い、裁判官のいう和解の話になって和解案をのむ場合、おそらく片方の当事者は不満であり、もしかしたら両方不満かもしれないところです。それをうまくまとめるというのは、法的にいえばあなた負けますよ、勝ちますよというところを超えたものが欲しいということになります。

　それは、寄り添う力、「共感力」といえます。つまり、「法的にはあなたは負けるけれど、あなたの言っている主張もわかります」とか、「法律を取り去ってみればご趣旨はある程度はわかりますよね」という共感する力を裁判官には示してほしい、うまく共感していることを滲み出してもらえれば、多くの場合、後ろにいる企業は納得すると思います。一方、法的な視点だけ押されると、法律はそうかもしれないけど納得できないよねと企業側は思うものなのです。

　例えば、解雇は無理だけど、これだけパフォーマンスの悪い従業員を置いておくのはつらいですよね、として企業の気持ちに肉薄してほしいというのが、企業側を扱う人事労務弁護士の切実な思いです。正式訴訟における和解勧試のときは、「解雇時点からのバックペイ全額」プラス「将来の12か月分」なんて和解案が裁判官から出される例はいくらでもあるわけですから、これを受け容れさせるために共感力を示してほしいのです。愚痴っぽくてすみません。

加藤　そういう話を現職時代に聞いておけば私ももっとよい対応ができたかもしれません（笑）。

　言わんとされることは、法的な判断で決着がつくという約束事のもとでやっているのはわかっているが、そうは言っても争うだけの実質がある、どういうところで争わなければならないと当事者が考え、訴訟活動をしてきたかを察してほしい、共感してほしい、それを踏まえたうえでの和解案提示、和解案提示の勧告であってほしいということですね。そ

れは大変よくわかります。裁判官として本当はできる和解もできなくしてしまうことは、紛争をうまく解決していく観点からも得策ではありません。その意味で、裁判官のスキル、能力の問題だと受け止めました。

嘉納　人事労務は判決が出てしまえば、ほぼ確実に不満当事者は控訴するという類型の争いです。特に企業側は、負け判決が出たら高裁にもっていくことが多いと一般的にいえる紛争類型です。そうだとすると、一般の民事事件以上に和解で終了していただきたいと企業側は願っているわけです。その目的を達成する手段が何通りもある中で、うまくこちらの心がなじむような方向で和解をしていただかないと、紛争が徒らに長期化し、高裁まで行くということになります。そうすると、労働者としてもお金をもらえる時期が遅くなったり、もらえなくなったりしますので、それはある意味労働者側にとっても不利なことにもなりますので、そこのところも含めて、裁判官の方にはご理解いただきたいと思います。

加藤　紛争の終わらせ方をよく理解したうえで真剣に和解に臨むのが相当というご指摘ですね。

嘉納　もう1つだけ付け加えると、労働者側と裁判官は、この案件だけ、目の前の案件だけ解決すればよい、これだけを争えばよいという点で同じ立ち位置なのですが、我々企業側は、その案件が解決しても、周りの従業員も意識しなければなりません。他の従業員の忠誠心や士気です。あれだけ出来の悪い奴が戻るのか、あいつが戻るのならば俺たち意欲なくなるよねと考えるのではないかということを、組織体である企業側は考えることになります。

　そうした違いがあるかと思いますので、裁判官の方には、1つの事件の背後にいる何十何百いる従業員のことも念頭において、示談に臨んでいただきたいと思います。今まで苦労してきたのでしょうねという共感を示してほしいということです。

加藤　まさに主張・立証と反論・反証がかみ合う審理をうまく遂行していくこととそれを踏まえた落ち着きのよい解決案を提示することが、当事者の共感を得られるところにつながるわけで、そのとおりだと思います。

5 企業の人事の本質は

加藤 人材育成はまさに人事労務の中核ともいえるテーマであることがよくわかりました。

嘉納 第6．労務管理への架け橋として述べておきたいのですが、企業の人事の本質は、人事異動・昇格・昇給及び人事評価を決定する権限だと思われます。このような権限は、基本的には、直属の上司が有しています。

　そして、なにに基づいて、この権限の行使がなされるか。いろいろな企業を拝見してまいりましたが、根底には、「好き嫌い」や「相性」がある、と申し上げても誤りではありません。優れた制度を企業が設けたとしても、その制度を用いて実際に評価を下すのは、上司という人間です。そこでは、不可避的に、「好き嫌い」や「相性」が色濃く入ってきます（中山てつや『人事の本質』幻冬舎メディアコンサルティング（2017年）8～27頁）。あまりに優秀な部下がいたら、自分がいつか蹴落とされるかもしれないという不安と嫉妬心は「嫌い」の大きな要素でしょう。つまり、そこには、個人がいくらがんばってもどうしようもない部分があり得る、ということになります。

加藤 うーん。まさしく人事労務のリアルですね。

嘉納 すでに第2．採用でお話しましたが、「自分の部下・後輩として雇ったときに一緒に働ける人材なのか」、という視点からすると、一緒に気持ちよく仕事ができる人が、好かれ、結果、企業の人事で評価されるということになるのでしょう。

　企業においては、結果として、勉強する場が与えられたり、自分らしさを発揮できたり、個人の成長を求めることができたり、ということは実際にしばしばあり得ますが、これらが求職の目的であると求職者が思うなら、うまくいかないかもしれません。これらは、たまたまそうなることがあるという結果であって、企業はこれらのために存立しているのではないからです。そうだとしますと、「自分の部下・後輩として雇ったときに一緒に働ける人材なのか」という視点から、いかに有価値なも

のを自分が企業に提供できるのか、という発想を求職者が抱くべき、ということになるのでしょう、きっと。もちろん、能力や資格が無駄と申し上げているわけでは決してありません。念のため。

加藤 厳しいようにも思えますが、働くということはそういうことなのでしょうね。

　逆に、求人者、すなわち、企業の経営者のほうで心がけておくべき点はありますか。

嘉納 経営者の仕事として大事なものは、坂本光司教授が『人を大切にする経営学講義』PHP研究所（2017年）の79頁以後で言っていますが、企業の大きな方向性を明示して、やる、やらない、いつやるか、の決断をして、その上で、労働者のモチベーションを上昇させることです。

第6 労務管理

1 人事労務の諸問題

◉法律的な回答と実務的な回答が異なることも多い

加藤　次は、人事労務の諸問題というテーマでお話を伺いたいと思います。その企業を志望する人で、ふさわしいと思った適性のある人を採用し、育成をして、会社のためにがんばってもらおうというお話をしていただきました。新入社員から仕事に慣れ、やがて中堅になりベテランにいたるのですが、どの段階でも人事労務関連の問題はついてまわります。

　これらの点について法的にどうみるかということと、実務的にどうみるかというところが必ずしも一致しないということも聞きますが、いかがでしょうか。

嘉納　世間では、労働者を搾取するような、あるいは労働者を踏みにじるようなブラック企業ばかりが注目を浴び、新聞やネットで叩かれています。叩かれる理由がある企業も少なくないので、それ自体は正当な批判だと思いますが、同時に、人事労務屋からみると、企業のことを十分には考慮してくれていないのではないかと思われる労働者の方もしばしば拝見してきました。釣り合いのとれた視点という観点から、企業という組織体に対して十分に慮るよう労働者の方に望みたいと思っていますが、その点が抜けていることがしばしばあります。

加藤　そういう人は職場の上司、同僚にとっても困るでしょうが、具体的にはどのようなものがありますか。

嘉納　いろいろな例があります。1つの例としては、当日の朝に会社へ連絡してきて、「今日は有給休暇を取得します。権利ですよね」という方がいます。これ自体は権利ですので、正しいです。会社としては、代替要員がちゃんといて時季変更権を行使する必要がない場合は年次有給休暇を与えるというのが法的な結論だと思います。体調が悪いことを理由に

当日の朝に休む連絡をしてくることを責める気はありません。ただ、こうしたことが頻繁に発生する労働者の方について、それを当然の権利の行使だとして、大手を振って行使し続けることは、企業の方からは、法律的には仕方なくても、本音は困るなと思われるわけです。1回や2回ならともかく、こうしたことが頻繁にある労働者の方に対しては、まとまった有用な仕事を与えられない、責任をもった仕事をしてもらえないと企業が判断してしまう、いわばその人の能力や適性や年次に沿った仕事を与えることを控えてしまうことになります。それゆえに、その人自身の能力開発とか、自己実現ということにとってマイナスの方向にいってしまうことが、あまりいわれていないことではありますが、法律上の回答と異なる実務的な面の1つ目の例としてあります。これはもちろん有給をとるなということではありません。しかし、負の側面として、当日連絡して休むということが続く労働者について、そうした会社の発想がときとしてあり得るということです。これが1つ目の例です。

加藤　一般的にいえば、権利である以上は行使することには問題ない。しかし、自分の利益だけのために組織の都合を考えずに、それのみを声高に主張する人は長い目でみるとどうも使いにくい人だなということになるのですね。

嘉納　そうです。法律は「○○」のようになっているが、人事労務という実務の世界では、それを超えた影響が及び得るという例です。企業は解雇についてはかなり制約を受けていますが、誰をどこに配置するかは相当な裁量と権限がありますので、その視点からみてあまり面白い仕事（責任を伴うような）を与えようとは人事部は思わないのではないかなと思います。

　他の例としてあり得るのは、外資系において、非常に高給を、例えば数千万円の年俸を獲得している労働者の方についても、法律上は労働契約法16条がありますので、解雇権濫用法理で保護されるゆえに、客観的にみて相当な理由がある場合を除いては解雇されないのが法律上の結論ですが、実務的にみて本当にそういうことでよいのかと首をかしげる

ケースもあります。

　数千万円もらっている場合、その中に、ある意味自分の雇用が不安定であることを含めて大きな額をもらっているのであろうと思います。アメリカの企業などでは、多額の報酬をもらう場合には、基本的には報酬の中にリスクが当然入っていると考えるわけです。それを前提にすると、地位が不安定であるというリスクが本来あるためにバーターとして給料が高いはずであるのに、労働者の方は仮に出来が悪いとして離職を迫られる場合には、解雇権濫用法理のもとで保護されていると主張して、自分への解雇はできないはずだと主張することがほとんどです。これはいいとこ取りだと思います。法的には労働契約法16条で保護されるのが原則であるものの、実務的には、労働契約法16条を手段として守るに値するようなかわいそうな労働者なのかというと、人事労務屋からするとちょっと疑問があるということが、法律と実務の食い違いということの2点目の例として挙げられます。

加藤　年功序列で昇進していって、若い頃働いた分を、歳をとって取り戻すというような後払いで付けられている給料の構成をとっていない外資系企業で、いきなり高給をもらっている場合に、そうした職種の人が、解雇権濫用という労働者を保護するための法理を自己に有利に援用するのはいかがなものかと、実務的な観点からは感じるということでしょうか。

嘉納　決して違法ではありませんが、実務上みて本当に正義なのかなと思います。

加藤　程度の問題はあるでしょうね。他にはいかがですか。

嘉納　女性労働者の方で、妊娠していることを自分で知っていて、それを隠して面接を受け入社するということがあります。これは言うべき義務もないし、会社もそのようなプライベートなことを採用面接で聞くことも非常に少ないと思いますので、ご自身が妊娠していることを言わないことは決して悪いことではありません。しかし、実務的にみて、それが露見してしまうと即戦力として採用されないことがほぼ明らかな際、意図

的に隠して入社し、入社後まもなく産前休暇をとり、産後休暇をとり、そこから育児休暇をとるというケースがときどきあり得ます。
　繰り返しますが、違法ではありませんし、妊娠している場合には産前休暇と産後休暇をとることができ、子どもが生まれれば育児休暇をある一定年数とることができるのが絶対的な権利として法律上認められています。1億2,000万の人口が100年後には4,000万人になっているという試算もあるので、産前・産後休業及び育児休業はほぼ無敵です。ただ、組織体を運営している企業側からすると、これはやはりかなり痛いです。今すぐに働いてもらう意思で採用しているのは明らかであるにもかかわらず、入社して非常に短い期間で休暇に入ってしまうということですと、その人に戦力として働いてもらう意図が達成されないことになってしまい、ひどいときには1年を超えて空いてしまうことになります。これは、違法ではなく、咎める気もありませんが、企業側からすると、実務的には、同じ景色が違って見えるというのが3番目の例となります。

加藤　企業と労働者の間にはそれなりの信頼関係があってしかるべきだという背景があり、そのうえでの物の言い方があることを知らなければならないわけですね。

嘉納　法律と実務が食い違う例のうち、今述べた3つとは正反対の方向の例を1つ掲げます。
　労働基準法39条では時間単位の年次有給休暇を与えることができる上限は5日間分と明記されています（4項）。したがって、1項及び2項の法定付与分を超える日数を就業規則で与えている場合を除き、5日間を超えて時間単位で与えることは違法です。ところが少なからぬ外資系企業は、全日数について時間単位で与えています。これを見つけたら「直してください」と申し上げますが、「労働者全員が全日数の時間単位付与を欲している」と企業から言われると辛いです。法律通りにすると労働者が怒りかねませんので。

●労働者の方にも養ってほしい「企業を慮る力」

嘉納 企業側からしますと、冒頭の繰り返しになりますが、労働者の方には、ある程度企業を慮る力を養ってほしいと切望します。ブラック企業はけしからんという形やコンプライアンスという形で、企業が労働者を慮る方向へ世論は向いていると思いますし、実に正しい指摘です。しかし、労働者の方が企業を慮るということに対して同じようにいわれているのかというと、私にはそうは思えません。人間は1人1人やれることは限られています。他人と一緒にものをつくりあげることによって、より大きな成果を達成することができるのがまさに組織です。1人で仕事をしているようなフリーランスならいざ知らず、かなり多くの方が、企業という組織の中に入って自分の価値を高めていく、他人と一緒でなければ達成できないから企業に入っているはずですので、自分の所属する企業が自分の繁栄にとって大切であり、企業の繁栄が自分の繁栄に対して大切であるということに対して、思いやりをもっていただければと思います。

加藤 ブラック企業でなくても、企業の成果主義に過剰適応し、働きすぎて、長時間労働で過労死を招くという現実がある一方で、逆の白けた現象もなくはないのですね。基本的には会社が労働者をどの程度慮って一定の施策をしているかとの関連もあるのだろうと思いますが、相応の対応措置をしている企業であれば、労働者としてもそれなりの見返りになるような働き方を心がけていくべきだということですか。

嘉納 そうですね。重要なのは、企業と労働者は決して敵対すべきものではありません。敵対してきた長い歴史はありますが、それは過去のものであり、理念上は手を取り合っていくことによって企業は繁栄し、労働者も繁栄する運命共同体のようなところがありますから、相互の慮りによって過去の不幸な対立というのを21世紀はより昇華していきたいという感じがします。この試みにより、300年・500年続く企業を目指したいです。

2 大組織に属する場合及び組織に全く属さない場合

（1）組織に属する場合
●*大企業に入ることのメリット*

加藤 従業員は組織に所属するわけですが、大きい組織かどうかということもありますし、最近では組織に属さない働き方も出てきています。また、フリーランスで専門的な技能をもった人たちもいます。経産省でもそうした働き方がよいとして進める方向性を打ち出していますが、こうした状況についてはいかがでしょうか。

嘉納 たぶんフリーランスの方はこれから増えてくると思いますので重要なのですが、まず、大企業に入ることのメリットについて、秋山進さんが「大企業に勧めることがやっぱりおいしい5つの理由」というウェブ論稿で言っていますが、3点お話します。

　1つ目は、やはり大企業に入ると、中小企業で味わえないような仕事を味わうことができます。より大きなプロジェクト、より先端的なプロジェクトといったものを扱える機会が圧倒的に多いです。これは中小企業にいては味わえないような醍醐味の1つです。より大きな最新のプロジェクトを味わえるというのが私の事務所の新人弁護士採用のためのアピールポイントの1つでもあるはずです。それが1つ目です。

　2つ目は、やはり大きな企業ですと、当事務所もしかりですがいろいろな種類の仕事をさせてもらえる可能性があるということです。つまり配置転換による横異動が数年ごとにありますので、配置転換の過程で、人事・経理・コンプライアンス・営業を経験するなど、いろいろな仕事を体験できる可能性がある、そしてこれにより自らの適性を考える機会をもらえるということは、相当に大きなことだと思います。それと同時に、その過程で外部の専門家と触れ合える機会、弁護士・会計士・医師といったその道の一流の人と接する可能性があるというのも大企業ならではのことだと思います。これが、大企業に入ることの醍醐味の2つ目です。

そして3つ目として、大企業であれば、きちんとした文章をつくるように一応指導されます。これは当事務所でも同じですが、1年生等の若い弁護士に対して、きちんとした準備書面、あるいは意見書をつくるようにという指導を、日本語・英語・中国語で行います。中小企業もあるとは思いますが、大企業や大きな事務所では、こうした文書作成術や、それ以外にも、セクハラ・パワハラをしないといった組織的な教育訓練指導が、日々のレベルでも、企業内部のセミナーというレベルでも行われています。よい仕事の習慣が身につく可能性が高いというのが、大企業で味わえる醍醐味の3つ目となります。
　以上を要約すると、仕事への意欲がある人を賢くしてくれる、そんな存在です。

●「労務管理をしやすいのは大企業？」大企業に対する誤った都市伝説

加藤　そうすると、優位性のある働かせ方ができることから、大企業では、そうでないところよりも労務管理をしやすいということになりますか。

嘉納　残念ですが、それは、大企業に対する誤った都市伝説の1つであろうと思います。

　大企業だから労務管理がかちっとしているというのが、多くの法律家の方、特に裁判官の方が誤解している点かと思います。大企業へアドバイスをしていて私がよく感じるのは、大企業だからといって、必ずしも労務管理がうまく行き届いているというわけではないということです。大企業だからうまくいっているわけではない、完璧とまではいえないときに、完璧とは程遠いということを裁判官には十分にわかっていただいたうえでの裁判実務をしていただきたいと思いますし、弁護士もこれをわかったうえで通常業務をすべきと思います。

加藤　大企業であれば、従業員も管理職も一定のクオリティを維持しているので、あまりうるさくいわなくてもそれなりに穏便に仕事が進んでいき、その秩序を乱すような人は出にくい。だからこそ、異なった特別な状況に対しての経験が、そういうことが始終起こっている職場よりは少

ないということがあって、厳格な労務管理の必要性をあまり感じなくて済むことはあるかもしれませんね。

　外資系企業も同じ傾向でしょうか。

嘉納　外資系企業は一般的に報酬の額が日系の企業の額よりもかなり高めに設定されています。入社1年目でもそうですし、相当の専門性をもっている人ならなおさら、日系企業の報酬の数倍もらえるポジションも数多くあります。それだけ払うのだからこそ、労務管理もきちんとして、人事の記録もきちんとつけているであろうと法律家は思いがちですが、決してそうではありません。高い報酬を払っているから労務管理がきちんとされているというのは、外資系企業についても都市伝説だと思います。

加藤　弁護士としてはそのあたりを助言することが必要だということになりますね。

嘉納　そうです。加藤さんのご経験からも、裁判官は大企業はきちんとしている、外資系企業はよりきちんとしていると思っておられると思われますか。

加藤　裁判官の多くはそう思っているでしょうね。中小の会社よりも、機構的にも組織的にも大企業はきちんとしているはずだということを、経験則とまではいわないにしても、そうした通念はあるように思います。

　もっともそれは程度問題ですから、通常この業界のこの業態で、このレベルの会社ではおよそ普通はこのようなものです、しかし当社では云々ですとうまく主張・立証できれば、受容されることもあると思います。一方で、法規範の観点からすると、労働者に対する濫用的な処分はだめですから、濫用でないというエビデンスがあってしかるべきではないかと思います。法規範は大企業ほどきちんと認識しているでしょうから、そのようなケースについてはきちんとエビデンスを残し、うまく処理するシステムを整えているというロジックで考えられがちです。私も弁護士登録して以降いろいろ案件を見聞きして、実際にはそうでない大企業も少なくないということがわかってきました。ただ、そういう現実

があるからといって救われるかどうかは別の話ですが、少なくとも、エビデンスをとっておいてしかるべきである場合でも、そうしておらず、悪気があって出さないのではないということは理解できました。

嘉納　人事労務屋からみますと、最大の実務上の問題点の1つは、加藤さんがおっしゃったように、証拠が十分でない場合が圧倒的に多いことです。もし証拠が十分でしたら、たぶん紛争にならない、裁判所の門を叩くまでもなく、示談でもっと早く解決するケースがより増えるはずなのですが、実務上の問題点としてはどうしても証拠が不十分になります。いろいろな理由があると思いますが、会社側もこの労働者が将来出来が悪くなるであろうと推理していないので、記録を昔からわざわざつくってなんていないことが圧倒的ですし、企業の人事労務担当者が配置転換で変わったり、辞めたりすることもあります。外資系企業の場合は、人事部長はしばしば転職をして、気づいたら他社の人事労務をやっていたりもするくらいです。そうすると、前任の人事部長がきちんとつけていなくて今の人事部長が青ざめるということすらもあります。

　ですので、裁判官からみると不十分な証拠で会社を敗訴させざるを得ないというケースのかなりの部分は、意図的に証拠を残さないのではなく、証拠が必要だと思わなかったり、証拠をはじめからつけていなかったりする例がかなりあります。ほとんど言い訳レベルなのですが、ご斟酌いただきたいと思います。

（2）組織に属さない場合
●フリーランスの人をどのように保護するか

加藤　次に、組織に属さないフリーランスの方のケースについてはいかがでしょうか。

嘉納　フリーランスがこれから増えていくのだろうと思います。企業に属さなくてもやっていける能力をもっている人の場合、技術的には携帯とパソコンさえあればどこでもいつでも仕事ができますので、1人でやっていきたい、組織に属するのが嫌だ、毎朝通勤電車に揺られてくるのが嫌

だという人もこれから増えてくると思います。

　そうなると、人事労務という範疇から飛び出す、つまり、労働法ではまかないきれなくなります。

加藤　事業者になるわけですからね。

嘉納　はい。労働法が前提としている労働者は、企業に従属している者であり、弱い立場にいる者です。労働基準法や労働安全衛生法といった武器を与えて労使対等を目指すという労働法の考え方があてはまらないフリーランスの人が増えると、どのようにそうした人を保護するのかという大問題があるわけです。これは、2020年以降はどんどん増えていくと思いますが、1つの考え方として、独占禁止法を適用するというものがあります。1人のフリーランスの人が、いくつかの企業と契約を同時に結ぶようなときに、いろいろな企業から仕事をもらう際、企業が優越的な地位を傘に着てフリーランスの人をいじめるということがあってはならないはずです。

　この点について、2018年2月15日に、公正取引委員会が、人材と競争政策に関する検討会の報告書というものを出しており、これには「労働者」も独禁法上の「事業者」に該当し得ること、発注者が役務提供者に不利益を与えることは「優越的地位の濫用」の観点から問題になり得ること、などなど、いろいろなことが書いてあります。今申し上げたような労働法と競争法が重なるようなことについての詳しい考察がされていますが、こうした方向で、近い将来、労働法の一部として、独占禁止法などの考え方がより盛り込まれてくるようになると考えています。

加藤　下請けいじめをしてはならないという下請法と同じような考え方で規律されていくということですね。

嘉納　フリーランスのような業務委託の方々は、コンピューターや携帯等の通信機器の発達により、在宅で仕事をする方も多くおられるでしょう。この場合を想定して「在宅ワークのための適正な実施のためのガイドライン」を厚労省が出していました。働き方改革実行計画に基づき2018年2月にこれが改訂され、今は「自営型テレワークの適正な実施のための

ガイドライン」となっています。

　雇用類似の働き方に係る論点整理等に関する検討会が厚労省でもたれており、この「中間整理」が2019年6月28日に出ています。これによりますと、今後、「発注者から仕事の委託を受け、主として個人で役務を提供し、その対償として報酬を得る者」を中心として考えることが適当とされています。2019年9月19日に東京弁護士会労働法制特別委員会にて、厚生労働省雇用環境金当局在宅労働課長の講演を聞いたのですが、このような方々の合計は、おおむね228万人（うち、主に事業者を直接の取引先としている方々がおおむね170万人、主に一般消費者を直接の取引先としている方々は58万人）ということです。「主として個人で」というのは、人を雇っていないことを意味し、「対償として報酬を得る」というのは、ボランティアを除外することを意味します。

加藤　まさに、人事労務の最前線のところですね。

COLUMN

人材と競争政策

　2019年7月の吉本興業の例で話題になりました。

　発注書面不交付は手続的な違反ともいうべきものですが、下請代金支払遅延等防止法（以下、「下請法」）違反になり得ます。

　もっとも、下請法には1,000万円超という資本金等の適用要件が課されています。

　1,000万円以下の資本金のため下請法が適用され得ない場合でも、実質的な被害である「不当な不利益」があれば、独占禁止法が直接に適用されることもあり得ます。

　独占禁止法19条の「優越的地位の濫用」規制を実質的に補完する法律が下請法なのです。

　2019年7月の吉本興業の例では、楠茂樹上智大学教授、郷原信郎弁護士ほかが、この点を指摘しておられます。

　この例では、公正取引委員会事務総長までもが、契約が不存在ということは契約内容が不明確になり得るし、不当に低い報酬で働かせることになる場合には優越的地位の濫用になり得るという趣旨を述べています。

3 AIがなんでもできる世の中

●AIで労務管理が変わるか

加藤　AI技術がかなり進んできていて、事務系の管理の部分がこれに置きかわるかもしれないという予測がされています。その関係でどのような人事配置をするかについて助言を求められた場合、どのように対応されますか。

嘉納　これは相当難しく、今私も悩んでいる最中ですが、知識集約型の仕事、つまり、情報がありさえすればできるような仕事はネットで検索できますから、価値が相対的に薄れていき、AIにとってかわられざるを得ないのだろうと思います。では、なにが残るかというのは、私ごときでは推理のしようがありません。

　　　ただ、なにが事実かという事実認定をきちんとして判断を下すような仕事が残るかなとは思います。

加藤　そこを詳しく伺いましょう。

嘉納　弁護士の世界でも、ある事実が目の前にある場合に、その事実を前提に裁判所がどのような結論を出すかについて、過去の判例の集積をAIがしてくれるようになると思いますので、ある事実をそのような集積情報にあてはめればおそらくこうした結論が裁判所で出るだろうと推理できる時代が近い将来訪れると思います。

　　　しかし、弁護士にとっては、なにが事実なのかという事実認定が重要です。いろいろな証拠を目の前にして、これが事実だと確定してからでなければ裁判例のあてはめはできないと思います。なにが事実かといった事実認定及びそれに直結する判断は、遠い将来AIにとってかわられることはあるにしても、近い将来とってかわられることはあまりないと思います。そのような仕事の付加価値性が高く、したがってそのような仕事を企業内で見つけて与えるということになるでしょうし、そうした仕事にフリーランスの人たちはより重点を置くことになると思います。

加藤　労務管理の仕事をAI技術に置きかえることは難しいですか。

嘉納　すでに労務管理の相当部分は実際AIにとってかわられています。従業員をどのように管理するのかということでは、いろいろなツールがすでにできていて、人事部長の仕事のある程度の部分をAIがやってくれる世の中が到来しています。

　それは効率を重んじるという意味でよいことなのですが、情の部分がはたしてどこまで考慮されるのかといった問題があります。例えば人材配置の場面において、利の部分での結論があるとしても、情の部分が絡むことも結構あるかと思います。AIによって、それがどこまで解析してもらえるかは個人的には疑問に思っています。そうした情の部分のところで、まだ人事部の存在価値がいくらかあると思います。

加藤　定量化を図る部分はAI化できても、定性的な部分での仕事は残るので、その限りで人事労務の専門性といったところは維持されるだろうということですね。

4　従業員の脆弱性

●若い世代に脆弱性があることを前提とした人事労務管理

加藤　従業員に問題がなければ労務管理は楽になるでしょう。しかし、現実には必ずしもそうではなく、従業員に弱さがあったり、病気になったりいろいろなファクターがあると思います。そうした従業員の脆弱性という観点についてはいかがですか。

嘉納　人事労務ばかりを20年超やっていて思うのは、近頃は、20代、30代の方々が非常に脆弱なのではないかと懸念せざるを得ない場合がしばしばあります。私のような1960年代生まれの人間、あるいはそれ以前の生まれの方々は、小学校でも先生からも、親からも叩かれて育ってきた世代ですので、人から怒鳴られたり叱られたりするのはある意味、相当に慣れています。だからこそ、団体交渉にて労働組合から散々怒鳴られても平気です。先輩の言うことを聞くのが重要な世代で、当然先輩の言うことをよく聞きながら覚えてきました。ある意味打たれ強かったと思いま

すし、今の我々の世代を押し上げてくれた原動力だと思います。

加藤 ミレニアム世代はどうですか。

嘉納 いわゆるミレニアム世代の方々について、少子高齢化も手伝って、お父さん、お母さんも非常に大事に育てたのだと思いますが、あまり叩かれたことがないという方が多いようです（そして2019年6月19日には、改正児童虐待防止法及び改正児童福祉法が国会を通過し、2020年から親による体罰が禁止されます）。それは当事務所でも同じなのですが、普通の指導をしてもそれが強く聞こえてしまう、あるいは、下手するとパワハラに聞こえてしまうというケースをかなりみてきました。

第5．人材育成で、「大きな声で部下を指導するのはよくない」と言いましたが、昔は大きな声を出されても我々はしゅんとして反省し、自分を鍛えていったものですが、必ずしも今の若い方はそうではなく、怒鳴られると精神疾患になってしまう方もいないわけではありません。ゆえに、そうしたある程度の脆弱性があることを前提に、企業側は若い方への人事労務管理をしていかなければならない転換期にきていると思います。

加藤 体育会、運動部系の人はそれほど大学で勉強していないけれども、結構いい企業に就職することができるのは、アンチ脆弱性の要請があり、企業としては体育会系パーソンは扱いやすいということが、連綿と続いてきているのかもしれませんね。

嘉納 そうですね。それが、企業が体育会の方を採用する理由の1つでしょうね。もう1つは、体育会ですと、上下関係を理解しており、先輩をたてる、先輩に対して敬語を使う、自分の後輩に対しても敬語を使うよう指導してくれるということの他、集団の規律を遵守してくれるため、組織になじむことがあるのだと思います。さらに、体力があって無理が効くことも重宝される理由でしょう。

なお、体育会系のうち、アメリカンフットボールについては、慢性外傷性脳傷との相関関係（因果関係ではありません）を指摘する論文がアメリカで出されています。アメリカンフットボールをやっていた方々を雇うなとおっしゃっている医師もおられます。ただ、相関関係を否定する研究もあるようで、ここはこれからの研究に委ねるしかありません。

5 精神疾患のきっかけと原因とが異なり得ること

◉*従業員が精神疾患に陥らないように企業が打っておくべき策*

加藤　最近はうつ病のような心因的な疾病になるケースがひと頃より増えていると指摘されます。これについてはいかがでしょうか

嘉納　先ほど申し上げた脆弱性に関連しますが、我々の世代であれば普通に聞き流したり、普通の指導として受け容れることであっても、若い人に向けられた場合は必ずしも受け止められず、精神疾患のきっかけとなり得る可能性があるのは先ほど申し上げたとおりです。

　　また、昔は、精神疾患というのは、ある意味社会的に少し言いにくかった時代だったのだろうと記憶しています。ところが、現在では、うつ病や躁うつ病の数が日本全国であまりに多くございます。もてはやされることはないとしても、それが昔ほど大きなスティグマ（烙印）にはなっていないと思います。そうしたことに加え、非常に多くの企業で過重労働がなされていること、セクハラやいじめがなされることをきっかけに精神疾患に陥る労働者の方が日本中で散見されていますし、よりひどい場合には自殺にまで至ることは誰もが知っています。

　　そのような前提で今日の人事労務をみますと、従業員が休職に陥るといろいろな面で企業の生産性に影響しますので、企業側は従業員が精神疾患で体調を悪くしないように、また、自殺をもちろん防ぐように、労働契約法5条の観点からいろいろな策を打っておくべきだと思います。

加藤　症状によっては当然休職してもらわなければいけないケースもあると思います。それに至る場合と必ずしもそれに至らない場合があるでしょうが、それぞれにおいて、労務管理担当者としては産業医と相談しながら対応していくのが通常でしょうか。

嘉納　従業員が、自身の主治医が発行した診断書をもってきて、それで人事部が慌てふためくということがしばらく前はありました。しかし、今はそのような場合の実務はかなり確立されており、その診断書の内容が本当に適切かについてのセカンドオピニオンをとります。企業の産業医か

らとったり、産業医から推薦してもらった別の心療内科医あるいは精神科医からとったりするのが非常に多くみられる実務となっています。そのような場合に、会社側が気をつけているのは、主治医の診断書の内容として、病名として書かれる情報が本当に正しいかどうかということと、その病名の下にある記載欄のところに、ときどき「企業のパワハラが原因で」とか、「過重労働ゆえに」といった原因結果の関係を認めてしまう記載があった場合に、それが本当にあるのかということであり、セカンドオピニオンの医師によく診てもらうことになります。

加藤　「あの病院に行けばそういう診断書を書いてくれる」という定評のある病院の存在を仄聞したこともあります。

嘉納　あるクリニックは、私の知り合いが行ったら、「今回は休職をとって、傷病手当金をもらい続けるという戦略でいくのですね」ということを言われたそうです。その医師は超一流の国立大学医学部を出ている方ですが、医師が患者にこのようなことを言うクリニックも実際にはあるようですので、企業側としては、従業員の主治医の意見に惑わされずに、より客観的な立場から診てくれる医師からのセカンドオピニオンをとるように努力することとなります。

　　全くの詐病であることは、私の経験ではほとんどありません。しかし、世間でもいわれていることですが、病名のところに「うつ状態」と書いてくる診断書が、昔は9割くらいありました。今は少し減っていると思いますが、これには、「状態」名が書かれています。胃潰瘍、十二指腸潰瘍と書くべき「病名」欄に「おなかが痛い」と書いてあるのと同じことです。そのような診断書が出てきた場合、会社側は、「病名」が書いていない診断書であるとして、セカンドオピニオンできちんと診ていただく必要があります。

　　また、先ほどお話しした原因結果の関係が患者である労働者の主訴のとおり書いてある場合に、それが本当の主原因なのか、きっかけに過ぎないのかというところに肉薄してくれる精神科医、心療内科医にきちんと話を伺わせる、セカンドオピニオンをとるためには労働者に行っても

らう必要がありますので、そうしたことがすべきこと、そして、実際にされていることの1つだと思います。

加藤　裁判所も、裁判所職員、裁判官を含めてこの問題に当面しています。

　例えば、裁判官が異動を契機にして、よいポストに移る異動でしたが、とても自信がないとしてうつ状態になった若手裁判官のエピソードを聞いたことがあります。積極的な仕事ぶりが評価されての栄転だったようですが、異動内示後に自分に務まるポストか自信が持てなくなったということで、自殺念慮の症状まで出ていたようです。結局、異動は取り止めになり、その後しばらく休んで仕事に復帰し、普通に勤められるようになったということですから、事なきを得た例ということになります。

　また、ときにあるのは職員が休職を繰り返すケースです。体調がよくなったとして出てきても、しばらくするとまた同じような状態となるのを複数回繰り返すという事例です。診断書はその都度提出されますので、形式的には問題はありません。しかし、実際には相当に困難な問題を含んだものなのです。が、地家裁事務局の総務課長は2、3年で代わるので、自分のときに重大な決断を下すのが嫌だ、あるいは上級庁の担当者も嫌だとして、結局いつまで経ってもそうした状態を繰り返すことになりがちであるからです。これは無責任な労務管理ですが、かといって所長が蛮勇を振るえるかといえば、それも簡単にはいきません。適正な労務管理とは法の予定する措置で対応する労務管理であると思いますが、必ずしもそうはならないことの例証であるともいえます。

　企業も同様に労務管理が貧困の状態と過剰な状態が混在しているように思います。どのような従業員かといったその人の属性と、どのようなつもりでそうしたことを訴えてくるのかということとの関係で、なかなか悩ましいところがあります。猛烈社員が長時間労働をした結果うつになって自殺してしまうのは大変に気の毒であるというほかありません。これに対し、もともと素因がある人で、それほど大した業務の仕事でもないのにメンタル面での調子が悪いと診断されて、大企業に就職しなが

ら休職を繰り返すような両極端のケースがあると感じています。

嘉納　加藤さんのお話の前者について、とても興味深い事例だと思います。というのは、私が少なくとも人事労務屋としてみてきた事例のある程度の部分は、長時間労働や過重労働のせいで精神疾患になったと労働者側が主張するけれど、セカンドオピニオンの過程でよくみてみると素因が本人側にあり、今回がファーストエピソードではなく、サードエピソード、フォースエピソードであることがよくあります。つまり、入社する前にセカンドエピソードがあったり、学生時代にファーストエピソードがあったりするわけです。そうした事例においては、過重労働や長時間労働があくまできっかけに過ぎない可能性が高いわけで、主原因が本人の脆弱性にあるということに医学的にはなるのだろうと推測されます。しかし、主原因ときっかけが必ずしも区別されておらず、また、精神疾患になってしまったという結果が重大であることに着目して、企業に責任を問わせることが正義のようにみえるために企業が責められるということがしばしばあります。

加藤　本人もお気の毒ですが、企業としても、つらいところですね。

嘉納　これは、企業としてはある意味かわいそうだと思います。というのは、その方を採用するまでは、その人が昔エピソードを示していたなんていうことを知りもせず企業は雇うわけで、かつ、聞くことも、1999年の労働省告示で阻まれてしまっています。それで当社でなにかあった場合に責任の100％を問われるということは、公平の理念からいってさすがにいかがなものかと個人的には思います。こうした意見をいうと批判に晒されるかもしれませんが、産業医や精神科医と企業の弁護士が結託して、精神疾患の労働者を辞めさせようとしているということがネットにときどき上がっており、弁護士と医者が結託するなどけしからんとお叱りを受けることがまれにありますが、弁護士は決して医者と結託して労働者を追い出そうという思想をもっているわけでは絶対にありません。その主原因が本人側にあるのかそうでないのかということの事実が知りたい、その事実認定をしっかりしたいのだということを強調して申

し上げたいと思います。

加藤　個別ケースの具体的な事実をきちんとみてどのように対応するかを検討しているのであって、はじめに退職ありきでみているわけではなく、そのようなアドバイスももちろんしていないということですね。

嘉納　絶対しません。そこで裁判官の方や、弁護士の方に考えてほしいのは以下の点となります。

　どのような労働者であっても、一度雇えば、労働契約法5条によって、その労働者に対する安全配慮義務・職場環境配慮義務を企業が必ず負います。その意味は、もともと脆弱な素因を本人がもっている場合でも、その人に対する安全配慮義務・職場環境配慮義務を我々企業は負うということであり、平たい言い方をすれば、もともと病気をお持ちの人を採用した場合でもその人へ配慮する義務を負うと条文には書いているということです。だからこそ、主原因が本人側にあるのかそうでないかの見極めは非常に重要であると強調したいと思います。

6 労働時間

(1) 働き方改革

●ワークライフバランスの推進の1つとしてのテレワーク

加藤　長時間労働に話が及びましたので、労働時間管理の問題に話題を変えたいと思います。労働時間管理についてはいくつかのトピックがありますね。

嘉納　今流行りのものが2018年6月29日に国会を通った働き方改革法案です。2019年4月以後、段階的に施行されてきています。当然のことながら、残業について、36協定で特別条項がある場合の上限が決まったことが画期的なことだろうと思います。それまでは、特別条項さえ入れれば青天井だったというのが基本的な法の立て付けであったことに対し、それを大幅に修正して、特別条項を36協定に盛り込んでも上限があるということを法律で明記しました。

加藤　ワークライフバランスを推進しましょうという考え方ですね。

嘉納　そうですね。したがって、長時間労働の防止に配慮したということと、あとは、確か労働時間設定改善法だったと思いますが、それによって勤務間のインターバル、つまり、ある日の会社を出る時刻と、次の日に会社に来る時刻の間、一定程度の時間を空けなければならないという配慮義務・努力義務が法律で決められましたので、各企業が決めることですが、ある一定の期間、例えば11時間なりを空けるように要望されるというのがこれからの企業の人事労務のあり方となります（ちなみに、厚労省によると、EUでは基本的に11時間とされているようです）。

　これは、睡眠不足というのが相当精神疾患を誘発するきっかけとなることが知られており、睡眠不足が1日であればともかく、継続すると身体に堪えることがいろいろな医学論文等でいわれておりますので、これらに配慮して、勤務間に一定の時間を設けることをもって睡眠をとりなさいということだと思います。

●テレワークの推進

嘉納　先ほど申し上げたとおり、今は携帯とパソコンさえあればいつでもどこでも仕事ができるという世の中になっていまして、このテクノロジーの推進は近い将来もっともっと進むと思います。つまり、会社という組織体に物理的に通勤しなくても仕事ができる世の中がすでに来ていまして、そのうちの1つがテレワークということになっています。

　テレワークの推進というのは面白いことに総務省が進めていまして、テレワークを進めるよう旗振りを行っている省庁の1つになっています。2020年7月24日は東京オリンピックの開会式の日です。この日は平日なので、その日に通勤されると困ると総務省は言っています。その意味は、世界中から外国人の方々が開会式を見にやってくる日ですので、公共交通機関がマヒするとすでに予測されています。その日に普通の勤め人が出勤されると日本中の公共交通機関がマヒしてしまう可能性が高いと総務省は推理しており、したがって、自宅であるいは自宅以外の場

所で、企業に出て来ずにどこか別の場所で仕事をしてくださいということをテレワーク推進理由として掲げています。したがって、2020年7月24日を目標として、すでにテレワークを推進するよう各企業へ呼びかけているというのが政府の方向性の1つになっています。

　テレワークは、非常によい制度だと思います。労働者にとっては満員電車に揺られて来なくてもよいこととなり、企業にとっては毎月の通勤費、定期代を支払う必要がなくなり得るでしょうし、おそらく両方にとってハッピーな面はあると思いますので、これからより推進されると思います。

加藤　そのこと自体はよろしいとして、労働基準法との関係ではどのように整理されるのでしょうか。

嘉納　実務上の問題点は、自宅で仕事をする場合に、いったい何時から何時に仕事をしたのか必ずしもみえず、中抜けしたこともみえないので、労働基準法38条の2の事業場外労働のみなし規定をあてはめるかどうかというのが1つの論点となっています。これに対しては厚労省が回答を出していて、ある条件が整った場合には38条の2を適用すると言っていますので、それにあてはめればよいだけです。あてはまらない場合は、通常の労務管理、職場で仕事をやっているのとなんら変わらない労務管理ということになります。

　他にも小さな問題点はいろいろあります。例えば、通信費・光熱代・ネット接続代・コンピューター代についてどちらが負担するか、あるいは、自宅で仕事をしている際の休憩中に水を飲みに行こうとして転んで頭を打った場合に労災になるかなど、いくつかの派生的論点があるので、テレワークを実施する際には、そうしたことにも意を尽くしながら、各企業で制度の内容を決めていくことになるのだろうと思います。ちなみに2018年2月22日に、厚労省から「情報通信技術を利用した事業場外勤務の適切な導入及び実施のためのガイドライン」が出されています。

加藤　実務上から見た大きな問題点はなんですか。

嘉納　人事労務的な最大の問題点の1つは、テレワークは週に1度でもかまわないのですが、毎日ずっとテレワークという人もいます。こうした方は、日々の単位で労務管理できるかということの他に、会社に出てこなくて他の労働者と心の結びつきを図れるかという問題があります。人間というのは、仲良くなることの手段として、その人と頻繁に顔を合わせる・会うということをしますが、ずっとテレワークをする場合その機会が必ずしもありませんので、うまい人事労務管理がはたして行えるのか、意思疎通ができるのかという問題があります。これは、うまくプロジェクトが進行できるかという問題につながりますので、重大論点として挙げておきます。

加藤　新しい問題ですね。

嘉納　もう1つテレワークで見過ごされがちな話として、障害者雇用の率を増やす方法として非常によい方法だということです。自宅でできる仕事を与えて、成果物をメールで返してもらうのはとてもよい方法の1つであることを強調しておきます。

●裁量労働制

加藤　裁量労働についてはいかがですか。

嘉納　裁量労働はしばらく前から労働基準法38条の3、38条の4という条文に取り込まれています。これは、基本的には19種類の専門的な職種の方については専門裁量労働として38条の3に、企業の企画的な業務に携わる方は企画型の裁量労働として38条の4に掲げられています。

　これらは、簡単にいうと、労働時間に重きがあるというよりは、仕事の成果や専門性に重きがあるので、時間で縛ることが必ずしも適切でないため時間の縛りを設けないという裁量労働制になっていると私は理解しています。これはこれでよいことですが、実務上見落とされがちな点をお話しします。

　専門裁量労働制でも企画裁量労働制でも同じことですが、裁量労働制というのは、基本は何時に出社・退社してもよく、何時間仕事をしても

よいことになります。

　この点について、裁量労働制は何時間仕事をしても、例えば2時間、3時間仕事をしようが、15時間仕事をしようが、8時間とみなすという制度ですが、2時間、3時間仕事して8時間とみなされている人はほとんどおらず、多くの場合8時間を超える労働や10時間を超えるような労働をして8時間とみなされていますので、恒常的な長時間労働の現状にあります。睡眠不足につながり、精神疾患を誘発するきっかけになるこうした現状が、裁量労働制の負の側面の1つです。

加藤　人事労務の観点からはなにか問題がありますか。

嘉納　裁量労働制は何時に出社してもよい、すなわち朝9時に出社しなくてよいということになります。これは人事労務の観点からは巨大なインパクトをもっています。あまりいわれていないことですが、精神疾患の方々の中には、朝起きられない、朝起きるのが不得手という人たちがかなり多くおられます。9時から5時、9時から6時といった通常勤務の場合、9時に出社しないことは規則違反ですから、人事部長はなぜ遅刻したかを問うことができ、それが頻繁に続けばこの人は精神的な疾患があるのではないかという気づきになります。しかし、裁量労働制の場合、ある労働者が9時に出社しないことは規則違反ではないため、9時に出社しない理由が精神疾患のためなのか、裁量労働制ゆえに調整しているのか見破ることができません。これが、裁量労働制の負の側面のもう1つであり、これらについて、十分に上司の方、人事の方が注意できるように弁護士は指導していくべきだと思っています。

　ちなみに、2018年7月25日の産経新聞の報道によりますと、中央省庁の残業時間の比較の結果、厚労省が5年連続最下位だったとされています。同省の労働部門で働く役人の6割が「過労死の危険を感じたことがある」と。働き方改革を推進している当事者が最も逆行していた、という興味深い結果です。テレワークを推し進めている知り合いの総務省の課長が私に「厚労省はブラック企業だ」とおっしゃっていたことを思い出します。これを裏付けるが如く、厚労省の若手からもそのような声が

挙がり、2019年8月26日には、若手からの緊急提言が出ました。

（2）労働時間管理
◉古典的な労働時間管理の問題

加藤　新しい働き方にまつわるお話をしていただきましたが、古典的な労働時間管理の問題としては、警備員が夜間警備をする場合、仮眠した時間が労働時間にカウントされるかという問題があります。比較的最近の判例（大星ビル管理事件判決・最一判平成14・2・28民集56巻2号361頁）として、一定の場合は労働時間にカウントされるという判断がされていますが、これについてはいかがでしょうか。

【大星ビル管理事件・最一小判平成14・2・28民集56巻2号361頁〔28070468〕】

1　一　所定労働時間外のある時間が労働基準法上の労働時間とされた時間であっても、当然に労働契約所定の賃金請求権が発生するものではなく、当該労働契約において、当該時間に対していかなる賃金を支払うものと合意されているかによって定まるものであるが、労働契約は労働と賃金の対価関係を本質的部分とする契約であるから、労働基準法上の労働時間に該当すれば、通常は労働契約の賃金支払の対象となる時間としているものと解するのが相当である。

　　二　ビル管理会社の従業員が従事する泊まり勤務の間に設定されている仮眠時間につき、一掲記の判断を前提に、会社では、仮眠時間に対する賃金の支給規定がなく、仮眠時間に対する対価として泊まり勤務手当を支給し、同手当以外には賃金を支給しないものとされていたこと等から、労働契約に基づく時間外勤務手当及び深夜就業手当の支払義務は認められないが、労働基準法上の労働時間と評価される以上、会社は労働基準法13条、37条に基づき、時間外割増賃金、深夜割増賃金の支払義務を負うとした事例。

2　一　労働基準法32条の労働時間とは、労働者が使用者の指揮命令下に置かれている時間をいい、労働者が実作業に従事していない仮眠時間が労働時

間に当たらないというためには、労働からの解放が保障されていることを要するところ、労働者が仮眠時間において労働契約上の役務の提供を義務づけられていると評価される場合には、労働からの解放が保障されているとはいえず、使用者の指揮命令下に置かれている時間として労働時間に当たる。

　二　ビル管理会社の従業員が従事する泊まり勤務の間に設定されている連続7時間ないし9時間の仮眠時間につき、従業員は労働契約上の義務として、仮眠室における待機と警報や電話等に対して直ちに対応することを義務づけられており、その必要が皆無に等しいなど実質的に上記義務づけがされていないと認めることができる事情も存在しないから、仮眠時間は全体として労働からの解放が保障されているとはいえず、会社の指揮命令下に置かれている時間に当たり、労働基準法32条の労働時間に該当するとした事例。

3　一　ビル管理会社が泊まり勤務に対応するために定めた「業務の都合により4週間又は1か月を通じ、1週平均38時間以内で就業させることがある」旨の規定につき、労働基準法32条の2の変形労働時間制の要件としては、単位期間内の各週、各日の所定労働時間を就業規則等において特定する必要があり、会社が作成した各月の勤務シフトを含めて、この要件を具備していたか否かを判断する必要があるとされた事例。

　二　一掲記の変形労働時間制において、従業員が従事した法定時間外労働に当たる時間を算出するためには、4週間ないし1か月を通じて1週平均48時間を超える時間のみを考慮すれば足りるものではなく、仮眠時間を伴う24時間勤務における所定労働時間や、これを含む週における所定労働時間を特定し、これらを超える労働時間を算出する必要があるとされた事例。

4　労働基準法37条所定の割増賃金の算定基礎となる通常の賃金に関しては、同条2項により通常の賃金に算入しないこととされている家族手当、通勤手当等の除外賃金を除外して算定すべきである。

嘉納　そうですね。最高裁が考えている方向性はとても正しいと思います。最高裁は、仮眠した時間を労働時間とみなすべきかどうかという観点に意を尽くしながら判断を下していると思います。別の言葉でいえば、使用者である企業の管理下にあるといってよいかという観点から判断を下していると思います。

　これは、殺人罪で起訴された被告の刑事裁判における殺意の認定の場合に、加害者が心の中で人を殺そうと思っていたのか、単に傷つけるつもりだと思っていたかについて、人の内心をみることができないために、客観的な証拠から故意があったと認めるべきかそうでないかという判断を裁判官の方がするときに似ていると思います。傷がついた部位、刺し方の個数・回数、力の入れ具合という客観的な事実から故意があるとみなすか判断する（大野市太郎「殺意」『刑事事実認定（上）—裁判例の総合的研究』判例タイムズ社（1992年））のと似たような考え方から、本件については使用者である企業の管理下にあるとみなしてよいか最高裁は考えていると認識しています。

加藤　ところで、嘉納さんは始終長時間労働をしていますね。私も高裁勤務の時代に、どのくらいの時間仕事をしているか、ある時期カウントしてみたことがあるのですが、かなりの時間外勤務をしていました。それを陪席裁判官に話しましたら、「部長は論文を書いたりもしているからその時間は外すべきだ」と茶化すので、「もちろんそれは別で、役所の仕事だけでそうなのだ」と答えると、「不出来な判決起案で部長に長時間労働をさせてすみません」と冗談で返され、笑いが起こりました。

　労働というか仕事は、強いられ、やらされるのではなく、やりたい、やる意義があると思えば、ストレスを感じる度合も少なく、いくらでもがんばれてしまう側面があると思います。強いられているのではなく、仕事が好きだからやっているのですね。その意味では、自分に適性のある自分にふさわしい職につくことが、時間をかけても苦にもならず、一定の成果も出ることにつながるのだろうと思います。

嘉納　まさに同感です（笑）。私の友人の1人に、超有名企業の最大株主兼

社外取締役がおられます。彼は鳥のさえずりを聴きながら、温泉に浸かりながらだといい発想が生まれ生産的に仕事ができると軽井沢リゾートテレワーク協会を立ち上げています。

　また、三菱総研の松田智生さんは、逆参勤交代（例えば、週4日通常の事業場で働き、週1日は地方で労務提供または社会貢献をするという）を提唱しています。

　働き方改革は、ワークライフバランスの実現や過労死・うつ病の回避を強く希求しています。もっともこれらは手段であって日本人の目的ではないはずです。日本人の目的は、2020年より後の日本（オリンピックが終わり、人生100年時代に突入する）における豊かな人生の実現のはずです。これを達成する手段は、働き方改革の法の中身だけにとどまりません。先ほど述べた方法も検討に値します。

7 アルコールへの注意喚起

●**アルコールが不祥事を起こすきっかけになり得ることに注意する**

加藤　労務管理の個別問題として、アルコールの問題があると思いますが、この点についてはいかがでしょうか。

嘉納　精神疾患の労働者の方や、セクハラ事案を起こしてしまう労働者の方を、企業側に立ちながら数多くみてきましたが、かなりのケースでアルコールが絡んでいると思います。私は47期なので、1993年から2年間司法修習をやりましたが、検察修習のときに思ったのは、犯罪が起きるきっかけの主たるものは3つくらいしかないのではないかということです。1つ目はお金絡み、2つ目は男女恋愛絡み、3つ目は薬物及びアルコール絡みという3つにほぼ集約されると思います。

加藤　我妻栄先生も「世の中の事件の原因は色と金だ」とまさにそういうことを言っておられます（笑）。

嘉納　知らなかったです（笑）。卓見ですが、しかし、実は色と金以外のものとして、アルコールと薬物があると思います（笑）。

アルコールをきっかけとした暴力事件というのは、2018年でもいくつも新聞沙汰になっています。アルコールは人を狂わせるものなので、相当注意をしなければならないものだと私は思っています。例えば、大企業の一流社員であり、通常の業務ではきちんと業務を行い、労務管理もきちんとしている上司であるのにもかかわらず、アルコールを相当飲んでしまったために、ふしだらなセクハラに及んでしまったというケースが私の知る限りでも多発しています。

　これは、被害者の女性の方々にとっては非常に痛ましい記憶になるでしょうし、加害者側にとっても、今まで築き上げたキャリアを全て失うことになりかねず、かつ、企業側からすると、優秀な従業員でこれから会社を背負って立たせるはずだった人を企業から放逐しなければならないということが出てきますので、被害者・加害者・企業という三者ともに大きな痛みを負うこととなります。

　アルコールの力は非常に大きいために、それをきっかけにいろいろな事件に発展するということがありますので、企業としてはアルコールのもつ力を従業員に認識させる時期に来ているのだと思います。これさえきちんと管理できるのであれば、相当数犯罪もなくなるでしょうし、企業内の不祥事もなくなるだろうと推測できます。

加藤　企業はなんらかの対応策をとっているのでしょうか。

嘉納　大企業のうちのいくつかは、すでに飲み会ではアルコールを禁止ではないが慎むよう、相当注意するようお達しを出している企業もありますし、管理職は2次会に行くなと言っている企業も出てきました。2次会、3次会となれば夜もどんどん濃くなり、アルコールの量も増えていきますので、自分に対する制御心、コントロールも乏しくなるでしょうから、事件の起きる可能性は大きくなります。

　このような企業もある中で、やはり、企業としてアルコールが不祥事を起こすきっかけになり得ているということに十分注意をしていただきたいというのが労務管理の1つです。

　企業はそこまで口を出すのかという考え方もあるでしょうが、出して

よい時代です。自分の家で飲んでいる分には他人には迷惑をかけないことになるでしょうが、同僚がいる場所、すなわち他人がいる場所で自分の会社の従業員がなにか不始末を起こすと、新聞に企業の名前が載るリスクを抱えます。アメリカの銃規制の甘さを批判する日本人の方も多いのですが、それよりもアルコールをなんとかしてほしい、禁止とまではいわなくても、十分に気をつけるよう会社としてはいうべきときに来ていると思います。

加藤　「百薬の長」といわれてきましたが、近時は、アルコールの害を唱える論文が出ているようですね。

嘉納　アルコールが身体に悪いということは、近年のいくつかの医学論文ではっきりいわれていることです。確かにかつてはアルコールはよい面もあるといわれていましたが、今ではWHOもアルコールは悪いといっていますので、アルコールに安易に走るような従業員が多発しないように会社としては人事労務管理の中で十分に考えておくべきであると思います。

　もう1つアルコールについて、精神疾患の労働者の方の多くはアルコールに耽溺してしまっているケースがあります。私の人事労務屋としての分析であり、医学的に合っているかはわかりませんが、心が痛くて疼くらしいです。実際に聞いたのですが、心が痛くて疼き不安で仕方がないので、それをマヒさせるためにアルコールを飲むそうです。精神科できちんとした薬をもらう方法もありますが、精神科に通う時間がもったいない、カウンセリングにいくとしても料金が高く保険が効かない、1時間2万円近くとるカウンセラーもおり払えない、薬を飲むといっても薬がやめられなくなるのではないかという恐怖心や、薬の副作用に対する恐怖心をもつ労働者の方もいます。

　心の疼きを止めるための最も簡便な手段はアルコールです。安くて合法。精神疾患をもつ方の中にはアルコールに耽溺している方が相当数いますので、そうした方がいるということを認識し、対策している企業もあるかと思いますが、対策するだけではなく、十分にシンパシーを示し

ながら労務管理をしていくことが重要だと思います。

加藤 セクハラ以外に仕事の面で大きなマイナスの影響はあるのでしょうか。

嘉納 他に重要な問題としては、秘密漏洩です。アルコールが入ると、陽気になり、たがも外れ、社内の秘密をペラペラしゃべってしまいがちなことです。このようにして秘密が漏洩されてしまうという案件をたくさん拝見しています。そもそも秘密とは、無体物なのに有価値なしろものです。そして伝播可能性が高いです。特に、上の地位の方であればあるほど、秘密性の高い情報に接するわけです。場合によっては、企業の存立に関わる秘密情報もありましょう。アルコールが入っているときには、ご自身の行動に一層留意し、ゆめゆめ漏洩をさせないよう、企業が従業員を指導できる状態にしてください。

　ちなみに、飲み会で飲めない人に飲むことを勧めるのは本当にやめてあげてください。「勧めた責任をとれるのですか」と聞きたいくらいです。蛇足ですが、飲み会で、総額を単純に人数で割るのは、本当に絶望的な鈍感さの現れだと思っています。だいたいアルコールの値段が相当に高いのに、それをアルコール非摂取者に経済的に負担させてはばからないアルコール摂取者の傍若無人ぶりはさすがにひどすぎます。

加藤 嘉納さんも私も下戸ですが、この辺りは「飲めない奴の駄弁」と受け止められないことを願います。

8 長期的視点

●長期的視点からみた人事労務のあり方

加藤 労務管理の重要性、その中で法律家としてどんなアドバイスをしていくかについて、いくつかのトピックでお話ししていただきました。さて、長期的視点からみて、人事労務管理のあり方について伺いたいと思いますが、いかがでしょうか。

嘉納 私は人事労務屋に過ぎず、経営の専門家ではないのであまり大きなことはいえないのですが、しかし、労働者側でなく会社側につき続けて20年超経ちましたし、アンダーソン・毛利のエクイティーパートナー（経営者）の１人ですので、少し私見を述べます。

　近頃、お金が全てであるという方へ少しずつ傾いてきている風潮があるように感じており、相当怖いことだと将来を悲観しています。日本や先進国の一部がそのようになってきている理由は、成果主義が相当行き過ぎてしまったのが理由の１つだと思います。成果主義は一見成果に応じていろいろな分配がされ、きちんと目に見えた成果を出した人が報われるので、とてもよいように見えますし、それ自体の優れた点を否定するつもりはありません。しかし、それだけではまかないきれない部分があり、それが日本のよさだったのにと思っています。

加藤「成果主義」には一面の真理があり、それがもてはやされてきた要因でもあると思いますが。

嘉納 会社の中では、営業の第一線でフロントに立ってお金を儲けてくる人がスター選手としてもてはやされ、より大きな配分を給料として受けるようにというのが成果主義の方向性の１つかと思います。これには一定の効果もあるとは思いますが、やはり、短期的な視点でみて、その人がなにか成果を上げる、あるいはそれらの集合体として、企業が短期的な視点でみて今年収益を上げるということはあくまで短期の視点でみて素晴らしいのであって、それが長期の視点でみてどう評価されるかという

のは別ものだと個人的には考えています。
　企業は一応企業として設立された以上は、ゴーイングコンサーンという言葉があるとおり、理念上は永久に続くという前提で企業会計がなされているのは周知のとおりですが、企業の目的というのは、短期的な視点から、今年の収益を最大限にして株主にそれを還元するというものでは決してなくて、坂本光司教授が『日本でいちばん大切にしたい会社』（あさ出版）シリーズで繰り返しておられる如く、長期的な視点からモノやサービスを消費者の方に提供し、消費者の方に喜んでもらうということや、その企業がある地域の住民の人から喜んでもらうこと、従業員がこの企業に勤めていてよかったと思ってもらうことだと思います。企業というものは、300年・500年続くべき長期的な存在だと思いますので、人事労務管理についても、その視点から少し考えていただけないかと近頃強く思います。

加藤　短期業績が評価の唯一絶対の基準となると、どうしても近視眼的になり、かつ、中期的・長期的な視点が薄くなってしまう。そうすると、いきおい無理をしてしまい、無理をするとしわ寄せがくる。
　したがって、急激な利益獲得はできないとしても、中期的・長期的にみることで、安定的・継続的な、緩やかな上昇を見込むことができる、あるいは、関与者が皆利益を得る形で企業活動ができるし、成果も得られる。そうなっていくための基盤として、労務管理が機能するようにならなければならないということですね。

● **安定的、継続的な企業の成長基盤となる労務管理**

嘉納　そのとおりだと思います。企業として労働者の方々に教え込むべきだと思っています。
　先ほどの例だと、フロントに立って、営業の第一線で稼いでくる労働者は偉いのだとは思いますが、「私のおかげでこの企業は成り立っている」と仮にうぬぼれてしまったら、それはある意味終わりなのだろうと思います。

というのは、その人がそれだけの成果を出せるというのは、決して本人だけのがんばりの成果・結果ではないはずです。高橋伸夫教授が『虚妄の成果主義　日本型年功制復活のススメ』日経BP社（2004年）でいわれるとおり、例えば、その人が外に出ているときにお客様から電話があったら取り次いでくれる周りの従業員だったり、その人がいないときにその人の机をふいてくれる別の従業員だったり、仮にその人が落ち込んでいるときに慰めてくれる周りの従業員だったり、そうした有形無形の支え、サポートがあって初めてその人はスター選手で居続けることができるということを、本人は決して忘れてはならないし、本人が気づいていないなら、会社が日々の教育訓練の中で十分に教えるべきだと思います。そうでないと組織体というものは歪んでしまうと思います。

加藤　そのようなスタンスで、弁護士としては助言すべきではないかということですね。

嘉納　はい。坂本光司教授のおっしゃるように、企業の目的は短期の利益ではなく、長期の継続であるはずのところです。それと同時に、企業としては、第５．人材育成の加藤さんのお話にもありましたが、決して仕事というのが労働者にとっての苦痛や苦役ではないということを、日々の教育訓練の中で労働者の方に伝えるべきだと思います。加藤さんのお話にもあったとおり、仕事は自己実現の絶好の機会であり、人が成長するための最高の機会です。決して苦痛や苦汁を与えられていると観念すべきでないと、企業は従業員に伝えるべきだろうといいます。このことこそが、労働者が会社のことを慮ってくれるようになるための信頼関係を基礎づけるものだと私は思っています。

加藤　仕事に対する考え方、仕事観、勤労観が欧米と日本とでは違うような気がします。欧米の人は一定程度働いたらリタイアして遊んで暮らすことを理想とする人が少なくなく、弁護士でも早々に稼いで代替えして悠々自適な生活をするのが理想だという話を聞きます。この点はいかがですか。

嘉納　欧米、特にアメリカ、カナダの例ですが、50代でリタイアするビジネ

スマンが結構います。それで悠々自適に暮らせるなんて大したものだと思いますが、ある程度自己実現をし、お金も儲ければ、あとは自分の人生を楽しむ方により力点を置くのだと思います。それが日本で中期的に通用する議論かというと、わかりません。

　政府は70歳定年ということをすでに打ち出しており、将来法制化されるでしょう。それはもちろん働きたい人が働けばよいという前提に立っていると思いますが、逆にいえば、70歳まで働きたい人が多いということだと思います。それは自己実現のためでも、そしてお金を稼ぐためでもあると思いますが、欧米ではあまりないような価値観、すなわち仕事がかなり人生で重要であるといった価値観、人生において仕事の占める割合が非常に大きいということが影響しているのだろうなと思います。

加藤　長期的視点、観点からの人事労務関係の助言としては、こうしたことも頭に置いておくべきものと思います。

嘉納　約20年前にアンダーソン・毛利に入ったとき、「経営法曹」に入ることを盛んに勧められたのに何度も断った経緯があります。

　ひと昔前の企業側の弁護士の先生方の中には、あまりに労働者を見下す人々が何人もおられたので、とても尊敬できないと思ったためです。伺うところ現在の経営法曹は当時と少しだけ違ってきているらしく、これはよいことです。

　20年前から私が言い続けているのは、会社を説得するのが企業側の人事労務屋の最大の使命の1つだということです。労働者がいてくれるからこそ、サービスや商品が生み出され企業は利益を上げられます。つまり、企業にとって労働者はなくてはならない運命共同体といえるでしょう。そのような運命共同体の重要性を真正面から認めて公正に扱うことこそ、企業が500年続く存在になれるのだと信じています。

●褒めること

嘉納　山本五十六海軍大将は次の名言を何十年も前に残しています。

　「やってみて、言って聞かせて、させてみて、褒めてやらねば人は動

かじ、話し合い、耳を傾け承認し、任せてやらねば、人は育たず、やっている姿を感謝で見守って、信頼せねば人は実らず」

500年を目指す企業にこそ必須の名言だと思うのです。日本において、また国際社会において、名誉ある地位を占めるため、労働者とその家族を慮る気持ちは企業に必須のものでしょう。

この山本五十六海軍大将の言葉の「褒めてやらねば人は動かじ」の部分は同感です。いくつになっても人は褒められたいという欲求があることを、さまざまな場面で私は確信しています。同僚を褒める。上司だったら部下を褒める。部下だったら上司のよいところを褒める。第5．人材育成で、企業の人事の本質が「好き嫌い」であることを述べましたが、企業における人事を仮にうまくいかせる重要方法(労働者から見ると、組織を生き抜くための重要方法)があるとすると、1つは人を褒めることだと感じています（中山てつや『人事の本質』幻冬舎メディアコンサルティング（2017年）98～107頁）。もう1つは笑顔をできる限り多く見せるようと試みることでしょう。

加藤 なるほど。

嘉納 本当はこのようなことを新卒の労働者に、企業で教えるといいのですが……。ところで、少なからぬ企業が新卒を採用する目的は、自社の文化や社風を守り、将来の幹部社員になるよう一から育てたい（文化や社風に合うよう染めたい）からです（藤井哲也『その会社、入ってはいけません！ダメな会社を見わける50の方法』ビジパブ（2010年）27頁）。そのような企業では、長期の育成を基本にしているわけです。そのような企業が「対価としてお金をお給料という形で出しても惜しくない」と思う人材に育つべく、個々人が自己研鑽を怠らないようにしてね、という基本的なことについて、企業が新卒の労働者に教えられるように、顧問企業を指導してください。

●人事労務をやるには法律以外のことも

加藤 人事労務をやるには法律以外の事柄にも広く関心、知識をもつことが

必要になるのでしょうか。

嘉納　そうですね。これまでのお話しの中でも少し申し上げたことですが、人事労務は生身の人間を扱う分野です。これは親族相続の分野、つまり夫婦が離婚するとか、親が死んで兄弟姉妹が相続を争うといった分野にとても似ていて、感情がむき出しになる法分野です。感情がむき出しになる分野は私の所属する法律事務所で扱う法分野としては珍しい分野です。人の感情とか生身の人間を扱うので、法律・規則・通達といったものだけではまかないきれないものが半分を占めており、これらだけでは乏しいアドバイスしかできません。

　「法律上は負けるけれど、あなたの言っていることはわかる」といった事例が、企業側に立つと多いということはすでにお話ししました。こうした共感力を養うためには、例えば、経営学だったり、労働経済だったり、法律と全く関係のない小説や音楽や映画だったり、楽器だったり、運動だったりというような法律以外のものが役に立ちます。知識や趣味を充実させろとまではいいませんが、これらが役に立つということが相当程度ありますので、ぜひ若い弁護士の方には法律一辺倒にならないようにご留意いただければと思います。

加藤　労働法制そのものが、社会経済的な実体を色濃く反映するものですし、政策的なものに規定されるところが大きいものですから、ルールだけをみていては足りません。のみならず、労使紛争で登場する人物は生身の人たちで、そこで生じる愛憎・関係性・争いといったものをきちんと深いところで理解するためには、小説であったり、演劇であったり、あるいは心理学であったり、そういった、人間を理解するために必要な事柄を総動員して取り組んでいくということが最も重要だということですね。

嘉納　はい。さらに付け加えるなら、人事労務の醍醐味は、案件が起こってしまった後の労使紛争状態を決着させることだけにとどまりません。企業にとって最良なのは、案件が起こらないようにすることです。未然に防ぐために、賃金制度の設計、企業年金制度の設計、就業規則の作成・

改定、等々の、予防法学的な事柄が仕事の中心に入ってきます。とても創造的な分野ですが、このような未来創造的側面については、法律の知識だけでは本当に絶望的です。

　ちなみに、「制度の設計」に絡めて余談ですが、就業規則を作成する際、懲戒委員会なる組織をわざわざ入れ込む企業があります。決して悪くはないのですが、懲戒委員会の構成員を1つの日に集めるのに手間取り、行為者が辞職してしまうリスクがあり得ますのでご留意ください。

第7 紛争対応

1 労働事件・労働紛争の特色

◉夫婦の離婚や兄弟姉妹の相続に似ている労働事件

加藤　人事労務を理想的にした場合でも、それでもなお紛争が起こるということが世の常です。長らく、訴訟まで含めて多くのケースを経験されていると思いますが、これまで経験されてきたことを踏まえて、労働事件、労働紛争の特色をもう1度反芻したいと思います。

　　　いかがでしょうか。

嘉納　労働事件は、夫婦の離婚や兄弟姉妹の相続に似ています。通常の事件よりも、面子の突っ張り合いというところが全面に立つために、1度紛争になってしまったら、かなり長期化する可能性があるという特徴があります。ゆえに弁護士の初期対応としては、裁判所や労働委員会にもっていかせないよう、早期の示談をできるだけ迅速に心がけるべきですが、不幸にして効を奏さなかった場合には、ある程度長期化することを覚悟する必要があります。

加藤　労働訴訟、労働委員会の紛争にしないための事前での合意的解決ができるケース、できないケースが生じるのはどのような要因によるものなのでしょうか。

嘉納　類型化は難しいですが、1つは、労働者の方がある程度のお金で矛を収めてくれるのか、それとも徹底抗戦をしてでも会社へ戻りたい、配置転換前の部署に戻りたいといった、お金でまかないきれないところにあるのかという2つのどちらに重きがあるかによって、大きく差異があるだろうと思います。

　　　お金に重きがある場合については、金額に開きがあるにせよ示談の糸口が少なくともあるわけですので、どこまでこちらが上げることができ、向こうが下げることができるかの問題に帰着します。会社として

は、労働者の方が主張する金額を払うのは、仮に訴訟で負けるとわかっていてもけしからんという判断のときは、訴訟に突入します。具体的には、試用期間の間の出来がよくないとして解雇するような場合に不当解雇だとして争う場合、労働者の中には示談金として給与の2年分を要求することがよくあり、1年分を要求することはもっとあります。企業の発想からすると、試用期間の間の数か月しかいなかった人、しかもパフォーマンスの芳しくない人になぜそれだけ払わなければならないのか、絶対払えないという対応になると思います。

　しかし、この種の事案が裁判所で証拠調べをして判決が出るとおそらく会社が負ける事件であることを考えると、1年分、2年分を払った方が最終的には安く済むことになるのですが、面子であったり、他の従業員に対して示しがつかないという理由だったりで、負けるとわかっていても突っ張ることが結構あります。

　この点、1～2年の間リーガルフィーを企業が弁護士事務所に支払い、かつ1～2年経って敗訴判決ということになるとかなり辛いです。そこで、事案によっては、裁判所に係属した後といえども和解の方向を模索して一生懸命がんばります。

●うまくワークしているといわれる労働審判制度

加藤　最近は労働審判制度がありますので、個別労使紛争についてはそちらで引き受けることになります。労働審判制度についてはどのようにみておられますか。一般的にはうまくワークしているといわれてはいますが。

嘉納　確かに、うまくワークしているといわれますが、私は、「やむを得ないので終止符を打つ」という感想です。労働審判においては、基本的には4か月程度の中で3回の期日しか入りません。3回目までに示談を成立させないと正式訴訟に移行してしまう可能性が高いので、企業としては、審判官たる裁判官を含めた労働審判委員会の3人の方が相当無茶なことを提案したとしても、やむを得ず飲む、飲まざるを得ないことが相

当あり、自分の経験でもたくさんありました。

加藤 労働審判員のスタンスは、労働者側から1人、会社側から1人出るということですから、当事者のいうことが内在的にわかる人が、労働審判の裁判官を含めたパネルの中にいるというのが建前的な説明です。実際はどのように受け止めておられますか。

嘉納 弁護士によって感想は違うと思いますが、企業側から出てきている労働審判員が企業側にやさしいとは私にはとても思えません。むしろ企業に厳しいことを言うのを相当経験しています。簡単にいうと、お前の会社はそんな証拠もないのか、お前の会社はそんなずさんな労務管理か、という態度で臨まれることを相当経験していますので、必ずしも企業にとって手放しに明るい制度ではないと思います。2006年4月1日から13年以上も続く制度ではありますが。

加藤 その労働審判員の方が勤めていた会社、現に勤めておられる会社は、労務管理において紛争を前提としたエビデンスをとっておくという実務をしていた会社なのかもしれませんね。

嘉納 紛争になるとあらかじめわかっていれば証拠を集めますが、そんなこと事前の段階では推理しようがないと思いますが。

加藤 確かにそうですね。

嘉納 労働審判でもう1つあるのは、期間が非常に短いので、労働者側の先生は申立書をつくるのに2か月、3か月かけても全然かまわないのでしょうが、企業側は、申立書が出てきてから限られた日の中で答弁書を作成する必要があります。これは相当、会社側の弁護士に無理を強いるものです。しかも、外資系の場合はもっと厳しくて、申立書を英訳しなければならず、答弁書をつくるにしてもコメントのために英訳しなければならず、そしてそのコメントを和訳しなければなりません。英訳・和訳しなければならないために時間が全く足りないということになります。裁判所へ電話をして、申し訳ないが第1回期日を延ばしてもらえないかとお願いすることもよくあります。私が経験したほぼ全てのケースで伸ばしてもらっています。決して遅延をさせることを目的としている

のではありません。

加藤　意図的に伸ばしているとは思われないために、そうした対応をされることは悪くないと思います。

嘉納　唯一の救いは、労働者側が正式訴訟ではなく労働審判という制度を選択してきているという事実です。これはすなわち、原職復帰を真剣に争うというよりも、お金での解決を視野に入れている意思の現れですので。もしあえてもう1つ挙げるなら、訴訟のように長引かずに終わる可能性があるというのは、確かにありがたい制度です。労使紛争で長期化はまずいですから。

　付言しますと、労働紛争の多くは、形式や名前と事実や実態がずれているときに生じます。名ばかり管理職、請負偽装、などはその典型です。最近は「名ばかり代表取締役」とでも呼ぶべき事例も現れています（東京地立川支判平成31・2・22公刊物未登載）。

●個別労使紛争にはみられない大変さが潜む不当労働行為救済手続

加藤　労働委員会での不当労働行為救済手続を体験されたこともあると思います、いかがですか。

嘉納　その前の団体交渉の段階からそうなのですが、個別労使紛争にはみられない大変さが潜みます。人事労務の中の労働法の場面に限ると、個別的な労使紛争と、集団的な労使紛争の2つに分かれます。多くの弁護士の先生は、できるかどうかは別として、個別労使紛争はやりたがりますが、団体的な集団的労使紛争を避けたがる弁護士が多数おられると思います。特に若い先生はそのようであり、それは私の事務所でも同様です。

加藤　それはどういう要因ですか。

嘉納　先ほど申し上げたように、大変だからですね（笑）。誰でも、怒鳴られるのは嫌なものですし、激しく糾弾されるのも嫌なものです。私が約20年前に初めて団体交渉に出たときは、確かに震え上がりました。こんなのは許されるのか、と。人事労務なんて2度とやらないぞと思ったのですが、それ以後、集団的労使紛争にもどっぷりつかってしまってい

す。幸い、親からも教師からも叩かれて育ってきたことが、意外な形で功を奏しました。ところが、若い方は今までの人生において、団体交渉という、人を怒鳴りつけることが合法的に許されるような場面に身を置かれたことがないということだと思います。

加藤　若者の脆弱性の１つの現れですね（笑）。

嘉納　そうなのかもしれません。親からも学校の先生からも怒鳴られたことのない弁護士が、向こう側に何十人も並んでいる労働者の方から怒鳴られる場面に進んで身を置くということはないでしょうし、避けたいという若い弁護士の方が実際に多くおられます。

　これはある意味、目的からして不幸なことで、団体交渉は怒鳴り合うものではなく、本来はなにかをまとめるために話し合うことが目的であり、労使関係をよくするための１つの場面であるものです。にもかかわらず、実際のところは、大企業内の御用組合であればいざ知らず、それ以外の組合との団体交渉であれば、熾烈な言葉を２時間の間にまるまる２時間くらい、イメージ的にいえば２時間しかないのに、８時間に及ぶような長時間に、あたかも感じてしまうほど、インパクトのある罵詈雑言を企業側は浴びることがあります。企業側弁護士が出席する必要のある団体交渉のかなりの部分はそのような状況ですので、若い方は避ける傾向にありますし、組合組織率も減ってはいるのですが、面白い分野ではあるのでもっと参入してほしいと思います。

加藤　その面白さはどういうものですか。

嘉納　やはりうまくいえませんが、個別労使紛争ではみられないような「ひねり」が加わるのですね。それはいろいろなところで感じます。個別労使紛争では当たり前の結論が、集団的労使紛争では決して当たり前でないという例がいくつもあります。

　例えば、１つの例として、労働者がなにか不満を言ってきたときに、会社としては、言っていることはわからないではないが実態は違うと説明し、説得を試みる場面があると思います。この場合、個別労使紛争ならばきちんと説明をして説得するのが普通なのですが、集団的労使紛争

の場合、その人が組合員の場合、組合の許諾なく個別にアプローチすると不当労働行為になる可能性がある、すなわち「組合切り崩し」といわれることがあります。個別労使紛争であれば許されるのに団体的労使紛争では阻まれてしまう、そういうひねりが加わる場面が結構あり、個別労使紛争の頭の使い方とは違う頭の使い方が必要になるので面白いと思います。

加藤 まさしくプロの面白さですね。

嘉納 自分が怒鳴られる「団体交渉」という場面に自分の身を置けるのも、歳が長ずるにつれて人生でそれほどないことですので、ある意味面白いです。また、争議行為の1つとして職場占拠を経験することもあります。警察に行ってなんとかしてくれと頼んでも、もともと、労組法で違法性が阻却されていますし、警察は組合問題不介入ですから、もちろん積極的にはなにもしてくれません。そこで職場から穏便に立ち退いていただくため、なんとか知恵を絞るわけです（組合員の身体に触ることはできません。暴行したといわれても困りますから）。ストライキとか職場占拠とか、専門用語でいうところの団体行動、もっといえば争議行為というものを身近でみることができるのも、ダイナミックさを感じられる場面ですので相当面白い分野だと思います。

『NIBEN Frontier』2012年4月号及び5月号で菅野教授は、個別労使紛争は、民法の契約の自由を基本に据えて、労働者保護のため、これを修正するという法分野とおっしゃっています。このため、民法さえ頭に入っていれば、決してわかりにくくはないわけです。このため、大学院の学生が議論をすることができるし判例の理解もできるそうです。これに対して、団体的労使紛争は、契約の自由を基礎に据えるものではありません。労働者の団結を組織化することを保証して、企業と話し合うことを保証し、行き詰ったら争議行為をすることを保証する、ということが基本です。大学院の学生はストライキとかピケッティングとか見たこともないので、全然わからないという顔をする、と菅野教授はおっしゃっています。

加藤　私は不当労働行為について、労働委員会裁決取消訴訟の中で扱ったことがあります。労働組合と会社のこれまでの歴史が全部今の状態につながっているというところが、個別労使紛争でもあるでしょうが、不当労働行為は、より濃く、その意味でのダイナミズムを感じました。第二組合ができて会社がそちらを優遇する、組合員が少なくなっていき、残った組合員に対して差別的取扱いをする、そうした処遇は差別ではなく合理的な理由があると会社は反論しました。組合側が差別的取扱いを統計的に立証するためにはサンプル数が一定数なければならないという議論があるのですが、多かった組合員をだんだん減らして現在の数になってきたことも織り込んで評価しなければならないか（評価してよいか）が争点になったケースでした。

　それは、労働委員会が不当労働行為性を認めなかったケースでした。県の労働委員会が不当労働行為性を認めたものを、中央労働委員会が覆した、それを裁判所がさらに覆したという経過をたどりました。過去の労使の歴史を勘案するというスタンスでエビデンスを評価したものです（東京高判平成26・4・23判時2248号91頁）。上告・上告受理申立てをしたのですが、最高裁で調査官が強く勧告し、和解をしたか、あるいは取り下げて当事者間で和解をしたケースでした。

【国・中央労働委員会（シオン学園）事件・東京高判平成26・4・23判時2248号91頁〔28222133〕】

　自動車学校の教習指導員が組織する支部組合及びその上部団体が、2年間に行われた合計4度の一時金支給の際に支部組合員の一時金額を非組合員に比して低額にしたことが自動車学校を運営する会社による不利益取扱い及び支配介入の不当労働行為に当たるとして、不当労働行為救済を申し立て、当該申立てを再審査した中労委による棄却命令に対する支部組合らによる取消しの訴えが第一審で認容されたことから国が控訴した控訴審において、〈1〉一時金額についての組合員集団と非組合員集団の格差及び、〈2〉前記両集団の同質性を肯定することができ、〈3〉以上の点に加えて前記格差が拡大した経緯とその間の労使間の対

立状況等に照らすと、前記の一時金の格差は会社による支部組合に対する不利益取扱いによって生じたものと推認できる、〈4〉前記格差を生じさせる直接の原因となった会社の考課制度の内容や運用に十分な合理性が認められれば前記推認は排斥されるものの、そのような合理性は認められない等の理由をもって支部組合が主張する不当労働行為の成立を認めた第一審の判断が、前記〈2〉の点について、前記一時金支給の時点で20名程度という組合員集団の規模であれば集団間の外形的・量的格差の比較により不当労働行為を推認する手法を適用する前提を欠くとはいえず、また、組合員集団と非組合員集団の間の勤務実績（時間数）の差は従前からの労使関係に起因するものというべきであって勤務実績の差をもって同質性を否定するのは相当でないとの判断を付加する等の若干の付加・訂正を加えたうえで控訴審においても維持され、国の控訴が棄却された事例。

●労働委員会の審判の指揮は和解ばかりを勧められる？

加藤 労働委員会は、労働委員会の審判の指揮が適切でない、和解をしたらどうかとばかり言われるという声を聞くことがあります。その点はいかがですか。

嘉納 それは正しいと思います。この点について実は理由があります。

例えば、東京都労働委員会で争っている案件で、労働委員会に労働組合がもっていくケースというのは、労使関係が熾烈になっているものです。そうだとすると、都労委で示談しない場合、中労委、地裁を経て高裁、最高裁までいきますので、10年を超えるかもしれないものです。そのため、おそらく公益委員の先生は、都労委で仮に救済命令や棄却命令が出たとしても真の解決にならないと考えておられるかと思います。それが示談を強力に進めるいくつかの理由の１つだと思います。長期化を防止するという意味で、ある程度合理性があると思います。

加藤 嘉納さんが実務的に問題だと、感じておられる点はありますか。

嘉納 問題があるとすれば、公益委員の人が、法律の専門家でない場合があるということです。学者や元裁判官のケース、現弁護士のケースなどの

他、法律家でないことがあるのです。元仙台高裁長官を勤められた藤田耕三先生が都労委におられた頃の訴訟指揮は、実に見事でした。労側からも使側からも一目置かれていました。このように、元裁判官のケースはよいのですが、それ以外のケースでは公益委員が必ずしも訴訟指揮に慣れていませんので、労働組合の不規則発言を抑えてもらえません。会社側は不規則発言をあまりしませんので、言われ放題となります。相当きつい戦いを都労委という公の場でいろいろ強いられることになりますので、その点についても、弁護士としては十分に頭に入れたうえで、依頼者に対し、不規則発言があると思うけれど基本的には怒らないようにとあらかじめ言っておくべきです。

加藤　中労委の事務局担当者は厚労省から出向してきています。労働者を保護し、労働者側を勝たせなければならないと思っていて、例えば審判書を下書きするときに、そういう事実認定をしがちであるという声も聞かれないわけではありません。

嘉納　そうですか。それは存じ上げなかったです。菅野和夫教授が中労委会長だった頃は、「最高裁に持ち上っても覆らない命令を中労委は目指している」とおっしゃっていました。それに絡んで申し上げるなら、都道府県労働委員会の事務局の中には、その都道府県自体の労働組合の組合員の方々がかつてかなりおられました。もちろん不当労働行為については、事務局以外の委員が選ばれますが、斡旋の場面になると斡旋を事務局がやることがあります。そうなるとかなり辛かったです。

●企業内組合・ユニオンとの対応の留意点は

加藤　この関係では、企業内組合が主体になる場合以外に、最近はユニオンが出てくることもあります。これについては35頁でも触れていますが、今一度企業内組合との対応と比較して整理しておきたいと思います。

嘉納　大企業の企業内組合は、第二人事部的な存在であることが少なくないので、ある意味、組合に行くことが将来の出世コースになる企業も当然多いわけです。組合の言うことを聞きながら上にのぼっていくわけで

す。普通の人事部でまかないきれない部分を組合が担っていることがあるわけです。そのため、企業内組合は、企業の運命共同体として企業のことも視野に入れながら主張することになります。

　一方、外部のユニオンや組合の場合には、熾烈な団体交渉をしたうえ、不当労働行為救済申立てを行うことが少なからずありますが、これは、外部のユニオンは、一過性の労働者の保護を目的としており、必ずしも企業の運命共同体であるとは言いにくいからといえます。

　第二組合の場合も同じで、全労連、全労協の下にある外部のどこかの組織の指示を受けて活動していることが少なくないので、相当強力な活動をすることがあります。私の非常に親しい友人が大企業にいるのですが、彼が私に言うのは、どんなに優秀な労働者でも、第二組合にいると露骨に差別されるということです。従業員として優秀な組合員は何人もいるのですが、会社側はあまり出世させないということをしているらしく、やはり目の敵にしているということらしいです。これはいくらなんでもさすがにひどい。このようなことを聞くと私は胸が痛みます。

加藤　アメリカではどうなのでしょうか。

嘉納　私がアメリカ留学中に驚いたのは、労働法の授業が
　　・集団的労使関係法（Labor Law）
　　・雇用関係法（Employment Law）
に分かれていて別々だったことでした。もともとアメリカの労働法は、1890年のシャーマン法（労働組合を事実上規制する独占禁止法）への反対の形で育くまれていきます。これが、1932年のノリス・ラガーディア法が、連邦裁判所の管轄権を否定・制限する方法により労働組合活動を間接的に保護しようとしたところにつながり、ロバート・ワグナー上院議員の奮闘の結果、1935年に成立した全国労働関係法（ワグナー法）を経て、1947年のタフト・ハートレー法、1959年のランドラム・グリフィン法、等々と続きます。ワグナー法のもとでの全国労働関係局は不当労働行為について法律判断と救済の権限を与えられる準司法的な独立規制委員会です。この命令と裁判所の司法審査とがしばしば食い違い、とて

も興味深い分野が集団的労使関係法です（中窪裕也『アメリカ法ベーシックス2　アメリカ労働法〈第2版〉』弘文堂（2010年）1〜34頁）。

2 訴訟対応

●裁判官の評価が分かれる　直接証拠の乏しい労働関係訴訟

加藤　企業側の人事労務担当でアドバイスしている弁護士の場合には、被告事件が多いですか。あるいは、原告事件で訴訟を起こすようなこともありますか。例えば、退職した外国人取締役が、社宅として提供しているマンションから出ないということで企業が原告となったケースを担当されることもあると思いますが、被告事件がやはり多いでしょうか。

嘉納　圧倒的に被告事件が多いです。ご指摘いただいたケースも、解雇事件につき被告側だった際に、解雇・解任が正当なのに社宅を出ていかないとして反訴して原告となったものです。

　余談ですが、知的所有権や営業秘密を労働者が侵害したとして企業が原告となって労働者を訴える場合、労働部ではなく知財部に事件が配転されるようがんばってみる方がよい、と知財部と労働部の両方を経験された元裁判官から伺ったことがあります。

加藤　労働委員会の裁決取消訴訟を起こす場合は原告になるでしょうが、そうした場合の対応について、「裁判官はこのようなケースでは普通どのように考えるか」ということを嘉納さんからお聞きいただいて意見交換したいと思います。

嘉納　人事労務屋として2つあります。本人の供述以外の直接証拠がほとんどの事件で乏しいことです。このため、多くの間接事実を主張し多くの間接証拠を提出する、という難しい作業が必要で、裁判官の評価も分かれ得る案件があると思います。

　もう1つ感じるのは、労働契約法16条のような法律の表現が概括的であることを典型例として評価を伴う規範的要件の充足が問題となることが圧倒的です。評価性が高いものについて、客観的に合理性があるとい

うのは相当に評価性が高いと思います。私の感覚ですと、裁判官の方の人生経験・思想・価値観にかなり依存するのではないかと思いますがどのようなものでしょうか。

加藤　そうですね。評価性が高い争点になるケースでは、裁判官の判断にもばらつきが出てくることになりがちです。ただ、その点は、例えば、東京地裁であれば労働部は専門部ですから、そこではあまりばらつきが出ないように、先例を研究したり部内の専門部の各部で定期的に勉強会をしたり、その分野の土地勘と相場観を身につけていますので、専門部、集中部があるところでは比較的ばらつきは少なくなります。

　逆にいうと、そうでないところ、民事部1か部か2か部でやっているところでは、経験が限られていますので、裁判部・裁判官によって判断のばらつきはかなりある、高裁で控訴事件をみているとそうした感じを持ちますね。

嘉納　そうすると、地裁で下された判断が必ずしも控訴審で維持されるとは限らないということですか。

加藤　そのとおりです。一般的にいいますと、通常の民事事件も含めてですが、控訴審で言い渡される判決の2割ほどが変更判決です。労働事件もそれほど差はないと思います。

嘉納　2割の事件はひっくり返る可能性があるということですね。

加藤　そういうことです。一部ないし全部変更判決の割合が合わせて2割です。控訴事件の中には和解、訴え取下げ、控訴取下げなどで終了するものが半分くらいありますので、残り半分のうち2割ということになります。

嘉納　そうすると1審で会社が負けても、それほど悲観しなくてもよいということですかね。

加藤　統計上は10件に1件はひっくり返るわけですね。和解で違う結論になることもあり、労働者が1審で負けていても、高裁で金銭補償をして和解する例もあります。それは個別の事件をどうみるかということによります。

終局区分別の既済件数及び事件割合
（民事控訴審訴訟事件）（2016年）

事件の種類	民事訴訟審訴訟
既済件数	14,415
判決	8,484 58.9%
うち控訴棄却 （%は判決に対する割合）	6,360 75.0%
うち原判決取消し （%は判決に対する割合）	2,038 24.0%
和解	4,604 31.9%
訴え取下げ	147 1.0%
控訴取下げ	768 5.3%
それ以外	412 2.9%

出典：裁判所ウェブサイト（http://www.courts.go.jp/vcms_lf/hokoku_07_05jyouso.pdf）

　もう１つ、例えば、難波孝一さん（現在、弁護士）は６年近く東京地裁労働部で裁判長をされていました。彼が高裁の部総括として、裁判長懇談会で、「最近の東京地裁の労働部の判決は単独も合議も問題がある」と指摘したことがあります。おそらく、ある時期の労働専門部の裁判官と別の時期の裁判官とでは判断のスタンスに揺らぎ、ニュアンスの違いがあるということだと思います。そうしたことから、難波さんは東京地裁の判決をずいぶん変更したり、逆転和解をしたりしたようです。専門部のメリットはばらつきが少ないということですが、デメリットとしては、一定の方向にいってしまうと、普遍知の観点からみると問題となるといえます。

　裁判所としては、地裁・高裁、また、最高裁もあるわけですが、主観

的には、バランスをとり、かつ、必要な規範は提示し、適切なあてはめをして当該案件にふさわしい判断をしているつもりです。

嘉納　難波判事が東京地裁の労働部にいた頃に、私も何度かお手合わせを願ったのですが、非常に和解が巧みでした。前のところでも、「この裁判官が言うことだったら従うことも仕方ないな」と思うことがあるという話をしましたが、まさにそう思わせてくれる実務家の1人です。

加藤　難波さんは労働事件に限らず、執行事件その他の分野についても詳しく、私は法律解釈論で迷ったときに、頼りにしていた1人です。私も知らず、難波さんも知らない学説は参照に値しないというバロメータにしていた人です（笑）。

　　彼は、判決起案を苦にしない裁判官でしたし、和解するときでも記録をじっくり読み込んでいましたので説得力もあり、物言いについても、当事者の関係性や想いも配慮したうえでの進行・展開を図り成果を上げていました。

嘉納　優れた実務家ですね。私の案件で、数年前に意見書を書いていただいたこともありました。大変優れた実務家だと心から敬服している1人ですが、なかなかお目にかかれない1人だと思います。

●新しい裁判例をつくろうという勇気

加藤　訴訟に関する話に戻ります。あまりない例かもしれませんが、これまでにない類型なので判例をつくりたい、判例をつくってしかるべきだと思って遂行していくようなケースはありますか。

嘉納　ありますね。第4．賃金で申し上げた事例ですが、高給取りの労働者について、本当に労働契約法16条の射程の範囲なのかということについて、私はもともと疑問に感じており、それを真正面から論じようとしたことがあります。新しい裁判例をつくりあげたかったのですが、結論としては、残念ながら東京地裁の労働部の部総括判事から「これは立法論としてはよくわかるけれど、現行法の解釈としては無理でしょう」と言われました。労働事件では、新しい裁判例をつくろうという勇気を示さ

れる裁判官はものすごく少ないのではないかと思っていますがいかがでしょうか。

加藤 そうした対応がされる理由の1つは、既存の判例法理に対して、学説がどのようにみているかが大きいと思います。多くの学説が批判している判例法理については、全面的に見直して変えるか、あるいは射程距離をせばめて事案が違うとみていくかという分かれはありますが、比較的柔軟に、少なくとも射程が及ばないとう形で個別具体的な結論が得られる解釈をすることはあります。

ところが、判例法理について学説が一致して賛成しているものについては、事実認定ができるかどうかが分岐になります。事実認定が異なれば別ですが、事実認定ができるなら、当事者があえて判例法理と異なる規範を前提に主張している場合になにを考慮するかというと、一審の裁判官としては、高裁で維持されるかを考えます。さらに高裁でだめでも、最高裁でみて再逆転するぐらいの値打ちのあるケースかどうかを考えるのが通常ですが、そこまでの自信がもてなければ無難な判決をするという方向に走りがちですね。

高裁の場合には、怖いものがないですから、裁判長の考え方によってひっくり返すことはあり得ます。ただ、高裁の裁判長も異動してまもなくは、控訴棄却が多くて変更判決をすることは少ないですね。陪席の主任裁判官がどうみるかの比重が大きくなると思いますが、裁判長が慣れてきて、陪席が意見を言っているが自分はこうだと思うと合議をリードするようになると、変更判決が多くなってきます。

控訴棄却判決を出す方が時間もエネルギーもいらず、簡単に済むのに対し、変更判決は、1審と逆の認定・判断しなければならないから時間も要し、手間も大変です。1審がだめならひっくり返すことは容易ですが、1審がまずまずの事実認定をしたうえで結論を出してきたものについて、ひっくり返すのはハードルが高いと思います。労働控訴事件も同じように取り扱われていると考えられます。

嘉納 我々在野法曹からみますと、立場にもよると思いますが、やはり裁判

官の方々の判決の中には、首をかしげざるを得ないものもないわけではありません。

その理由のいくつかは加藤さんのおっしゃるとおりかと思いますが、次に述べるようなことはありますか。

アメリカやカナダの裁判官は基本的には配置転換という概念もないですし、配置転換によって出世していくという概念はないですが、日本には裁判行政の中では「出世」という概念があると思います。これは、どのような影響があるのでしょうか。

加藤　一定の方向性のある結論を出さないとまずいということはありません。1審の裁判官であれば、控訴が多い、控訴された後変更されることが多いということになると、あまり出来がよくない裁判官だと評価されますから、それを避けたいと思うということはあるでしょう。

高裁はどうかというと、最初に判決を起案するのは陪席の主任裁判官ですが、主任裁判官が気にするのは、裁判長がどう考えるかです。そうしたこともあって、合議をする場合も裁判長の意見が重視されるということになるのだろうと思います。

嘉納　当事者の立場から申し上げると、もし仮に高裁、最高裁で逆転する可能性が0ではないとしても、そこまでいくというのは大変なこととなります。そこまでの時間と労力とお金をかける勇気を企業にもってというのは相当酷なことで、やはり地裁レベルでなんとかしてほしいというのが切実な思いです。したがって、先ほどお聞きした10件に1件間違えるというようなところが、できるだけ少なくしていただきたいというのが当事者としての切実な思いですね。

加藤　20年ほど前、労働事件の長期未済化が大変問題となりました。特に、東京以外の周辺の地裁民事部において問題となりました。当時東京以外の周辺部の労働事件の要因分析をしたのですが、当事者が激しく争っており、また、裁判官も素人ということで、どうしても当事者に押し切られて、当事者の言われるままに漂流してしまう形で長引いてしまう面がある、合議で進行していても、裁判長が代わり、主任裁判官が代わり4

年、5年と長くなるということがありました。

　そこで司法研修所としては、労働事件、行政事件について、主任の左陪席裁判官を集めて研修しようということになりました。「あなた方がその庁にいるうちに、少なくとも長期未済の1件は判決を書いて転勤してくださいね」という明確な目的をもって企画された研修です。労働事件であれば、労働事件の基本判例と、最近の重要判例、一般的な協議問題を協議するということを何年か続けました。その結果、目に見えるほど長期未済が減りました。労働事件についての土地勘・相場観を養って勤務庁に帰り、裁判長に対し主任裁判官が合議の中で積極的主体的に意見を言って早く審理が進むという結果が出たことがありました。

嘉納　その余波は続いているのでしょうか。

加藤　同じようにやっているはずです。内容はともかく、審理期間、判決までの期間は、一般事件ももちろんそうですが、労働事件はどうしても長引くことが多かったのですが、それがぐっと少なくなっているはずです。

●主張・立証活動のためにかかる時間を裁判官はどうみるか

嘉納　それは知りませんでした。いわゆる四大事務所の一角をなす私たちの事務所はもともとアメリカ人が1950年代につくった事務所であるがゆえに、顧客には外資系企業が多いのですが、どうしても英語や中国語への翻訳という理由から期間をいただかなければならないことが多くなります。立証活動・主張活動のためどうしても時間が必要になり、ときには2か月欲しいということもあります。これは裁判官からみると、相当煙たいでしょうか。

加藤　今の事情が裁判官に伝わって理解できれば問題ないでしょうが、時間稼ぎのつもりだろうと誤解されると、もっと短くならないかと言う裁判官もいるかもしれませんね。こういう事情で云々であるときちんと説明すれば、理解は得られるのが通常ではないかと思います。

嘉納　ありがとうございます。裁判官の皆様はお1人お1人、相当の数の事

件を同時に受任していると思いますので、我々当事者からすると、加藤さんのご経験上どのようなところに注意を配りながら、準備書面をしたためる方がよいか、なにかコツのようなものはありますか。

加藤　現行民訴法が施行される前は、ポツンポツンと期日を入れて、期日のたびに少しずつ準備して進行していく形でしたので、裁判官は書面を1回読んで終わりということはなく、何回も読む機会がありました。現在は、弁論準備手続に付して、比較的詰めて進行しますので、準備書面を何回も読むことはありません。昔と比べると書面を読む回数は激減しています。したがって、一読してわかるという書面が必須です。また、分量的にはあまり長くする必要はなく、要点、骨のところを、エビデンスとの対応をさせて、ロジックをきちんとしておくことが望まれます。

　嫌われるのは、いたずらに長くして、真の争点を隠すかのような印象を与えたり、派生的なところや細かいところをことさらに云々するような書面だという印象を与えたりすることです。そうした対応は避けた方がよいですね。

　高裁時代に、1審判決は自分の主張を読み誤っているという控訴理由の事件がありました。主任裁判官と、これは珍しい控訴理由だねと話しながら、1審判決を読んでみたら、本当に読み間違っていました。主張を読み間違えているのですから、当然結論も間違っているのです。労働事件ではなかったのですが、当然のことながら結論を変えざるを得ないものでした。どうしたわけか、1審裁判官は書面を1回読んで（誤読して）頭を固めてしまったのですね。弁論準備手続をやっていれば、そうした認識の誤りは是正されるはずですし、証拠調べもしているので、本来主張の読み誤りはあり得ないことです。しかし、忙しいのか力量の問題か、判決までいってしまい、主張の誤読という控訴理由で控訴されたものです。一般的には、裁判官が忙しいので書面を何回も読まないことを頭に置いた訴訟活動が、訴訟代理人としては必要だということになってきていると思います。

嘉納　それは、内容もさることながら、形式もわかりやすい形式で書くとい

うことですね。

加藤　はい。

嘉納　我々が出した書面を、裁判官が期日までにきちんと読んでくれているのか疑問に感じる準備期日を何回も経験したことがあるのですが、読んでくれていると信じてよいのでしょうか。

加藤　読んでいるのが普通ですが、その保障はできません。例えば、1週間前に準備書面を出してくださいと言われ締切を守っていれば間違いなく読んでいると思います。裁判官が書面を読むサイクルは、自分の開廷日との関係でだいたい決めていますので、書面を出してくださいという締切日までに出していれば、心配ありません。

　書面の提出が遅れると、読む機会がないまま、期日を迎えることがあります。前日に読めばよいではないかと思われるかもしれませんが、判決起案などの仕事を入れていて、読めないこともあります。1番まずいのはその期日に出すことで、期日が空転してしまいます。私は、その場合には、弁論準備期日に出てきた書面でも、「本当は1週間前に出すべきものなのに、どうしましたか」と言いながら、口頭でどういう趣旨のものかを聞いたうえで、それに対して相手方訴訟代理人に「言質をとるわけではないですが、これに対してはどういう応答になりますか」と聞くようにしていました。

　一般に、弁論準備期日において口頭でやりとりをすれば裁判官が書面を読んでいるか、咀嚼しているかどうかわかります。裁判官も口頭でやりとりした方が、自分が誤読していないか、あるいは当事者がたくさん書いているけれども肝心の争点と考えている部分がどこかもわかるので不可欠なはずです。これに対して、弁論準備期日で書面の交換しかせず、次回期日を決めるだけでは、事案の理解は深まらないと思います。

嘉納　実は、会社側でよくあるのは、翻訳の理由等のために、期日の1週間前に指定されている提出期日に間に合わないということです。その場合は書記官に申し訳ないですが遅れますと伝えるようになりますが、印象が悪いのはわかっていながら、物理的にやむを得ないのでぎりぎりに

なってしまうということはあります。決して怠惰でもなく、いじわるでもなく物理的に出せないことですので、そこはわかっていただきたいと思います。

加藤　それだけでペナルティを科すということはないと思います。

●事件のまとめ書面をつくって出そうとする代理人を裁判官はどうみるか

嘉納　裁判官は、例えば3月までやっていて、4月から新しい裁判官になることが頻繁にあるわけですが、裁判官が代わったことによって、今までのまとめ書面を会社側がつくって出そうとする代理人もいるのですが、これは裁判官にとってはありがたいことでしょうか。

加藤　私の東京地裁での経験ですが、異動後に前任の裁判官が単独事件で人証を入れていた段階の事件について、ただのまとめの書面ではなく、相手方の主張・反証を織り込んで、今の時点でどうかという書面を出してもらうことを双方の訴訟代理人にお願いしたことがあります。人証の前の段階ですので書証については立証・反証がされています。一方的な主張・反論ではなく、相手方が出した書面・証拠を踏まえた書面を作成してほしいという注文ですので、作成者にとっては裁判官が判決を書くのと同じ作業をすることになるものです。そうすると、双方の書面を見比べるとどちらの言っていることがよさそうかわかる。もちろん、代理人もわかることが多いのですね。そうすると、「双方に書面を出していただき、読了しましたが、こういう方向で和解をしたらどうでしょうか」と和解を勧告した結果、10件以上人証を実施することなく全部そのまま和解にできました。

　そのような意味で、まとめの書面は大変有用です。しかし、裁判官によっては、自分がきちんと全部書面を読んでいるから、まとめのものはいらないという人も少ないとは思いますがおられます。そこで、裁判官が言えばもちろん出すべきですが、言わない場合でも、こういう趣旨で出そうと思いますがいかがでしょうかと聞くとよいと思います。不要だと言われたら出す必要はありません。

嘉納　裁判官が言えば出すのは当然ですが、裁判官が言わないのに、当事者が勝手に出す場合には微妙に主張を変えてくる法律事務所もあるので裁判官は要注意でみているということを以前ある具体的案件を加藤さんと一緒に担当する過程でお話されていたかと思いますが、いかがですか。

加藤　それもあるといわれています。今までの書面や今回の書面を読み込んで初めて裁判官は主張を変えていることを認識することができるのですが、まとめの書面が更新時に提出された場合にはとりあえず新しい書面だけを読んで法廷に臨むのが普通でしょうから、それはアンフェアです。本来主張の変遷であり、弁論の全趣旨からはクエスチョンマークがつく主張をしているということですから。それは、相手方が主張をきちんとみていて、「従前の主張と違う、どうなのだ」と主張することが必要になると思います。

嘉納　わかりました。
　示談が成立せず、人証までいって、人証のあとの示談も成立せずに判決までいくのはある意味すがすがしいのですが、労働事件において判決が出るとほぼ控訴です。示談で労働事件を終わらせるに越したことはないと私は常々思っています。示談の際に、当事者として気をつけた方がよいという点が、裁判官からみてあれば教えていただけますか。

加藤　基本的には、代理人が和解のために協力できることは協力します、「裁判官のお考えのストライクゾーンに入るような対応をします」という姿勢であれば、裁判官としては着地点をうまく設定してそこへもっていこうとするのが普通です。
　裁判官も和解を勧告した以上は、できれば和解を成立させたいと思っていますから、当事者に和解にマイナスになる対応をしてほしくはありません。「マイナスになる対応はいたしません」というスタンスで臨むならば、裁判官もそれでは一生懸命こちらも知恵を絞って考えますということになっていきます。特に労働事件は、判決を書くのも大変な案件も少なくありませんから、裁判官もなんとか和解をと考えていることも多いと思います。

●和解を粘り強く進める裁判官、早く諦める裁判官

嘉納　在野の者からみると裁判官の方の中に、粘り強く和解を進める方と、相当早く諦める方とに分かれるのですが、これはどうした理由に基づきますか。

加藤　裁判官が気が強いかそうでないか、粘り強いかそうでないか、という2つの系統があり、これを組み合わせると4つになります。気が強くて気が長い裁判官が1番和解の成功率が高いです。1番だめなのは、気が弱くて気が短い裁判官です。気が弱いのでうまく説得することができず、だめといわれると粘ることなく判決をしてしまうからです。

　問題は、気が弱くて気の長い裁判官か、気が強くて気の短い裁判官のどちらがよいかということですが、気が弱くても気の長い裁判官の方がうまく和解することができるように思います。裁判官がどのタイプかという個性と、その事案についてどのような解決がよいと思っているか、どの程度和解で終わらせることがよろしいと強く思っているかということとの相関になると思います。

嘉納　裁判官に対する研修の中で、和解を進めるにはこういうことが大事だという和解の研修というのはあるのですか。

加藤　若手裁判官の研修ではしています。この案件ではどのようなファクターが和解のプラスの方向に向いているか、マイナスの方向に向いているかということを要件事実とは別に認識して、それをうまく使って説得するという研修です。

嘉納　その中では話術とか、説得力まで教えてくれるのですか。

加藤　説明して、そうだなと思わせれば説得ということになりますね。

嘉納　なるほど。それはそうなのですが、同じ事柄でも言い方は何通りもありますが。

加藤　そうですね。同じことを言っても、言い方によってより多く和解になる場合があるし、そうならない場合もある、言い方にはニュアンスを含めて気をつけましょうということや、当事者本人の属性もあるし、代理人の方の顔をつぶしてもいけないということまでやっていますね。した

がって、裁判官は皆それは知識としては一応わかっているはずなのですが、うまくできるかは別です。

嘉納　私が日頃から感じている不満は、和解勧試のときに裁判官がいったん示した金額を、労働者側がのまない場合です。企業側は、公の役所である裁判官がいったん示した金額を蹴り飛ばすことはほとんどありません。しかし労働者側は、例えば「判決になれば、バックペイプラス原職復帰だ」と読んでいて、裁判官の数字を蹴り飛ばすことが少なくありません。このような場合、「原告を説得してみたけどだめでした」と被告の企業側に言うだけではなく、労働者に対する説得をしつこく粘ってほしいです。

● 裁判官の目からみて、反対尋問は功を奏するか

嘉納　さらにお聞きしたいのは、示談の試みの後に人証が控えているような場合、私は反対尋問で成功した実体験をもってはいますが（例えば労働者の出来が芳しくないという点を浮きぼりにする目的のものなど）、多くの場合には、主尋問を固めるだけの反対尋問の方が多いのではないか、むしろやらない方がましなくらいの反対尋問がかなりあるのではないかと感じています。裁判官の目からみて、反対尋問は実務上功を奏すると考えておられますか。

加藤　功を奏していないことも多いのでしょうね。裁判官はどのような反対尋問をしてもらいたいかという格別の希望はないと思います。主尋問を固めるだけの反対尋問になってしまったとしても、それで裁判官は心証をとれますからね。裁判官としては心証がとれる反対尋問がよい反対尋問なので、当事者が勝つための反対尋問をやって功を奏しなくても全く問題ないと感じています。どんな質問をされてもそれなりの心証がとれますので問題を感じないということです。

　功を奏する反対尋問は、こちらになにか手持ちの弾劾証拠がある場合や、明らかに経験則に反して言い逃れをしているという場合には、ピシッと反対尋問をして、その部分は確かにおかしいと裁判官に感じさ

せ、他の部分もどうなのかと全体の信用性を揺らがせ得るものですね。

嘉納 あるところが明らかに嘘の場合、他の部分の信用性も揺らぐのですか。

加藤 そのような場合が少なくないと思います。逆にいうと、本人や証人は正直に言うなら全部正直に言わないといけないですね。正直に言っていて、ある部分だけつじつまが合わないから違うことを言おうとすると、主張全体が崩れることがあるわけです。したがって、自然な事実経過ではないと思われるかもしれないことでも事実であればつじつま合わせの嘘をいうのはご法度破りです。つじつまが合わなくても本当のことを言っていれば崩れませんからね。

嘉納 なるほど。ありがとうございます。

他の点として、私が聞いた例ですが、弁護士の中で、書記官の皆様に対して不遜な偉そうな態度を示す方がいるらしく、これは書記官の方から裁判官に噂が飛ぶということを伺ったことがあるのですが、ありますか。

加藤 それはあるでしょうね。当該事件の担当弁護士が、例えば書面を出すのが常に遅れる、裁判所書記官が督促してもあまり誠実な受け答えをしないという場合は、裁判所書記官が裁判官に、「あの先生は締切にルーズで、督促しても暖簾に腕押しです」と必ず告げていると思った方がよいでしょう。

それ以外でも、例えば地方へ転勤になった裁判官が、地元の立会書記官に、「この事件の弁護士さんの評判はどうですか」と聞くことはあります。その場合に、書記官からみて問題だという弁護士については、率直に「この弁護士はこういう人だ」と答えますね。だからといって、もちろんそれだけで結論をどうしようとは思いませんが、弁護士としては、悪事千里を走るということは心すべきではないかと思います。その反面、よいことはじわじわとしか伝わりません（笑）。

嘉納 わかりました。ありがとうございます。

加藤 山浦善樹弁護士（元最高裁判事）が、興味深いエピソードを講演の中

で述べておられます（山浦善樹「講演録　民事訴訟における証拠採集」東京弁護士会民事訴訟問題等特別委員会編『民事訴訟代理人の実務3　証拠収集と立証』青林書院（2012年）460頁）。山浦さんが地方のある支部で訴訟代理をした案件で、相手方の弁護士（東京）が誠実でない訴訟活動を展開しました。もし東京地裁でそのような進め方をしたら、ひんしゅくを買うような態度で関係者を手こずらせたようです。これに対して、山浦さんは愚直に東京地裁におけるのと同じ姿勢で対応し、勝訴しました。数年後山浦さんは、東京地裁のある部で、事件の担当裁判官に「いつぞやは先生にはよい勉強をさせてもらいました。さすがだと感心しました」と話しかけられたというのです。

　その裁判官は山浦さんの訴訟活動をきちんと見ていたのですね。こうしたことは極めてまれな確率でしか起こらないでしょうが、どんな小さな事件、どんなことでも誠実に対応することが大事なのだと思います。

嘉納　そうですか。なるほど。

●判決確定後、職場復帰はうまくいくか

加藤　会社の言っているところも理解できなくはないけれども、結局、証拠不足で敗訴判決をするしかない場合に、例えば従業員が職場復帰することになります。裁判官としては、これだけ激しく争ったのだから、従業員を元の職場に戻すといってもおそらくうまくはいかないだろうという思いがあります。金銭的解決をしようと和解を進めてもだめな場合には、判決が確定し、いよいよ職場復帰するということになると思いますが、それはどの程度の確率でうまくいくのでしょうか、あるいはほとんどうまくいかないのでしょうか。

嘉納　うまくいかない例が多いと思います。やはり企業側もしょせんは生身の人間の集まりですので、一度自分に刃向った人を元に戻してただで済ませる可能性は高いとまで断言できないかもしれません。企業の多くはしたたかですので、目に見えない形で、例えば、面白い仕事を与えなかったり、昇進をなんやかんや理由をつけて遅らせたり、あるいは理由

をつけてどこかへ配置転換したり、第2の事件の土壌となるようなことをやってしまうことがあり得ます。それは第2の訴訟につながる可能性が高く、実際起こることもあります。

　ということで、なかなかうまくいかないことが多いとは思います。

加藤　そのような第2ラウンドを迎えそうなケースでは、今度はエビデンスをきちんととるのでしょうね（笑）。

嘉納　残念ですが、それはとることになると思います。ただ、特定の人だけに着目してエビデンスをとることはパワハラだという主張が出てきます。またその主張との戦いで、パワハラではないと戦わざるを得ないですが、リスクとしてとらなければならないということとなります。

加藤　生身の人間がプレイヤーですから本当に難しいですね。

嘉納　特に、ある程度の年齢の方の場合と、パフォーマンスが悪いという理由の場合では、他社にいけない可能性が高いので、この2つの類型の方々は相当に雇用維持に固執する場合が多いです。したがって、できれば会社側としてはなんとかお金で示談をしたいと思いますが、そうならないことも結構あって、結論的には会社へ戻さざるを得ないことがあります。パフォーマンスが悪い場合は、どこも就職できないことは自業自得な面がないわけではないのですが、高齢だからといって再就職できないというのは、これだけ70歳定年についても政府がうるさく言おうとしていることからも、日本全体にとって不幸なことだと思います。もう少し高齢者市場が開いて、そのような方でも他社で就職できる可能性が増えればよいなと、企業側弁護士としては思ってはいます。なかなかそうしたことにはならないかと思いますが、その理由は発達しすぎた敬語の存在と、歳上の人を立てる文化だと思っています。歳上の人については、小・中・高・大で先輩として、立てるわけです。企業に入ってからもしばらくは同じです。そして歳上の人に対しては敬語を使います。そのような、立てられる対象かつ敬語を使われる対象である歳上の人が、部下になる、というのは非常にやりにくいものだと考えられます。

3 労働基準監督署との折衝

加藤　サービス残業絡みなどでは、労働基準監督署と折衝することもありますか。

嘉納　人事労務屋の大きな仕事の1つは、都道府県労働局、公共職業安定所、労働基準監督署が調査に入ったときに対応することです。これらのうち、中でも労働基準監督官による監督が最も多いので、これについて、少しだけお話します。

　まず、難しい司法試験に受かっている弁護士だからといって、決して不遜な態度を監督官に示してはいけません。丁寧に、丁寧に。労働基準監督官も難しい試験を通って、志を抱き素晴らしい仕事をなされている方々です。監督官も人の子なので、当たり前のことですが、態度が悪い企業のことを面白く思うはずがありません。

　次に、しかしながら、口調は柔らかであっても、弁護士から見て法律上おかしいと思う点は口頭及び書面の両方できちんと主張することを忘れてはなりません。特に、労働安全衛生法や労働基準法は、後ろに罰則がある強硬法規です。つまり、刑法と一緒です。このため、いたずらに類推解釈をすることは禁止されるはずです。ゆえに、依頼者たる企業を守りたいのであれば、不当な類推解釈をされていないか、ぜひ、吟味してください。

　そして、このためには、法律に目を通すだけでは足りません。その下にある政令や省令はもちろん、厚生労働省指針や通達やコンメンタール（厚生労働省労働基準局編『労働基準法　上』、『労働基準法　下』（労務行政）などは当然、それ以外のコンメンタールも）や、基本書・体系書なども参照して、当該論点について事前に十二分の勉強をしておくことが望まれます。

加藤　なるほど。それは上手く折衝していくポイントですね。

嘉納　さらに、専門用語です。労働基準監督署は、一般に労基署と呼ばれますが、労働基準監督官の中で、自らの勤め先を労基署と呼ぶ人を私は知

りません。「監督署」です。同様に、労働基準監督官は自らのことを監督官と呼びます。労基官と呼んでいる監督官を私は見たことがありません。この点は、原論『労基署は見ている。』日本経済新聞出版社（2017年）11〜14頁に出ています。監督の際に、監督官と同じ業界用語を用いることで、きちんと知っていることをアピールする方がよりよいかもしれません。

　問題は、例えばサービス残業のような問題で、残念ながら過去24か月分の遡及の是正勧告が出たとします。この場合、労働者全員を対象に払うことが通常だと思いますが、労働者数が多い場合、全額払うと多額になり、企業が傾く可能性が出てきます。このため、一部放棄の同意を個々の労働者から得ようとする場合があります。これが強制でなく、任意である限り、法的には合法です。一見、よいのですが、逆に任意であるために、一部放棄の同意をしてくれない少数の労働者については、全額を払わざるを得ません。これは、素直に応じた労働者が馬鹿を見て、頑固だった=権利を追求した労働者が得をする、という結論になります。この結論は、法律的にはやむを得ないことと割り切らなければなりません。実務的に、企業は辛いと思いますけどね……。

加藤　わかりました。
嘉納　ちなみに労働基準監督署の「署」は、人を逮捕することができる役所を表すと昔、お伺いしたことがあります。

終章

加藤　嘉納さんにはこれまで蓄積されたエッセンスを惜しむことなく披露していただき、この対話は、私には大層有益でした。
　　　最後に、この対話を通じてどのような感想をもったかをそれぞれ述べ合って幕を閉じたいと思います。

嘉納　実は、いまだ、エッセンスの10分の１もお話していないような気がします。労働安全衛生法はもとより、有料職業紹介、労働者供給、労働者派遣といった、都道府県労働局需給調整事業部／課の取り扱う分野、配転、出向、転籍のような異動に関すること、等々……私は労働法の弁護士というよりは、単なる無名の人事労務屋に過ぎないですが、自分のポリシーとして、法律以外のところが重い比重を占めるというのをこの四半世紀弱考えていたところですので、それを加藤さんとの対話の中で若い弁護士の方に伝えられる機会を与えてもらえて大変ありがたいと思いました。

　　それと同時に、身近に裁判官経験者がいない限りは知ることができない裁判官の考え方を加藤さんからお聞きできて、それを広く伝えることができるのはありがたいと思います。

　　この本の性質に照らし最後に付言するなら、通信機器の発達のおかげでかえって時間に追われる現代人は、すぐに役立ちそうな知識を求めたがるということです。すぐに役立つ知識はその瞬間は本当にありがたいものです。しかし、すぐに役立つ知識は、『伝説の灘校教師が教える一生役立つ学ぶ力』日本実業出版社（2012年）で橋本武先生がおっしゃっていますが、時として、すぐに陳腐化してしまいます。人事労務という生身の人間を扱う分野では、いろいろなことを自分の頭でじっくり考える訓練をしなければなりません。

　　民法の大家たる平井宜雄先生は、法律家の能力が最も試されるときについて『債権総論』弘文堂（1985年）の「はしがき」の中で次の如く

おっしゃっています。ある条文の解釈や判例の動向といった、既存の法状態についての知識の有無を問われるときではなくて、これまで議論されてなかった法律問題、考えたこともないような法律問題に直面させられたときだ、と。このようなときに、既存の法律的知識を総動員してそれとの関連を見失わないようにしながら、解釈のためのいくつかの異なった考え方を示し、そのうちから1つを選択し、その論拠を主張し、説得するのが法律家の能力だとおっしゃいます。自分の頭でじっくり考えていくことが、とても重要です。

加藤　労働法制そのものは、基本書や判例百選の類をみて勉強できますし、実務書も各種のものが刊行されていますが、リーガルマターとしての人事労務は実はそれだけでは足りないところがあります。この点について、当事者に助言を求められる、弁護士を代表とする法律専門職としては知らなければならず、紛争が起こる前の状態、紛争を予防する人事労務管理の実相はどのようなものかを十二分に認識し、法規範としてどうあるべきかとの狭間を知らなければなりません。

　企業の日常において紛争を予防する状態にもっていくために、弁護士としては、人事労務担当者に日頃から適切な助言をしておくことが必要不可欠です。そのためには、労働法制以外の執務知識、知見が大変大事になるのですが、なかなか適切な書籍がこれまでにはなかったと思います。読者にお伝えしたかったのは、まさしくこの点です。

　それを、嘉納さんという最適の方から、惜しげもなく、とっておきのお話を伺うことができました。少しはとっておいた方がよいかもという率直なお話もしていただきました。

　読者の方々には、嘉納弁護士の経験を、自分のやり方の中によい形で織り込んでいただいて、ご自身のリーガルサービスの実践につなげていただければ、この書籍を企画した意味があると思います。

　もう1つは、裁判官として40年間執務してきましたが、嘉納さんのお話をおうかがいして、知らないことがたくさんあったなと思いました。肝心な事柄を理解していなかったわけです。裁判官と訴訟代理人弁護士

は相互理解が理想ですが、実際には双方無理解の世界なのだと改めて感じました。

　この理解不足についてどうしたらよいかというと、例えば訴訟になった場合に、裁判官にアドバイスしたいのは、訴訟代理人とコミュニケーションをとることです。それは、このような主張があり実体はこうだと言われた際には、「この背後にはどのようなことがあったのですか」とか、「会社はこういうときはどういうことをするのが普通ですか」とか、「原告に対する措置は普通ですか」といったコミュニケーションを図るということです。裁判官は、個別具体的な事件の内容を外形的に扱うのでは十分ではなく、紛争の背景に降り立って、内在的な理解をすることが必要不可欠なのだと思います。労働紛争の土地勘を得ていることを前提として、当該訴訟はどのような位置付けをするのが相当なのかを見極めるためには、直接主義的なやりとりをすることは極めて有益で、これを法廷、弁論準備室、和解室の中ですることができれば、労働者側の言い分、会社側の言い分が本音のところでわかるはずです。もとより、論だけで真に受けるというのではなく、エビデンスベースでどちらの言い分が正しいか考え抜くことが、より当事者に納得してもらいやすい審理・判断になると思います。限られた時間と限られたリソースという限界はありますが、その中で、以上のようなプラクティスに努めるようにすれば、裁判官自身のパフォーマンスの質が確実に向上するのではなかろうかと感じました。

　以上で、人事と労務を巡る対話を終えたいと存じます。長時間にわたり、懇切にお話しいただき、ありがとうございました。

あとがき

　この書籍の打診を受けたのは、2018年3月30日夜に加藤新太郎先生と、案件の打ち上げの会食をさせていただいたときのことです。第一法規から出している、英語で書いた労働法の教科書『Japanese Labor & Employment Law and Practice〈4th Edition〉』（2018年）に新太郎先生が言及され、「ついては、一緒に対談をして人事労務の書籍を出しませんか」とおっしゃってくださったのです。新太郎先生は超絶に優秀であられると同時にユーモアのセンスを抜群にお持ちの方なので、最初は当然に冗談だろうと思っていました。

　それから1年半を超える時間が流れ、こうして最終原稿ができ、読み返してみますと、感無量ではありますが、同時に、読者の皆様に意図をきちんと伝えられたかどうか、ふと不安になりました。というのも、中身のうち法律的部分の多くは、人事労務をされている弁護士の方々ならすでに知っているかもしれないと推測されることだからです。

　この書籍の存在価値が仮にあるとするなら、それは、2人の法律家の対話であるにもかかわらず、むしろ法律的なことが占める割合が非常に低いことです。人事労務ばかりを25年弱やっておりますと、重要性の観点から、法律の占める割合は、実は50%もないことを、嫌でも思い知らされます。法律や規則や通達や指針が重要ではないと申し上げているのでは決してありません。人事労務は、人間を扱う分野であるところ、人間はかなりの場合に感情で動くために、しょせんこれらだけでは十分には人間の心を動かせない、と強く申し上げたいのです。褒めることや笑顔が企業の中で生き残るために重要だということは本文中で書きました。また、「笑」の効用についても述べました。人間の心というものに対してどう慮っていくのか、これを考えるのが人事労務という分野（労働法ではまかないきれない分野）なのであろうと感じます。

　成果主義と軌を一にする「株主第一主義」が、バブルが崩壊した後、20世

紀の終わりから強くなってきています。これは、2019年の今、企業の将来の大きな方向性をいまだに示しています。これへの反動なのでしょうか、2008年頃から「従業員第一主義」が登場しており、2008年9月のリーマンショック直後の2008年末には派遣村もできています。

　私は企業側に立つ弁護士であるため、成果主義や「株主第一主義」について十分に理解しますが、やり過ぎの感じが否めないときもございます。また、「従業員第一主義」は確かに正しいことなのですが、これが行き過ぎたためにお客様が離れてしまう経営を、私は今までいくつか見てまいりました。人事労務をなりわいにしていて思うのは、やはり「釣り合い」が大切であるということです。企業にとっては、株主も従業員も、どちらも大切な存在です。どちらが欠けてもいけないのです。人事労務屋の仕事は、企業が労使で分裂することなく、これらの釣り合いをうまくとろうと試み、お客様や地域社会の方を向き、その結果として企業が500年続く、このことのお手伝いをさせていただくことだと確信しております。

　さて、新太郎先生は、私が司法修習生だった1993〜1995年の2年間を含め、司法研修所事務局長や教官を14年も務められた英才であり、普通なら手の届かない存在の法曹界の巨人です。たまたま、同じアンダーソン・毛利におられるという縁で、いろいろな人事労務案件のご相談をし、的確なご指導を都度、いただいてまいりました。そのような新太郎先生とともにこの書籍を出すことができますのは、本当に光栄なことであり、私は心から感謝しております。

　そうそう、司法研修所といえば、1995年に私が司法研修所を修了する直前の、「民事弁護」の最後の講義で、当時の担当教官、須藤正彦弁護士（後に最高裁判所判事）が、以下の丸山薫の詩を、朗読してくださりました。

山上夏日

君と語ってゐた真昼
眼前の谿を跨いで
ふいに鮮やかな虹が架かった
君はおどろき　僕は黙って
しばらくそれに見とれてゐたが
軈て漏らした君の一語に
ふとわれに返った

君と語ってゐた夕暮
見はるかす平野のかたに
巨人のやうな上昇気流が湧いた
君も僕も気付いて唖然とし
しばらくそれを仰いでゐたが
またもふとした言葉のきっかけが
二人にそれを忘れさせた

ああ　君と会って話した山上の夏の日
天はいくたびか壮美を現じて
一瞬　僕達の心を奪ひはしたが
それらは須臾に消えて跡形もなく
都度　互いの会話に甦るものは
人の世への希望であった
人の世への憤りであった
　（出典：『詩集　花の芯』（百花文庫37）創元社（1948年））

24年超が経ち、改めて読みながら、いろいろ考えてみると、あたかも人事労務を象徴しているように、人事労務屋の私には聞こえます。

　この書籍は、数多の案件を取り扱ってまいった経験をもとに対談した結果です。そのため、私にご依頼をくださった非常に多くの企業様に対して、心より感謝を申し上げます。同時に、企業側に立つ私を間接的に鍛えてくださったことになる、裁判官、労働基準監督官、労働者、労働組合、そして他の全ての皆様にもお礼を申し上げなければなりません。

　最後に、この書籍の刊行に当たっては、第一法規の川原﨑晶子さん、村木大介さん、宗正人さんに、非常にお世話になりました。心より感謝申し上げます。また、私をいつも支えてくださるアソシエイト弁護士の皆様、そして、とりわけ、私の秘書の大藪仁美さんが、私の日常業務を助けてくださっていなければ、この書籍の刊行はありませんでした。この場を借りて、厚くお礼を申し上げる次第です。

2019年10月

嘉納　英樹

事項索引
（五十音順）

数字
36協定 ……………………… 119
70歳定年制時代 …………… 132

かな

あ
アルコール ………………… 202
安全配慮義務 ……………… 194

い
医療法人社団康心会事件 … 156

う
うつ病 ………………………… 34

え
NTTグループ企業（年金規約変更不承認処分）事件 ……… 150

お
オンザジョブトレーニング … 158

か
外国人技能実習制度 ………… 83
外国人雇用 …………………… 80
外国人の技能実習の適正な実施及び技能実習生の保護に関する法律 ………………………… 83
外国人労働者 ……………… 124
解雇権濫用法理 …… 50, 133, 177
環境型 ………………………… 31
管理監督者 ………………… 118

き
企業内組合 ………………… 221
企業年金（上乗せ年金）… 144
希望退職 …………………… 96
競業避止義務 ……………… 98

く
国・中央労働委員会（シオン学園）事件 ………………… 219

こ
高知県観光事件 …………… 154
高度プロフェッショナル
 …………………………… 118, 122
神戸弘陵学園事件 ………… 40
公務員の収賄を禁ずる法律（FCPA）………………… 159
高齢・障害・求職者雇用支援機構 ………………………… 77
国労・全動労組合員採用差別（JR北海道）事件 …… 55, 56
雇用労務責任者 …………… 83

さ
裁量労働制 ………………… 197
サインオンボーナス（入社ボーナス）……………………… 117
差別禁止法理 ……………… 53

し
事業場外労働 ……………… 196
次世代育成支援対策推進法 … 92
従業員の脆弱性 …………… 188
集団的労使紛争 …………… 216
障害者雇用 ………………… 76
障害者雇用差別禁止指針 … 76
障害者雇用納付金 ………… 80

障害者の職場定着率・・・・・・・・・・79
試用期間中の解雇・・・・・・・・・・・・37
情報通信技術を利用した事業場
　外勤務の適切な導入及び実施
　のためのガイドライン・・・・・・91
賞与・・・・・・・・・・・・・・・・・・・・・・・112
賞与の決め方・・・・・・・・・・・・・・112
職業準備性・・・・・・・・・・・・・・・・77
職場環境配慮義務・・・・・・・・・・194
ジョブ・ディスクリプション・14
人材育成・・・・・・・・・・・・・・・・・152
人材と競争政策に関する検討会
　の報告書・・・・・・・・・・・・・・・184

す

随意的雇用（employment at will）
　の原則・・・・・・・・・・・・・・・・・・53

せ

政策的格差是正・・・・・・・・・・・139
脆弱性・・・・・・・・・・・・・・・・・・・・26
精神疾患・・・・・・・・・・・・・・・・・190
整理解雇・・・・・・・・・・・・・・51, 96
セカンドオピニオン・・・26, 34, 190
セクハラ・・・・・・・・・・・・・・・・・・30
前職照会・・・・・・・・・・・・・・・・・・73
全逓中郵事件・・・・・・・・・・・・・・・7

そ

素因減額・・・・・・・・・・・・・・・・・・27

た

対価型・・・・・・・・・・・・・・・・・・・・31
退職勧奨・・・・・・・・・・・・・・91, 93
大星ビル管理事件・・・・・・・・・199
大量離職・・・・・・・・・・・・・・・・・・96
大和銀行事件・・・・・・・・・・・・・116

脱時間給制度・・・・・・・・・・・・・139
脱退一時金・・・・・・・・・・・・・・・125

ち

中途採用・・・・・・・・・・・・・・・・・・39
懲戒解雇・・・・・・・・・・・・・・・・・・22
賃金・・・・・・・・・・・・・・・・・・・・・105
賃金保障・・・・・・・・・・・・・・・・・105

て

テックジャパン事件・・・・・・・154
デファード賞与・・・・・・・・・・・114
テレワーク・・・・・・・・・・91, 194
電通事件・・・・・・・・・・・・・・・・・・27

と

同一労働同一賃金・・・・・・・・・135
同一労働同一賃金ガイドライン
　・・・・・・・・・・・・・・・・・・・・・・・139
東芝事件・・・・・・・・・・・・・・・・・・28

な

長澤運輸事件・・・・・・・・137, 143
ナショナル・ウエストミンス
　ター銀行（三次仮処分）事
　件・・・・・・・・・・・・・・・・・・・・・・51

に

日本マクドナルド事件・・・・・・120

は

パートタイム労働者法・・・・・・136
働き方改革・・・・・・・・・・・・・・・194
パッケージ・・・・・・・・・・・・・・・・93
パフォーマンス・・・・・・・・・・・・94
ハマキョウレックス事件・・・・144
反対尋問・・・・・・・・・・・・・・・・・235

ひ

必要経費方式・・・・・・・・・・・・・127

事項索引　249

被保険者資格喪失届ⵈⵈⵈⵈⵈ *101*
広島中央保健生活協同組合事
　件ⵈⵈⵈⵈⵈⵈⵈⵈⵈⵈⵈ *106*

ふ

不祥事ⵈⵈⵈⵈⵈⵈⵈⵈⵈⵈ *25*
不当労働行為ⵈⵈⵈⵈⵈⵈⵈ *43*
不当労働行為救済手続ⵈⵈⵈ *216*
ブラック企業ⵈⵈⵈⵈⵈⵈⵈ *68*
フリーランスⵈⵈⵈⵈⵈ *180, 183*

ま

松下電器産業事件ⵈⵈⵈⵈⵈ *149*

み

ミスマッチングⵈⵈⵈⵈⵈⵈ *74*
三菱樹脂事件ⵈⵈⵈⵈⵈ *38, 55*
三佳テック事件ⵈⵈⵈⵈⵈ *100*

め

面接ⵈⵈⵈⵈⵈⵈⵈⵈⵈⵈⵈ *61*

も

もみじ銀行退職慰労年金請求事
　件上告審判決ⵈⵈⵈⵈⵈ *148*
モルガン・スタンレー（割増賃
　金）事件ⵈⵈⵈⵈⵈⵈⵈ *153*

や

山梨県民信用組合事件ⵈⵈⵈ *108*

ゆ

諭旨解雇ⵈⵈⵈⵈⵈⵈⵈⵈⵈ *23*
ユニオンⵈⵈⵈⵈⵈⵈⵈ *35, 221*

よ

要配慮情報ⵈⵈⵈⵈⵈⵈⵈⵈ *73*

り

利益分配方式ⵈⵈⵈⵈⵈⵈ *127*
離職証明書ⵈⵈⵈⵈⵈⵈⵈ *101*
履歴書ⵈⵈⵈⵈⵈⵈⵈⵈⵈ *57*

れ

レピテーションリスクⵈⵈⵈⵈ *43*

ろ

労働委員会ⵈⵈⵈⵈⵈⵈⵈⵈ *42*
労働委員会裁決取消訴訟ⵈⵈ *219*
労働時間管理ⵈⵈⵈⵈⵈⵈ *199*
労働施策総合推進法ⵈⵈⵈⵈ *158*
労働審判ⵈⵈⵈⵈⵈⵈⵈ *41, 214*
労働審判員ⵈⵈⵈⵈⵈⵈⵈ *215*
労務管理ⵈⵈⵈⵈⵈⵈⵈⵈ *181*

わ

ワークライフバランスⵈⵈⵈ *194*
和解ⵈⵈⵈⵈⵈⵈⵈⵈⵈⵈ *234*
和解勧試ⵈⵈⵈⵈⵈⵈⵈⵈ *170*

執筆者紹介

加藤　新太郎（かとう　しんたろう）
博士（法学、名古屋大学）、中央大学大学院法務研究科教授
弁護士（アンダーソン・毛利・友常法律事務所事務所顧問）

■職歴は、1975年4月東京地方裁判所判事補（27期）、1977年ワシントン州立大学ロー・スクール客員研究員。その後、名古屋家裁、最高裁事務総局総務局、大阪地裁、釧路地家裁、司法研修所（2部民事裁判教官、事務局長、1部上席教官）、東京地裁（判事部総括）、新潟地裁（所長）、水戸地裁（所長）の勤務を経て、2009年から2015年まで東京高等裁判所判事（部総括）。2015年3月依願退官し、現職に就く。
■1989年司法試験（第2次試験）考査委員、2001年内閣司法制度改革推進本部法曹養成検討会委員、2002年文部科学省大学設置・学校法人審議会専門委員（大学設置分科会）、2009年第一東京弁護士会綱紀委員会委員（外部有識者）などを歴任。現在は、仲裁ＡＤＲ法学会理事、日本司法書士会連合会量定意見審査会委員（外部有識者）、（公法）交通事故紛争処理センター理事・本部審査員など。
■近況は、法科大学院において民事訴訟法、民事事実認定、法曹倫理を講じ、弁護士として、民事・商事の紛争に関する民事訴訟案件を中心に取り扱うほか、仲裁人・ＡＤＲの審査員をしている。裁判官としての経験を活かし、主張反論・立証反証を読み解き事実認定の成否を含め民事訴訟案件を見通すことを得意とする。著書・論文が多数あり、その関係から、意見書・セカンドオピニオン作成などのほか、講演の依頼も多く受けている。
■主要著書は、『民事事実認定論』弘文堂（2014）、『コモン・ベーシック　弁護士倫理』有斐閣（2006）、『弁護士役割論〔新版〕』弘文堂（2000）、『手続裁量論』弘文堂（1996）、『司法書士の専門家責任』弘文堂（2013）、『リーガル・エクササイズ　裁判官から見た「法と社会」「事件と人」』きんざい（2015）。共著として、『コンメンタール民事訴訟法Ⅰ～Ⅶ』日本評論社（2006～2019）、『条解民事訴訟法〔第2版〕』弘文堂（2011）、『民事訴訟法の論争』有斐閣（2007）、編著書として、『手続裁量とその規律　理論と実務の架橋をめざして』有斐閣（2005）、『実務民事訴訟講座〔第3期〕①～⑥』日本評論社（2012～2013）、『民事事実認定と立証活動Ⅰ・Ⅱ』判例タイムズ社（2009）、『論点体系　判例民法 1 ～11〔第3版〕』第一法規（2018～2019）、『実務精選100　交通事故判例解説』第一法規（2017）、『裁判官が説く民事裁判実務の重要論点［名誉毀損・プライバシー侵害編］』第一法規（2019）など多数。

嘉納　英樹（かのう　ひでき）

弁護士（アンダーソン・毛利・友常法律事務所事務所パートナー）

■略歴：1991年 東京大学法学部卒業、1993年 東京大学大学院法学政治学研究科修了、1995年 最高裁判所司法研修所修了（47期）、1999年 米国Cornell Law School 修了、1999年～2000年 米国Lillick & Charles（現Nixon & Peabody）法律事務所勤務、2000年 アンダーソン・毛利法律事務所で勤務開始、2004年 アンダーソン・毛利法律事務所パートナー就任、2006年 アンダーソン・毛利・友常法律事務所エクイティーパートナー就任、2013年～東京弁護士会労働法制特別委員会委員、2016年～2018年　青山学院大学大学院非常勤講師

■基本的な考え方：「株主第一主義」でも「従業員第一主義」でもなく、株主、経営者、従業員が互いを思いやることにより調和を図ることによって、そもそも企業は長期にわたり継続して繁栄していくべき、という基本的な信念より、人事労務を担当する。従業員の心を慮りながら労使関係を長期的に良くすべし、という視点より、経営側の気持ちに寄り添いながら、法律だけではまかないきれない実務を鋭く分析かつ洞察することを得意とする。

■セミナー・講演：英語でのもの、日本語でのものを含め、きわめて多数のため、2019年のもののみを掲げる）：「はじめての外国人雇用II～労務管理の注意点」首都大学東京オープンユニバーシティ（2019年10月）、「はじめての外国人雇用I～外国人雇用の基礎知識」首都大学東京オープンユニバーシティ（2019年10月）、「中小企業における外国人労働者対応の現状と展望」品川区ビジネス支援講座（2019年10月）、「Unilateral Termination of Employees & Hot Topics on Labor & Employment Law in Japan」日本インターナショナルスクール協議会（2019年10月）、「集団的・団体的労使紛争」企業研究会（2019年8月）、「外国人雇用の実務」労務行政（2019年6月）、「精神的健康のため、かつ企業保護のための、弁護士からの視点」東京丸の内ロータリークラブ（2019年6月）、Cambridge Forum on International Employment Law（2019年6月）、「働き方改革関連法を踏まえた企業の実務対応」中部生産性本部（2019年5月）。

■主要著書・論文等（きわめて多数のため、2018年以後のもののみを掲げる）：「監査役等のための働き方改革入門講座」『月刊監査役』（2019年10月号）日本監査役協会、「研究者・エンジニアによる秘密漏洩防止のための、労働法的・人事労務的リスクマネジメント」『ヒューマンエラーの発生要因と削減・再発防止策』技術情報協会（2019年8月）、『はじめての外国人雇用』一般社団法人労務行政研究所（2019年3月）、「実務に役立つ法律基礎講座　研修」『労政時報3963号』労務行政研究所（2018年12月）、「労働者の健康確保に向けて」『会社法務A2Z』第一法規（2018年9月号）、「無期転換運用の実務ポイント」『労政時報3954号』労務行政研究所（2018年7月）、「労使慣行」『実務Q&Aシリーズ就業規則・労使協定・不利益変更』労務行政研究所（2018年5月）、『Japanese Labor & Employment Law and Practice ＜4 th Edition＞』第一法規（2018年2月）。

サービス・インフォメーション
──────── 通話無料 ────────
①商品に関するご照会・お申込みのご依頼
　　　　TEL 0120(203)694／FAX 0120(302)640
②ご住所・ご名義等各種変更のご連絡
　　　　TEL 0120(203)696／FAX 0120(202)974
③請求・お支払いに関するご照会・ご要望
　　　　TEL 0120(203)695／FAX 0120(202)973

●フリーダイヤル（TEL）の受付時間は、土・日・祝日を除く9:00～17:30です。
●FAXは24時間受け付けておりますので、あわせてご利用ください。

法律書では学べない
弁護士が知っておきたい企業人事労務のリアル

2019年11月25日　初版発行

編　著　　加藤新太郎
　　　　　嘉納英樹

発行者　　田中英弥

発行所　　第一法規株式会社
　　　　　〒107-8560　東京都港区南青山2-11-17
　　　　　ホームページ　https://www.daiichihoki.co.jp/

装　丁　　篠　隆二

印刷・製本　法規書籍印刷株式会社

弁企業人事労務　ISBN978-4-474-06799-8　C2032 (1)